一番求索志难移

厉以宁论文选 2008—2010

厉以宁 著

中国大百科全书出版社

图书在版编目(CIP)数据

一番求索志难移:厉以宁论文选:2008～2010/厉以宁著.—2版.
—北京:中国大百科全书出版社,2014.11
ISBN 978-7-5000-9461-6

Ⅰ.①一… Ⅱ.①厉… Ⅲ.①中国经济-经济发展-文集
Ⅳ.①F124-53

中国版本图书馆CIP数据核字(2014)第255684号

策 划 人 郭银星
责任编辑 于淑敏
责任印制 乌 灵
出版发行 中国大百科全书出版社
地 址 北京阜成门北大街17号 邮政编码: 100037
电 话 010-88390636
网 址 http://www.ecph.com.cn
印 刷 北京君升印刷有限公司
开 本 787毫米×1092毫米 1/16
印 张 21
字 数 235千字
印 次 2015年1月第2版 2015年2月第2次印刷
书 号 ISBN 978-7-5000-9461-6
定 价 48.00元

目　录

2008 年

2009 年

2010 年

厉以宁论文选

2008年

论城乡二元体制改革

一、城乡二元体制和计划经济体制

计划经济体制实际上有两个重要支柱：一是政企不分、产权不明的国有企业体制，二是城乡分割、限制城乡生产要素流动的城乡二元体制。这两个支柱支撑着整个计划经济体制的存在和运转。

城乡二元结构自古就有。从宋朝算起，至今已有一千年以上的历史。但当时尽管有城乡二元结构，却没有城乡二元体制。城乡二元体制是 20 世纪 50 年代后期起才建立的。比如说，北宋南宋交替时期，黄河流域的居民南迁，迁移是自由的，并没有城市居民只准迁入城市、农村居民只准迁入农村的限制。又如，清朝中叶东北开禁以后，山东人移居东北，山东的乡下人可以在东北的城镇中做学徒、当店员、做工、开店、办作坊、购房建房；山东的城里人可以在东北乡村租地、种地、购房购地、建房；人们在城乡之间可以自由迁移，不受户籍束缚。这种情况一直维持到 20 世纪 50 年代前期。然而，从 20 世纪 50 年代后期起，由于计划经济体制的确立，户籍分为城市户籍和农村户籍，城乡二元体制形成了，城乡也就被割裂开来了。从这时开始，城市和农村都成为封闭性的单位，生产要素的流动受到十分严格的限制。在城乡二元体制下，城市居民和农民的权利是不平等的，机会也是不平等的。在某种意义上，农民处于“二等公民”的位置。

城乡二元体制的建立对计划经济的存在和延续起着重要作用。限制城乡生产要素的流动，意味着把广大农民束缚在土地上，禁锢在农村中，只有这样，计划经济体制才能巩固，才能维持运转。

中国的经济体制改革是从农村家庭承包制的推行开始的。农村家庭承包制调动了农民的生产积极性，并为乡镇企业的兴起创造了条件，在当时起了推动改革的重要作用。但实行农村家庭承包制只是否定了城乡二元体制的一种极端的组织形式（人民公社制度），而没有改变城乡二元体制继续存在的事实，城乡依旧隔绝，两种户籍制度仍然存在。而从 1984 年中共十二届三中全会以后，改革的重心从农村转向城市，国有企业体制的改革成为全社会关注的热点。

从 1985 年到现在，国有企业体制一直不断地进行改革。通过国有企业的股份制改造和国有资产的重组，这方面已经取得了很大成绩。需要进一步做的，是深化垄断行业的改革以及加快建设国有资本经营预算制度。然而，计划经济体制的另一个重要支柱，即城乡二元体制，却基本上未被触及，至今只能说“略有松动”而已。这里所说的“略有松动”，主要表现于农民可以进城务工，可以把家属带进城镇，城市中的企业可以到农村组织农民生产（如采取订单农业形式）等等。但这些依然是在城乡二元体制存在的条件下实现的。因此，改革城乡二元体制，今天已经成为结束计划经济体制，完善市场经济体制的迫切任务。

二、城乡二元体制改革的必要性

中共十六届三中全会的重大理论突破之一，就是第一次明确提出要建立有利于逐步改变城乡二元结构的体制。可以认为，城乡二元体制改革从此被正式提上了议事日程。这是关系到贯彻科学发展观、完善社会主义市场经济体制、协调社会发展、促进社会进步、让广大农民共享发展与改革成果的重大举措，具有深远的历史意义。可以肯定地说，城乡二元体制的改革是继国有企业体制改革之后另一项带有根本性质的经济体制改革。

从“以人为本”的角度来看，社会主义革命和建设的目的都是为了让人民过上幸福的生活，而人民生活的幸福体现于人民生活质量的不断提高，体现于人的全面发展，体现于社会的物质文明、政治文明、精神文明和生态文明的发展和协调。只有改革城乡二元体制，才能真正使农民走向共同富裕。在现实生活中，人们经常提出的一个问题是让广大农民共享发展与改革的成果。难道这仅仅反映于政府对农业的投入的增长、农业税的减免或取消、政府对种粮农民进行直接补贴？这些都是必要的，但是显然是不够的。关键在于改革城乡二元体制，让农民和城市居民一样享有同等的权利，拥有同等的机会。这才是城乡二元体制改革过程中要认真解决的问题。①

从社会协调的角度来看，必须做到统筹发展，包括城乡发展的统筹、区域发展的统筹、经济和社会发展的统筹、国内发展和对外开放的统筹、人与自然和谐发展的统筹。所有这些都同城乡二元体制的改革有关。如果不对城乡二元体制进行实质

---

① 厉以宁：《论民营经济》，北京大学出版社 2007 年版，第 128 ~ 129 页。

性的改革，经济和社会都难以走上可持续发展道路，社会协调也就难以实现。需要指出的是，提高农民收入，缩小城市和农村的收入差距，是城乡协调发展中的首要问题，也是经济和社会可持续发展中应当着力解决的要点。城乡二元体制不改革，不仅农民收入无法实现较大幅度的增长，城乡收入差距无法有较大程度的缩小，而且乡镇和村这样的基层单位由于本身财力所限，也无法在乡风文明建设、村容整洁、环境保护等方面有较大的进展。

从推进城镇化的角度来看，城镇化是伴随着工业化的进程而不断推进的，但在中国，城镇化的进度相当缓慢，原因之一在于城乡二元户籍制度的存在。城乡二元户籍的改革应随着城乡二元体制的改革而加速进行，户籍一元化势在必行。农民进城的体制障碍将在户籍走向一元化的过程中逐步消失。

当然，城乡二元户籍制度只是计划经济体制的一个组成部分，也就是城乡二元体制的一个组成部分。仅仅走向城乡户籍一元化还不足以消除农民进城和加速城镇化的体制障碍。农村户籍的背后是土地制度，包括农村土地承包制度和农村宅基地制度。也就是说，城市居民和农民在城乡二元体制下的差别之一在于农民有承包地和宅基地，以及可以在宅基地上盖住房。他们既是农民的生产资料，又是生活保障。

以下三节准备专就土地问题做一些探讨。

三、农村承包土地使用权的流转

农村土地承包制，即农村家庭承包制，是中国经济体制改革初期最重要的、也是最有成效的改革成果。中国广大农民20多年来能够解决温饱问题，农村土地承包制功不可没。但20多年来的农村实践同样表明土地承包制存在着明显的局限性，而且这种局限性越来越突出。这些局限性是：

第一，一家一户对土地的承包，使农业的规模经营不容易实现，从而使农业劳动生产率难以有较大幅度提高，而且对土地的规划使用难以落实，这也影响了农业劳动生产率的提高。

第二，青壮年农民外出务工后，农村家庭承包的土地使用效率不高，有些耕地甚至任其荒废不用。

第三，农村土地承包制的继续存在不利于有效地推进城乡二元体制改革。农民即使进城务工，仍然把村里的承包土地当成是生活保障的最后一条防线，万不得已时仍然回到村里，靠一小块承包土地维持生活。

然而，在现实情况下，必须慎重对待农村土地承包制。目前取消农村土地承包制是不可行的。这不仅由于这样做会引起农村社会的巨大动荡，影响社会稳定，而且因为在取消农村土地承包制之后没有合适的制度上的可替代物。①

一种建议是改行耕地私有化，谁承包的土地就改为谁对这块土地拥有所有权。应当考虑到，如果耕地私有化了，农村社会仍会发生巨大动荡，比如说，一些人由于不了解情况而对政策产生误解，引发争论；又如，耕地的质量不同，距离家庭住所远近不同，农户之间本来就有争执，但由于大家都没有土地所有权，都只有使用权，所以尽管争执不停，土地照旧承包使用，一旦把承包土地改为私有土地，争执可能扩大，造成社会不安。再从经济上分析，耕地私有化以后更不容易实现农业规模经营，耕地使用效率更不容易提高，因为相当多的农民会特别珍视私有的耕地，宁肯守着这一小块私有耕地而不愿意离开它。

---

① 杜润生：《中国农村体制变革重大决策纪实》，人民出版社2005年版，第153～156页。

另一种建议是改行耕地国有化并在此基础上实行永佃制。要知道，多年以来农村的耕地实行的是集体所有制，虽然集体耕地的所有者一直是模糊的，“集体究竟是谁”这一点从未明确过，但耕地集体所有已实行这么多年了，一旦改为耕地国有，同样会导致不少人对此不理解，甚至会激化农民同政府的矛盾，影响社会稳定。至于永佃制，也会产生新问题。永佃制将被解释为世代传袭租佃，这也是推进农业规模经营的一种障碍。此外，永佃制之下农民中有些人仍然会宁肯守着这一小块永佃田而不愿意离开它外出。假定只实行耕地国有化，不实行永佃制，那么问题会更多，因为多年来的实践已经充分说明，除非在地广人稀的农业地区（如黑龙江垦区），否则国有农场的效率未必高于家庭承包制。

因此，目前可行的做法是：坚持农村基本经营制度，稳定和完善土地承包关系，按照依法自愿有偿原则，健全土地承包经营权流转市场。[①] 也就是说，目前可以在农村土地承包制不变的条件下，农民根据自愿原则，实行承包土地使用权的流转，尤其是采取转包、租赁、土地使用权入股等方式，促进规模经营，并有助于农民专业合作组织的发展，有助于农业产业化经营和以农产品为经营对象的龙头企业的发展。有的地区还试行“土地银行”经营方式，即外出务工的农民或家中缺少劳动力的农户把所承包土地存入农村信用社，按年取得利息。

总之，只要承包土地的使用权能够流转起来，农村土地承包制的局限性就可以大大减少，而城镇化的速度也就可以加

① 熊学慧：《“土地股权制”广东试验》，载《中国经营报》，2005年2月28日。

快。[①] 只要城镇吸纳农村人口的能力增大，城镇建设配套工作基本上能够适应城镇人口增加后的新情况，城乡二元户籍制度就可以逐渐转向一元户籍制度，这样，城乡二元体制的改革就可以取得实质性的进展。在这一过程中，进城务工的农民的收入也将明显地增加，因为他们除了劳动收入之外，还能得到“财产性收入”，如租金收入、“土地银行”支付的利息收入、土地使用权入股后的红利收入等。

四、宅基地置换的可行性

与推进城乡二元体制改革密切相关的另一个土地问题是农民宅基地的处置。农民把自家的宅基地看得很重，宅基地对农民的重要性不亚于承包的耕地。宅基地的所有权是“集体”的，尽管“集体”概念一直含糊，农民在自家宅基地上面盖的房屋为个人所有。宅基地由个人向集体申请，批准后无偿取得。这是农民所得到的生活保障的一部分，对稳定农村社会有利，但与此同时，这既给农村干部利用宅基地批准权获取利益的机会，也使农民产生宅基地“不要白不要”的心理。

在推进城乡二元体制改革时，怎样处置进城务工农民的宅基地？曾经有过一种设想，并且已在某些县市试行，即通过政府对宅基地的征用，实行了宅基地国有化，而农民则得到一定的补偿。实践表明，这种做法会留下一些后遗症，而且农民对此也不满意。主要问题是：在现行法律之下，把集体所有的农村宅基地收归国有，缺少法律依据，而且给农民的补偿通常较少。此外，失去宅基地的农民还会以宅基地被政府征用为理由，再申请宅基地。

---

① 廖元和：《城市化进程与中国土地制度创新》，载《经济导刊》，2007年8月，第26、29页。

有没有其他的处理农民宅基地的方式？目前大体上还有以下三种设想：

（一）宅基地随承包土地的流转而一并流转

农民进城务工并带走家属，所承包的耕地出租了或入股了，宅基地一并出租或入股。这种方式看起来比较简便易行。但问题在于：如果宅基地上已盖房屋，那么在宅基地随承包土地出租或入股后可能要被拆除；隔一段时间后，外出务工的农民及家属因种种原因返回农村了，他们在哪里安家栖息？是不是又要向村里申请宅基地，再建房屋？

（二）宅基地出售给农村或城市中的其他人，或出售给企事业单位

农民进城务工并带走家属后，所承包的耕地出租了或入股了，宅基地连同上面房屋出售给个人或企事业单位，得到一笔钱，可以用于在城镇安家。这种方式也比较简便，而且不会发生此后农民再回村申请宅基地的问题。但在现行法律之下，出售宅基地是有障碍的，因为宅基地属于农村建设用地，集体所有，不准转卖。此外，还应研究如何保证通过某种途径购买了宅基地的个人或企事业单位对购入的宅基地的合理使用。至于已经卖掉宅基地的外出务工农民如果又带家属回到村里而没有房屋住，那该怎么办？是不是可以再批宅基地给他们？还是容许他们用钱来购买一块宅基地（因为他们当初卖掉宅基地时是得到一笔钱的）？这些问题如何解决，都需要研究。

（三）宅基地的置换

这里所说的宅基地置换，是指在县市政府的统一安排下，进城工作和生活的农民及其家属把自己的宅基地和上面的房屋，交给县市政府处理，换取城市户籍，并得到一套居住面积大体上相当的城镇公寓住房。在有的县市，地方政府如果财力

许可，还可以再给这些农民以城市低保待遇（单纯以城市低保待遇来置换农民宅基地和上面所盖的房屋，是不足以补偿农民的损失的）。这样，农民及其家属就可以安心地迁入城镇工作和生活了。这种方式在实行时尽管程序和手续要复杂一些，但将来的纠纷和麻烦也会减少许多。如果以后农民愿意回乡居住，或者回乡经营店铺、作坊，因为他们的宅基地已经进行了置换，并且已经在城镇中得到了面积相当的一套公寓住房作为相应的补偿，所以不能再以无房可住为理由再向村里申请宅基地。看来，宅基地的置换未尝不是上述三种处理农民宅基地的方式中的最佳选择。

如果选择宅基地的置换方式，那么需要进一步探讨的是：专门用于置换宅基地的城镇公寓住房，用地来自何处？建设资金又来自何处？从原则上说，应由县市政府统一作出安排，列入城市规划。但具体操作上，也可以通过市场运作方式来解决。比如说，对于农民为换取城市住房而交出的宅基地，可以采取市场流转方式，纳入城市建设规划之中（因为这些土地属于建设用地）并得到一笔资金，政府由此可设立专门的基金，用于建设让农民居住的城市公寓。这些做法不仅可行，而且比较有效。

五、农民承包地和宅基地的抵押

由于农民所承包的耕地和农民的宅基地都是集体所有，农民只有使用权，因此，从所有权的角度来考察，农民既不能抵押自己所承包的耕地，也不能抵押自己的宅基地。不仅如此，农民宅基地上面所盖的房屋也不能抵押，因为房屋同宅基地是连在一起的。这样，本节所讨论的农民承包地和宅基地的抵押，是指承包地和宅基地的使用权的抵押，不涉及所有权问题。在城乡二元体制改革过程中，应当容许农民承包地和宅基地的使用权的抵押，这是关系到发展农业生产、提高农民收入、便于农民及其家属进城工作和生活以及使城镇化得以有序进行和加速进行的一件大事。[①]

农民承包地和宅基地（包括上面的房屋）的抵押，实际上包括两个方面：一是外出务工和准备迁入城镇的农民，把承包地和宅基地（包括上面的房屋）抵押出去；二是继续留在农村的农民，为了生活或生产上的需要，把承包地和宅基地（包括上面的房屋）抵押出去。现分别阐述如下。

（一）外出务工和迁居城镇的农民的承包地和宅基地的抵押

承包地和宅基地（包括上面的房屋）抵押出去，不等于流转，因为在抵押之后仍归原来的使用者使用，而且在偿还贷款之后可以赎回。农民应当有权在抵押和流转之间作出选择。主要的问题是：农民如果选择抵押的话，那么抵押给什么人，如果抵押给其他农民（本村的或外村的），可能引起较多的纠纷，甚至成为变相的私人高利贷，而且一旦到期无法赎回，又会成为私人土地兼并行为。如果抵押给企业，也会出现类似的情况。因此，较好的做法是：组建“土地银行”之类的农村金融机构，或容许条件较好的农村信用社或乡镇银行兼营农民承包地和宅基地（包括上面的房屋）的抵押业务。

（二）继续留在农村的农民的承包地和宅基地的抵押

这同样涉及抵押给农村中的私人或企业还是抵押给农村金融机构的选择问题。最不可取的作法是抵押给本村或外村的农民，因为这同外出务工进城的农民把承包地或宅基地抵押出去

① 厉以宁：《论民营经济》，北京大学出版社 2007 年版，第 147 页。

的情况不同：农民外出务工进城后，抵押了自己的承包地或宅基地，得了一笔钱，在城里工作、生活，即使承包地或宅基地归了别人，不至于引起太大的纠纷，而留在村里的农民不同，一旦抵押后还不清贷款，耕地或宅基地（包括上面的房屋）归了别人，他怎么生活？连住所都没有了，该怎么办？所以较好的做法仍是由农村金融机构从事土地抵押业务，以避免私人之间发生纠纷或出现变相的高利贷行为、私人土地兼并行为。

应当重视农民承包地和宅基地（包括上面的房屋）的抵押问题，及早予以落实。要知道，无论是外出务工和迁居城镇的农民，还是继续留在农村的农民，出于生产或生活的需要，急需一些资金，但往往借贷无门，因此他们以自家的承包地（包括上面的房屋）作为抵押而获得一笔贷款，这是正常的。以准备进城的农民来说，如果他有可能把承包的土地或宅基地（包括上面的房屋）抵押出去而得到一笔资金，可以用于在城镇中购买或租到房屋，也可以用于在城镇中作为经营店铺或手工作坊的资本，然后陆续偿还贷款，这样，他今后的工作和生活就有保证了。再以继续留在农村中的农民来说，如果他有可能把承包的土地或宅基地（包括上面的房屋）抵押出去而得一笔资金，可以用于添置农业机械或农用汽车，也可以在农村兴建种植蔬菜花卉的塑料大棚，或兴建较大的养猪圈、牛棚，以增加产量，提高劳动生产率，增加收入，然后陆续偿还贷款，这样，他今后的工作条件和生活状况也会大大改善。既然如此，就应当容许农民的土地抵押行为，并加以引导，使土地抵押行为走向规范化。

为了使农民的土地抵押业务能够顺利开展，农村、农业保险工作应当加强。把承包地或宅基地（包括上面的房屋）抵押出去的农民，如果遭遇到重大自然灾害，损失惨重，收入锐减，他们如何偿还贷款？岂不是连承包的土地、宅基地（包括上面的房屋）都要丧失？如果进行土地抵押的农民家中的主要劳动力因各种原因而死亡、残疾，他们同样会落到丧失抵押物的地步。因此，农村保险、农业保险实际上是对农民的土地抵押行为的有力支持，也是农民增产增收的保证之一。

可以相信，一旦土地抵押行为规范化了，农村、农业保险工作加强了，农村经济就增添了活力，不仅外出务工和迁居城镇的农民受益，继续留在农村的农民受益，而且城市居民同样受益，因为农民的收入提高了，城乡经济联系加强了，城镇化的速度会加快，农民进城也将有序地推进。

六、中国能不能在工业化中期基本实行社会最低生活保障制度

社会最低生活保障制度是把城乡居民都包括在内的最低生活保障制度，无论城市还是乡村，只要收入低于一定标准的居民，都可以享受此项社会保障。这是由财政拨出经费，由专门的部门负责发放的。它是城乡居民最后一道生活保障线。其他各种社会保障（如就业保障、养老保障、教育保障、医疗保障、住房保障等）都是社会最低生活保障的延伸。

不能把社会最低生活保障制度视为社会救助体系的一部分。社会救助对象应当是灾民、流浪者、乞丐、残疾人、孤儿等。社会救助的费用，除了由国家拨付一部分外，其余来自社会慈善团体和个人捐助。社会最低生活保障不仅覆盖全社会的低收人家庭，而且费用只来自财政，并由专门的部门负责发放。迄 2006 年底，我国发放的社会低保资金还不能称作名副其实的社会最低生活保障资金，因为享受的对象有限，资金也很少。例如，2006 年全年共发放城市低保资金 221 亿元，享

受者2241万人，平均每人986元[①]；发放农村低保资金41.6亿元，享受者1509万人，平均每人276元。[②] 这只能被看成是一种社会救助。

西欧国家一般是在工业化后期建立社会最低生活保障制度的。在他们进入工业化后期以前，政府承担的是社会救助而并非社会最低生活保障义务。我国目前尚处于工业化中期，那么有没有条件在工业化中期基本上建立社会最低生活保障制度呢？应当说是有条件的。假定城市享受社会最低生活保障的人数为3000万人，平均每人每年最低生活费用为3600元，共需支出1080亿元；假定农村享受社会最低生活保障的人数为6000万人，平均每人每年最低生活费用为1800元，共需支出1080亿元；二者合计，财政每年支出至多为2160亿元，这应当仍在财政可承受的范围内。实际上，财政每年支出会低于2160亿元，因为享受社会最低生活保障的家庭不全是零收入家庭（低收入家庭人均享受的社会最低生活保障费 = 人均维持最低生活费用 - 家庭人均实际收入）。

由于城乡二元体制的存在，以及由于农民的承包土地和宅基地实际上包含了社会最低生活保障的内容，所以目前要建立的社会最低生活保障制度必须在城乡二元体制框架内考虑，而不能等到城乡二元体制结束之后再考虑。换言之，目前还不可能实行城乡一样的社会最低生活保障支付标准。农民使用承包地、宅基地的事实应考虑在内，同时还要考虑到城乡生活费的

---

① 朱耀垠：《完善新型城乡社会救助体系》，载《十届全国人大五次会议“政府工作报告”辅导读本》，国务院研究室编写组，人民出版社、中国言实出版社2007年版，第348页。

② 邓文奎：《努力做好就业和社会保障工作》，载《十届全国人大五次会议“政府工作报告”辅导读本》，国务院研究室编写组，人民出版社、中国言实出版社2007年版，第103页。

差异。可行的做法是：在一个省、市、自治区范围内，可以把农村人均最低生活保障支付标准作为基数，城市最低生活保障支付标准向上浮动一定百分比。由于各个地区生活费差异的存在，无论城市还是农村的人均最低生活保障支付标准都不宜全国一个标准。也可以全国制定一个社会最低生活费标准作为参照数，各省、市、自治区按城乡差别在这个参照数的基础上做一些调整。

农民如果迁居城镇，并放弃了承包地、宅基地之后（不管以何等方式放弃的），低收入家庭都应享受城市最低生活保障。如果农民进城务工但并未放弃承包地、宅基地的，则不享受城市最低生活保障。而且，只要城市务工收入高于农村最低生活保障支付标准的，也不在农村最低生活保障费发放范围之内。

假定我国在工业化中期基本上建立了社会最低生活保障制度，那么，随着经济的持续发展以及工业化、城镇化的推进，城乡二元体制改革将在这个过程中取得进展，这也就为我国逐步向城乡最低生活保障统一支付标准靠拢。再说，随着国家经济实力的增强和财政承受能力的增强，社会最低生活保障支付标准是有条件逐步提高的。社会最低生活保障支付标准将随着职工平均工资和农民平均收入的增长而增长。

七、迎接内需的大突破：一个可以期待的前景

无论是农民承包的耕地入股、农民宅基地的置换，还是农民以承包地、宅基地（包括上面的房屋）作为贷款的抵押物，都需要有法律上的明确界定，既然这些都是城乡二元体制改革过程中有必要及早解决的问题，那么可以先在各个改革试验区范围内试点，总结经验，逐步推广。即使有些做法同现行法律

有不一致之处，或者找不到现行法律的依据，但这并不妨碍继续试点，以便以后再修改法律或制定新的法律。中国的经济体制改革正是这样一步步走过来的。

可以相信，随着城乡二元体制改革的推进，随着农民承包地的流转和宅基地置换工作的展开，随着农民承包地和宅基地抵押问题的解决，农业一定会有很大发展，农民收入会迅速增长，城镇化速度也一定会大大加快。相应地，城乡收入差距将会在农民收入增长过程中逐步缩小，由此对中国经济发展的持续推动作用是难以估量的。

这里可以用城镇化的加速作为例子。前面已经提到，城镇化之所以进展缓慢，同城乡二元体制的存在有关，因为这大大限制了农村人口外迁。也正因为农村人力资源未能充分发挥作用，城乡收入差距扩大是难免的。何况，即使农民进城后有了工作，家属的安置、子女的就学升学、医疗问题的解决都相当困难，更何况，农民难以融入城市社会。所有这些情况，都将在城乡二元体制改革中发生变化。因此，城镇化的进展将会是加速度的。①

中国经济增长至今仍是以投资带动为主。消费，尤其是民间消费，虽然近年来有所增加，但与投资带动相比，依旧居于次位。扩大内需是我们面临的大问题。如何扩大内需？关键是迅速提高农民的收入，改变农民的生活方式，调整农民的消费结构。由于城乡二元体制改革将导致农民收入的增加和农民生活方式的变化，以及由于社会最低生活保障制度基本建立而导致社会低收入家庭后顾之忧的逐渐消除，必定会引起内需的大突破。全世界最大的待开发的市场在哪里？就在中国的农村。

---

① 王文龙：《中型城市是农民城市化的主要载体》，载《中国发展》，2007年第3期，第75~76页。

中国的农民，包括迁居城市的农民和继续留在农村的农民，是一个数量十分庞大的“待富”群体，一旦他们走上小康、富裕的道路，那会造成什么样的结果，我们之中谁能说得准?①

（原载《北京大学学报（哲学社会科学版）》2008年3月）

① 厉以宁：《论民营经济》，北京大学出版社2007年版，第145、147页。

企业目标和企业社会责任

※ 企业的目标应当是双重的，即一方面要实现投资者利益，另一方面要为社会作出贡献。把“投资者利益最大化”融入社会利益之中，就是实现企业双重目标的最佳方式，也是企业近期利益和长期利益兼顾的最佳方式。

※ 法律层次的企业社会责任是一条底线。如果某个企业连法律层次的社会责任都未能履行，即使自愿捐献了若干资金用于社会公益事业，依然不能被认为是一个尽到社会责任的企业。

※ 道德层次的企业社会责任是企业自愿承担的，这种自觉性体现于企业领导层新的经营理念之中。企业利润分配的制度化，以及动用企业利润中用于社会公益事业的程序化、规范化，是企业履行道德层次社会责任持久化的保证。

一、把“投资者利益最大化”融入社会利益之中

传统意义上的企业目标就是实现投资者利益最大化，即企业应以股东利益为中心。这种说法不能算错，因为企业不为投资者利益着想，投资者为什么要投资于企业？但这种说法有局限性，企业的目标应当是双重的，即一方面要实现投资者利益，另一方面要为社会作出贡献，实现社会责任，实现社会

利益。

企业的社会责任体现于以下四个方面：

第一，企业作为市场主体，向社会提供产品和服务，企业必须把消费者利益放在重要地位。企业的社会责任在于使消费者得到优质的产品和优质的服务。一个为消费者利益着想的企业，既为社会作出了贡献，又有可能在提供产品和服务的过程中实现投资者的利益。

第二，在市场竞争中，企业为了自身的生存和发展，必须致力于创新，包括技术创新、体制创新、管理创新、营销方式创新等等。企业在创新中取得的成绩越大，对社会的贡献越大，也越能实现投资者的利益。也就是说，企业的社会责任和企业投资者的利益，将会在企业创新的过程中同时实现。

第三，坚持走可持续发展道路，保护环境，节能减排，发展循环经济，同样是企业社会责任之所在。企业在这方面做得越好，不仅体现了对社会的贡献，而且也体现了企业对股东利益的关注，因为企业将持续发展，增加股东们的长期收益。

第四，企业要致力于企业内部和谐和企业外部和谐。这里所说的企业内部和谐，主要指企业同职工之间的和谐，包括工作条件的改善，遵守法律法规中有关劳动合同的规定，增进职工的福利，并使得企业职工的收入能随着企业的发展而增长。这里所说的企业外部和谐，主要指企业同企业所在社区、街道、乡村之间的和谐。企业要处理好同周边居民之间的关系。总之，无论是实现企业内部和谐还是企业外部和谐，都有助于企业更好地尽到自己的社会责任，同时又能使投资者的利益增长。

由此可见，把“投资者利益最大化”融入社会利益之中，就是实现企业双重目标的最佳方式，也是企业近期利益和长期利益兼顾的最佳方式。

二、法律层次的企业社会责任和道德层次的企业社会责任之间的关系

从另一个角度考察，企业社会责任分为两个层次，一是法律层次的企业社会责任，这是基础性的；一是道德层次的企业社会责任，这是指通过企业自愿捐献（而不是摊派的、强制的）向社会的回馈。

为什么法律层次的企业社会责任是基础性的？这是因为，企业作为市场主体，必须遵守法律法规，企业必须依法经营和纳税。企业不得欺骗、坑害客户，不得破坏环境，不得欺骗、坑害投资者，不得苛待职工等等，因为这些都是违法的。法律层次的企业社会责任是一条底线。如果某个企业连法律层次的社会责任都未能履行，即使自愿捐献了若干资金用于社会公益事业，依然不能被认为是一个尽到社会责任的企业。

道德层次的企业社会责任是企业自愿承担的。这种自觉性体现于企业领导层新的经营理念之中。这是指企业领导层在实践中认识到，企业的生存和发展取决于企业与周围环境的协调，包括与自然环境的协调和社会环境的协调。当他们认识到这一点之后，对道德层次的企业社会责任，就会从被动转为主动，从信念转为实践，从个人履行转为企业家群体履行，从个人自律转为企业家群体相互影响、相互促进。因此，建立新的经营理念，对于企业尤其是家族企业十分重要。

道德层次的企业社会责任，应当量力而行。这里所说的量力而行，是从企业长期发展的角度来考虑的。对任何一个企业来说，发展和效益始终是基础。企业经营不佳，停滞不前，甚至亏损负债，根本谈不到尽自己的社会责任，更不必说持久履行道德层次的社会责任了。

企业履行道德层次的社会责任，所需要的资金来自企业利润的一部分。企业利润分配的制度化，以及动用企业利润中用于社会公益事业的程序化、规范化，是企业履行道德层次社会责任持久化的保证。上述的制度化、程序化和规范化，既能协调投资者、管理层和职工之间的关系，又能协调企业的近期发展和长期发展之间的关系。

最后应当提到，企业不仅是提供产品和服务的单位，而且还是培养人的单位。在培养人方面，企业要致力于提高职工的文化技术水平，也要使职工成为有社会责任感的人，懂得企业和个人都应履行自己的社会责任。一个在法律层次上和道德层次上都履行社会责任的企业，必将创建优秀的企业文化氛围，从而引导全体职工走向和谐之路。

（原载上海《文汇报》2008 年 3 月 5 日）

促进国民经济又快又好发展

我今天讲的题目是：促进国民经济又快又好发展。中共十七大是在我国改革发展关键阶段召开的一次十分重要的会议。对继续解放思想、坚持改革开放、推动科学发展、促进社会和谐，夺取全面建设小康社会新胜利具有重大的现实意义和深远的历史意义。

胡锦涛同志在报告中鲜明地回答了在我国改革开放的关键阶段，举什么旗、走什么路、朝什么样的发展目标继续前进的问题。举什么旗？就是高举中国特色社会主义伟大旗帜。走什么路？就是中国共产党团结带领全国各族人民，坚定不移的走中国特色社会主义道路。朝什么样的发展目标继续前进？就在新的时代条件下继续全面建设小康社会，加快推进社会主义现代化，完成时代赋予的崇高使命。

以下是根据个人学习十七大报告的体会讲六个问题。第一，自主创新；第二，城乡统筹发展；第三，宏观调控；第四，扩大就业；第五，改善民生；第六，建设生态文明。

一、自主创新

胡锦涛同志在报告中这样提出，“要提高自主创新能力，建设创新型国家。”为什么把自主创新提到这么高的位置，这么重要呢？我们必须从当前的具体形势进行分析。尽管我们现在已经成为世界制造业的中心，但是距离发达国家的差距还是很大的。在自主创新方面我们还有相当长的一段路要走。大家先看几组数字：中国的出口产品中拥有自主知识产权品牌的不到10%。中国现在对外技术依存度高达54%。全国出口量中57%是来自外资企业，中国企业研究和开发的支出只占企业销售收入的0.56%。从这几组数字我们可以看出，我们距离国际发达国家技术水平还有相当大的距离。

假定我们不重视自主创新，就很可能带来严重的问题。现在中国是世界的制造中心，假定我们不重视自主创新，单靠劳动力成本低廉的优势而在国际贸易中占位置，这样的时间不会长久。因为中国现在很多的出口是“贴牌生产”，就是贴上外国的品牌，利用外国的企业优势，知识产权是外方的，核心技术是外方的，中国得到的利益很少。加工贸易平均利润率只有3%～5%，我们只有3%～5%拿到利润，大部分的利润被外商拿走了，因为专利在他们手上，品牌是他们的。然而消耗的是中国的能源，我们的能源已经很紧张了。而环境的污染又留在了中国，不重视自主创新，那么这样的问题就会越来越严重，中国只得到一点加工贸易费，发展也不会持久。因为东南亚有一些国家，他们的劳动力素质也不错，他们的劳动力价格比中国还要便宜，外商企业就会转移到那里去，比如说转移到越南、柬埔寨，所以我们的优势就更不会太久。我们要买机器设备，引进技术，但不等于引进了技术就能够实现创新，这是两回事。引进技术的同时，要靠自己的力量来发展创新能力，真正的核心技术不是买来的，也是买不来的。自主创新并不排除引进技术，但关键是要在引进基础上进行自主创新，包括消化以后的再创新。

我们在自主创新上该做什么呢？胡锦涛同志在报告中强调，因为我们的国有企业很多仍然是在高精尖领域内的，所以要充分发挥国有企业的优势。锦涛同志在报告中说："要深化国有企业公司制、股份制改革，健全现代企业制度，优化国有经济的布局和结构，增强国有经济的活力、控制力和影响力。"因为国有企业潜力还没有发挥出来，通过深化改革，国有企业要进一步改革，这样国有企业在技术创新上的优势就会体现出来。

现在国内国有企业都是一些大型企业，它们主要采取三种方式在搞自主创新：第一种是"以大带小"，以大型的国有企业为核心，按照产业链和技术链的分工，带动、帮助中小企业共同提高创新能力，实现互动双赢。即国有企业自己通过产业链、技术链带动大量的中小企业一起搞创新。第二种是以行业的骨干企业建立产业联盟，很多同行业的企业就加盟其中，大家遵守共同的产品标准，共同开发技术。第三种是国有企业为了自主创新成立若干个子公司，吸引民营企业参加，负责技术开发和研制。这三种模式在国有企业中都是可行的，国有企业创新的潜力就能发挥出来。

民营企业同样有巨大的自主创新的潜力，在这次十七大报告中，有一个提法非常重要：对民营企业实行两个"平等"：第一个平等是"平等保护"，因为《物权法》已经通过了，并且已经开始实施了。根据《物权法》的规定，不管什么所有制的企业都受到法律的平等保护。第二个平等是"平等竞争"，不管什么所有制的企业都要平等竞争。两个"平等"为民营企业进一步发展，为民营企业自主创新发展都起到了很大的促进作用。

民营企业机制是灵活的，具体表现在：第一，民营企业自负盈亏，所以它在进行实验的时候没有什么担心，反正他觉得自己是投资者，亏了自己负责。所以，他可以有多次失败。自主创新要经过很多实验，没有很快成功的，民营企业的机制恰恰又是自负盈亏的机制，所以它们在这一点上优于其他所有制的企业。第二，民营企业能够迅速适应市场的需要，能够随时调整自己的产品，没有国有企业那么多的审批程序，只要企业根据市场变化做出决策，马上就能改进。

民营企业在自主创新方面现在已经取得一定的成绩，根据最新的统计来看，目前我国专利产品中2/3是中小企业发明创造的，中小企业多半是民营企业。还有一个数字：74%以上的技术创新，也就是3/4的技术创新是中小企业完成的。我们一方面要发挥国有企业的潜力，一方面要调动民营企业自主创新的积极性。这样就能够在自主创新的征途上迈出更大的步子。

自主创新问题涉及到非常重要的培养人才问题。胡锦涛同志在报告中有这样一段话："进一步营造鼓励创新的环境，努力造就世界一流的科学家和科技领军人才，注重培养一线的创新人才，使全社会竞相迸发，使各方面创新人才大量涌现。"没有人才怎么创新？而人才的关键是在教育。要鼓励更多有才能的，有创造性的人才脱颖而出。光培养人还不够，在中国当前情况下，要使得人才能够发挥更大的作用，一定要有些新的措施出现。

根据科技部一些材料来看，现在要鼓励优秀的科技人才进入企业，包括民营企业。在人事管理制度方面要给民营企业以同等待遇，在户口、档案、职称、社会保障等方面给予保障。民营企业需要人才，但是现在还有一些障碍。比如在民营企业中，社会保障问题如何解决，升职称的问题如何解决，档案问题如何解决，户口能不能调入等等问题，都需要进一步解决。

现在，教育部和科技部都特别强调，要建立终生学习制度，要保证科技人员和广大职工技术水平不断提高。

此外，现在学术界正在讨论这个问题，怎么样让人才发挥更大的作用呢？首先，从理论上一定要看到这样一点，我们有些制度还可以做进一步的改革、完善，比如对人才的激励制度。用产权鼓励的方式留住人才，给人才一部分企业产权。民营企业为了把人才留住会给人才一些股，这种方式对留住人才能够起到很大的鼓励作用。在这个过程中还应该注意到，一定要实行产学研的结合。

为什么产学研的结合这么重要呢？胡锦涛同志在十七大报告中是这样说："加快建立以企业为主体，市场为导向，产学研相结合的技术创新体系，引导和支持创新要素向企业集聚，促进科技成果向现实生产力转化。"锦涛同志这段话对自主创新非常重要。我们的问题不在于单纯的研究，研究出来对发表论文有用，但是光发表论文就完了吗？不仅要发表论文，更重要的是实现向现实生产力转化，这样我们自主创新就能够为推动经济的发展起作用。产学研结合是一种很好的形式。

在一些观念上也需要有一些变化。创新的基础是"创意"，没有创意怎么来创新呢？要鼓励开发创意。不仅如此，在自主创新过程中要宽容失败，假定不宽容失败，失败了就受到谴责，大的创新是无法出现的。不允许失败的创新几乎是不可能的，顶多有了创新也是小小的创新，大创新很可能就是在无数次失败最后完成的。所以我们应该注意对产学研结合过程中的失败给予适当的宽容，这样更有利于我们的创新。

自主创新一方面要让技术往前推进，一方面还要创立品牌。中国产品在世界上之所以在竞争中往往处于不利地位，就是因为我们没有自己的品牌，这样我们在国际市场上卖的价钱就低了。

举一个例子来看，做一套西服花费的能源成本都差不多，但是外国有品牌，人家做出来的西服可以卖到上万美元，而中国的西服只有几百块钱，达到1000块钱已经相当不错了。外国人一看，同样是一套西服，外国的产值那么多，它的能源消耗比例就小，而中国的一套西服只卖那么一点钱，而消耗的能源那么高，外国人就谴责这是不合道理的，因为外国西服品牌价值在里面。品牌是打入国际市场的敲门砖，也是我们保护自己的防护堤。所以自主创新一定要达到这样的认识高度。

过去我们不重视自主创新还有一个知识产权保护问题。知识产权保护对企业来说是两个方面的问题：第一，自己的知识产权要保护，不能随便的侵害我们的知识产权，如果侵害了就要从法律上来解决，自己要知道保护自己的知识产权。第二，要尊重他人的知识产权。我们不能随意剽窃别人的东西。现在我们两方面做得都不够，自己的知识产权被别人侵犯了，不知道通过法律程序来解决，而是采取不合法的方式解决，这是不对的。我们对国内国外的知识产权都要尊重，这样自主创新就会取得更大的成绩。

二、城乡统筹发展

关于城乡统筹发展问题，胡锦涛同志在报告里说："要统筹城乡发展，推进社会主义新农村建设。"

现在大家可能会有一些疑问，如果翻开上世纪50年代后期的《人民日报》看，他们就有一篇社论《建设社会主义新农村》。60年代初《人民日报》还有文章《建设社会主义新农村》。隔了40年又讲《建设社会主义新农村》，究竟区别何在？今天提建设社会主义新农村，和过去提建设社会主义新农村，在实质上是不同的，虽然口号是一样的，但内容是不一样的。对这个问题我们必须从城乡二元结构和城乡二元体制谈起。

城乡二元结构从古就有，城乡二元结构体制就把城乡二元结构制度化了，城乡二元体制是计划经济时代才有的。在座的同学可能有东北人，东北人的老家百分之七八十以上都来自山东，山东人过关到了东北，当时有城乡二元结构但没有城乡二元体制。山东的城里人到了东北农村，可以租地、种地、建房子，山东的农民如果到了东北的城市中可以做学徒、做工人，也可以租房、买房、建房、开店。城里人愿意到农村就可以到农村，城乡之间没有二元体制，只有二元结构。

从计划体制建立之后，户口一下子分为两种：城市户口、农村户口，这样城乡二元体制就形成了，城乡生产要素的流动就被隔绝了。这样一来，城乡二元结构体制就建立起来了。当初提出“建设社会主义新农村”，也是为了巩固计划经济体制。

它的存在就是告诉农民，你们就安心呆在农村吧，我给你把农村建设好，你不要做“盲流”。就是未按计划的盲目流动。有计划调你去做工就去，不然就呆着。当时是为了适应计划经济发展的需要。隔了40年，今天就不一样了，今天提出“建设社会主义新农村”是贯彻科学发展观，贯彻以人为本的思想，是完善社会主义市场经济。今天应该了解到“新农村”是一个综合的体系，发展农业生产、提高农民收入、村容村貌的重建、环境的治理、精神文明建设、民主管理，一系列都贯彻以人为本的思想，贯彻科学发展观。而且住在农村的人不一定是务农者，农民可能在周围的乡镇企业中做工，农民自己也可能是个投资者，也可能是个经营者。现在新农村跟加快城镇化建设是不矛盾的，是平行的，中国为了实现现代化，农村人口要减少，城镇人口要增多。两个的要求是不一样的，我们一定要懂得，今天提出“建设新农村”是在贯彻科学发展观的要求，贯彻以人为本的思想，完善市场经济体制和加快城镇化的过程中提出的这一点。

怎样来统筹城乡发展呢？就是要在农村进行改革。改革不仅是一个单纯的户口制度问题，户口制度改革是随着改革的进展而水到渠成的事情。当前，要深化农村的改革。胡锦涛同志在报告里有一段话：“坚持农村基本经营制度，稳定和完善土地承包关系，按照依法、自愿、有偿原则，健全土地承包经营权流转市场，有条件的地区可以发展多种形式的适度规模经营。”又指出：“要发展农民专业合作组织，支持农业产业化经营和龙头企业的发展。”这段话对当前深化农村改革是非常重要的。中国的改革是从农村家庭承包制开始的，家庭承包制对于整个的改革起了很大的推进作用，因为它是最早进行改革的。从历史上可以看出，原来是什么产品在市场上都买不到，比如说香油、鸡蛋、猪肉等等，从开始家庭承包以后市场就活跃起来了，要什么农产品都可以在市场上买到，对解决农民的生活问题，方便群众，改善群众生活起到了重要作用。

但是农村家庭承包制实行了 20 多年，它的局限性也就开始暴露了。一个局限性是，农业现代化仍然要走规模经营的道路，因为中国农业劳动率太低了，那么多农民每家一小块地，农业劳动生产率太低了，不适应现代化的要求。

第二个局限性是，农民出来打工，田地就荒废了，只有老人和妇女来耕作。现在能不能完全改掉这样的情况，要从中国的实际出发，在这个基础上再来谈中国特色社会主义对农村的基本经营制度的改革。所以锦涛同志说“坚持农民基本经营制度，稳定和完善土地承包关系”，紧接讲“在农民自愿的基础上实行土地承包权的流转”。现在一些实验区正在采取这样的办法。流转的办法有：转包，承包了一块土地因为要出去打工，把土地转包给别人；租赁，把土地租出去，租给种植能手，他们的产量高，还有租给龙头企业。土地使用权入股，农民可以自己组成专业合作社经营，如果交给龙头企业，也可以在龙头企业中入股。最近我到宁夏考察，宁夏人除了出租、入股以外，他们又采取了新形式，“土地存入信用社”。为什么要把土地存入信用社呢？农民说：“入股可以分红，赔了怎么办？赔了之后我什么都没有了。出租可以拿到钱，但是第一年租金送上门，第二年的租金要跟人家要，第三年人家就拖，甚至不给，不愿意找麻烦。最好的办法是存入信用社。”国外这种办法是土地银行的形式，到年底取利息。不来拿可以自动转到我的账户里，这是不是很方便还有待考察。所以说，多种实验正在搞。但现在改变土地基本经营制是不行的。从社会稳定的角度出发，广大农民同意承包权。现在承包权可以按自愿有偿的方式采取转包、出租、入股，甚至存信用社都可以，但是不能够简单的进行私有化或国有化，这些方案都不适合实施。土地私有化问题跟我们的宪法是不符的，这是大问题。而且土地私有化一定促使土地农业规模经营吗？那也不一定。在农村造成私人土地兼并就不好了，如果耕地国有化，农民就不理解。这么多年土地就是集体所有，采取国有化，农民可能不理解。所以要坚持农民土地的基本经营权，在这个基础上再走向规模经营的道路。

锦涛同志的报告还提到“要发展农民专业合作社”。这跟过去的合作化完全不一样了，过去的合作化是自上而下贯彻的，现在是农民自发组成的。我到几个地方考察农民专业合作社，有的地方这个名字不叫专业合作社，实际上性质是专业合作社。我到甘肃农村考察，他们叫做“专业协会”，协会有很多，有马铃薯协会、蔬菜协会、养鸡协会、养牛协会等等，一个协会有好几百户，甚至上千户。有的地方叫做“农工商公司”，还有的人起的名字是“经济共同体”，有各种各样的名字，但是性质就是农民专业合作社。我问他们为什么要组织专业合作社，他们说对我们有好处，现在都是公司加农户的形式，公司下订单给农民，按照订单生产，农民反映，最后在收购的时候，农民是单个的，是弱者，公司是强者，所以公司可以卡产品的等级，会给我们打白条，我们联合起来组成农民协会，就是强者对强者，如果他们没有按照合同办，我们可以请律师跟他们打官司。而且，成立专业合作社，产业链就延伸了，农产品的加工可以做，农产品的运销也可以做，就增加了农民的收入。农民专业合作社要进一步发展，这是提高农民收入很重要的方面。

锦涛同志说：“支持农业产业化经营和龙头企业发展。”我在一些地方看到龙头企业对带领农民走产业化道路起了重要的作用。我到河南漯河考察，有一个很大的集团叫做“双汇”集团，他们带动了很多的农户，农户到龙头企业看怎么饲养，龙头企业规定好品种，把幼猪给你，定期帮你检疫，保证一定的规格，然后由农民养，整个产业链带动了整个农村的发展。

我到重庆考察，有一种柑橘叫做“反季节柑橘”，一般的柑橘是秋后成熟．它是春夏就成熟了，这样农民整个一春都在种柑橘树，向国外出口。人家有一句话“人无我有”，你不生产的产品我生产。“人有我优”，你跟我生产一样的我比你好。“人优我反季节”，他们采取这样的办法，农民的收入很快就提高了。

全世界最有潜力的待开发的市场在哪里呢？在中国农村，九亿农民有两亿多农户，只要他们收入提高了，他们的生产发展了，我们的国内市场规模将多大啊？每个农户添家用电器，为孩子买家用电脑，这样的消费规模是多大啊。九亿农民每人每年添几套新衣服，每人每年买几双鞋，我们的纺织品市场规模多大啊。

这有待于开发，统筹城乡发展很重要的一点在这儿。工业化到一定程度以后，工业要帮助农业，城市要帮助农村，这样，我们城乡统筹发展就能够取得进一步进展，我们要扩大内需，最大的内需潜力在中国的农民身上。可以想像，我们将迎接一个内需的大突破。

三、宏观调控

宏观调控在当前是必要的，我们搞的是社会主义市场经济，但是社会主义市场经济不是不要政府来进行宏观调控。因为只有进行宏观调控，才能够指导产业的合理布局，实现产业之间的协调，并且在经济运行过程中可以防止过冷过热的现象。所以宏观调控始终是必要的。

当前宏观调控中几个问题是：第一，我们仍然承受着通货膨胀的压力。报上经常用的词是“流动性偏大”，主要是讲货币供应量过多，资本过剩。货币供应量为什么过多，最主要的原因是投资偏大，银行信贷偏多，这样大量货币就投入了市场。对这个问题该怎么办呢？为了防止国民经济出现过热的现象，宏观调控是必要的。政府现在采取的措施也正是怎么样更好的利用财政条件，货币政策的条件。从货币政策来讲，提高存款准备金率的方式一直在做，就是商业银行吸收的存款不能够全部都放款出去，必须把存款准备金留下，不能发，减少银行能放款的数量。另外，这里很重要的一条是要减少通货膨胀的压力，土地要严格把关，源头就在土地，没有土地建设什么项目呢？土地要严格把关，把这些问题都看到以后，通货膨胀的压力就会渐渐减少。所以在宏观调控方面我们要更好的总结经验，使它更完善。

第二，宏观调控对汇率制度改革问题。对汇率制度改革问题我们应该这样看，经过学术界的常识讨论大家基本上有了共识，人民币大幅度升值对中国经济是不利的。人民币大幅度升值以后，就可能影响我们的出口，我们的企业萎缩了，甚至倒闭了，工人会大量失业，农产品也卖不出去，农民的生活也会受影响。从国民经济的整体利益考虑，人民币大幅度的升值是不可取的。但是，人民币的小步升值，专家们认为这样会利大于弊。弊在何处呢？弊还是有的，大升值对出口大不利，小升值对出口是小不利，但总是不利。只要升值对出口都不利，这个弊就是存在的。

小步升值会使外资的热钱继续流入中国，等待人民币进一步的升值，这些都是弊。这个弊我们应该看到。经济学是研究生产力和生产关系相互关系的，是研究资源配置的，我们用通俗的话讲“两害之间取其轻，两利之间取其重”，就是做利弊得失的比较。所以说，总有利弊，只要利大于弊就行了。最大的利是什么？减少中外贸易摩擦，外商希望大幅度升值。对中国，利在何处？人民币小步升值的利在于给中国的企业以鞭策、警告。从现在起看到汇率是小步在升值，不要再指望扭曲的汇率作为自己竞争力的根据，要抓紧时间加强管理，集中创新，创立品牌。这是当前需要做的，错过了这个机会，以后再做就晚了。现在信号已经出来了，人民币在小步升值的过程中，企业要抓紧时间干，要利用这个机会改进技术、加强管理，这样对中国未来竞争力的增强是有好处的。

我们的汇率小步升值升到什么程度呢？胡锦涛在报告中讲“完善人民币汇率形成机制，逐步实现资本项目可兑换”。这条很重要，资本项目可兑换是一个过程，我们将来要做，但是现在要沿着这个方向走，逐步来实现。人民币的汇率是由市场来定的，是浮动的。比如前一段时间是 8.1 左右，现在在 7.5 以下，这是市场形成的汇率，是符合市场经济规律的。资本项目可自由兑换是我们迟早要做的，但是这个过程我们要防止金融风险的发生。

因为资本项目可自由兑换同样有利有弊。东南亚金融危机 1997 年爆发的时候，泰国是首当其冲，泰国受的损失很大，因为泰国的货币是自由兑换的，本身的经济实力又不强，银行的不良贷款又很多，这样一来，外资一进一出对他们的冲击极大，他们就一下子处于了极其困难的境地，我们要吸取这样的教训。

为什么东南亚危机对我们没有什么影响？因为我们有一个外汇管制政策，进来不那么容易，出去也不那么容易，就是因为我们逐步外汇政策的改革。用锦涛同志的话说“逐步实现资本项目的可兑换”。

第三，金融问题，资本市场问题。我们应该看到，中国的股份制，中国的证券市场是在跟世界其他国家不一样的情况下开展起来的。因为其他国家都在市场经济过程中自然形成股份制、证券市场，中国是在计划体制向市场经济过渡过程、转轨过程中形成的，因为我们的企业都是国有企业，国有企业要上市，一方面经验不足，另一方面对股份制还是逐步进入期间，而且对很多问题我们还没有把握。这怎么办呢？当时就实行分两步走，第一步“双轨制”，增量先股份化，存量后股份化。增量是什么意思呢？这个企业有10亿元增产，这是它的存量，虽然折成股了但并不上市，增量增发3亿元股票，这3亿元股票上市，所以说增量流通，存量暂缓流通，这就是双轨制。因为双轨制的推行，我们股份制就开始启动了，股份制启动了以后经过十来年的经验，股份制取得了一定的成绩，证券商有了一定的规模，但是问题的暴露也越来越明显了。问题暴露在什么地方呢？因为实行股票上市最大的目的是转化企业运行机制，存量多，70%、80%的股份作为存量不流通，机制是没有转换的。增量股份化，只是完成筹钱的目的，这样到了21世纪初，中国股份制面临着必须进行第二次改革的问题，就是现在经常说的“股权分置改革”。股权分两块，双轨并成单轨，在并轨的过程中就要给流通者的持有者一定的补偿。有些人不理解，为什么给他们补偿呢？

他们不懂这个道理，当初国有企业上市的时候是发了招股说明书的，招股说明书上有一句承诺“国有股暂不上市”。

现在要上市了，这就违背了当时的承诺，按照《中华人民共和国合同法》就应该给受损失的人以补偿。当时写的国有股要上市，准备上市，人们就不会花这么高价钱买股票，现在又要上市，就违背了当时的承诺，所以要给予补偿，10股送3股，或者10股送2股来补充，这样中国的股份制真正地走上了正轨。股市开始成为中国宏观经济的晴雨表。

下一步改革怎么办呢？胡锦涛同志在报告中强调：“优化资本市场结构，多渠道提高直接融资比重，加强和改进金融监管，防范和化解金融风险。”

这几句话非常重要，现在的证券市场已经有了，需要一个完善的资本市场体系。比如说现在除了上海、深圳市场以外，将来还要推出“创业版”市场，将来不上市的产权怎么交易呢？要有一个完整的资本市场体系，要提高直接融资的比重。因为我们现在的融资主要是靠银行贷款，而直接融资的比重是很小的。特别强调要“加强监管”，因为中国的股市总算经过了这么多年的风风雨雨，现在走上了正轨，这时候如果金融监管不加强，又会出来一些诈骗案等大案要案，最后人心就涣散了，信心就丧失了，好不容易聚集起来的人气一下子又丧失了。

还有在证券市场过程中一定要加强风险教育。我曾经多次讲过，大学生别炒股。

经济学家为什么不让大学生炒股？大学生阶段主要的任务是学习，时间太宝贵了，炒股可以，来日方长，这时候要抓紧时间学习，把这个机会错失了，将来你们会后悔。在金融市场上加强风险教育，防止非理性投资的趋势。现在市场上就有这样的情况。据报道，有一个人把房子抵押来炒股，人家买什么股票他就买什么股票，看哪个股票价钱低就买哪个股票，他的操作是非理性的，价钱低的股票可能是垃圾股，别人都不要的股票。要加强他们的风险教育，这样我们的宏观调控将能够走到一个正常的轨道，这样使得大家按照市场规律来做。

金融监管的加强在当前是必要的，在宏观调控中还要提到一点，胡锦涛同志讲“要推进金融体制改革”。中国的金融体制改革的确要进一步的加强，因为大家都普遍反映这个问题，外资银行进来了，我们如何跟外资银行竞争呢？我们如果体制上不把商业银行当成市场主体，没有完善的法人治理结构，我们怎么跟外商直接竞争呢？国内有些地方民间资本多，中小企业融资难问题又没有很好的解决，能不能把这股水引来，把过多的民间资本吸纳进来解决企业融资难的问题，这就是下一步金融改革要考虑的问题。

比如，允许成立更多的民营中小型银行。现在我们的标准已经在降低了，允许做试点，成立“乡镇银行”，只有几百万资本可以做乡村银行，但是资本可以大一点，在城市中帮助中小企业发展。再比如，在金融体制改革过程中，有些试点还可以继续扩大。现在做的一个试点叫做“只贷不存”的金融机构。

它不能吸收存款，比如说我们十个人，每人出一亿元的资本，成立一个“只贷不存”的银行，贷款收回来再贷，收不回来就成了坏帐，但不能吸收存款，因为吸收了存款，风险就更大了，这方面我们也正在做试点，但是规模还没有那么大，只有几千万，这都是金融改革中一种试验。

现在的商业银行越来越多了，存款多了银行垮了怎么办？现在出了“存款保险”，银行垮了可以把存款保险下来。比如说，一些小企业想贷款，但是没有人做担保，比如说允许民间成立金融担保公司，专门做担保。

种种试验我们都需要在下一步改革中来探索。所以，胡锦涛同志讲“我们要形成多种所有制和多种经营形式、结构合理、功能完善、高效安全的现代金融体系”。

四、扩大就业

就业问题对中国来说是非常重要的问题，胡锦涛在报告中谈到“就业是民生之本”。我们必须看到，当前中国的就业问题还是比较突出的，实际上有两类就业问题，或者说两类失业问题。一类是总量失业，一类是结构失业。

什么叫做总量失业？从总量上考虑，工作中没有这么多工作岗位，所以就失业了。

首先应该看到，在经济发展过程中我们的速度不能太慢，新的工作岗位是在经济增长过程中出现的，如果经济发展速度太慢了，就业问题该怎么办？太快不好，过热也不好，应该适当的快一点。关于结构失业问题，是事找人和人找事并存，一方面有的工作岗位空缺，事找人，一方面又人找事，很多人还没有工作，去找工作。为什么人找事和事找人不能合在一起解决？因为工人的技术水平不一样，专业不一样。

一边是需要熟练操作电脑的工人，一边是只会干粗活；一边是需要高级的机械修理工，一边是会干木匠的。这就有了问题，造成了结构性失业。两类失业问题现在是并存的，我们在当前很重要的问题是根据情况解决中国当前的就业问题。

胡锦涛同志在报告里一再讲“在坚持实施积极的就业政策，加强政府引导，完善市场就业机制，扩大就业规模，改善就业结构”。

就业问题很多是结构问题。下一步我们的对策是怎样的呢？大家都知道，我们除了刚才讲过，很多工作需要人做，很多人要找工作，所以说技术职业培训工作必须加强。没有技术职业培训怎么来解决结构性的失业问题呢？技术是不断进步、不断发展的。今天从学校毕业以后能够适应工作，如果不继续学习就适应不了工作了，所以要终身学习，终身教育。这对解决就业问题起到十分重要的作用。当然，还有很多工作需要开展，比如环境保护工作、环境卫生工作、社区服务工作、园林绿化工作都大量需要人来做，这些工作使我们能够解决很多就业方面的问题。

胡锦涛同志谈就业有一句很重要的话，“促进以创业带动就业”，“使更多劳动者成为创业者”，这一点是非常重要的。美国有一个硅谷，硅谷里有很多小企业，大学毕业不久的人就下海了，几个人用很少的资本组织一个小公司，进行研发推出自己的产品，很快就发展壮大了，这就是创业。

大学毕业生要有勇气去创业。报上登消息有人来问我，大学生出去卖肉算什么？我认为他自己愿意卖肉，不用管，说不定几年之后他可以成为“卖肉大王”，说不定可以开养猪场。人一生中的职业机会很多。只要你有本事，又有志向，不管在哪一个行业都可以起来，三百六十行，行行出状元，所以大学生卖肉不奇怪。正常的市场经济发展过程中，人们能够创业，首先要有创业的毅力，这是非常重要的，同时还要有创业的勇气以及创业的才能。

对于下岗工人的安置问题，辽宁阜新市是产煤地方，有的矿资源枯竭了，一个矿一个矿的下岗，就是好几百人甚至上千人下岗，这种资源型城市要考虑资源枯竭以后怎么办？有人想了一个办法，帮助下岗工人创业。阜新的空地很多，每家用几万块钱盖起了塑料大棚，有的种蔬菜，有的种花卉，有的种蘑菇，每年的收入也不错。

我到那里一去，他们知道我是经济学家就问我，我们是工人吗？我说你们不是工人，你们已经不在工厂上班了，已经不领工资了。他们问我们是农民吗？我说你们也不是农民，你们是城市户口，不是农村户口，你们没有自留地，也没有宅基地。他们问，那我们是什么人呢？我说，你们是城市中经营农业的民营经济从业人员。一家一户面对的是市场，要想办法把自己的货供到市场中去，所以你们当中会产生种植大户、养殖大户。每个塑料大棚中都有一个大炕，他们星期一到星期五都会在塑料大棚里劳动，周末回城里矿上的宿舍看家人和孩子，星期一再回来。下岗工人应该有自行创业的勇气，市场经济是大风大浪的，你要在里面游泳。对就业问题我们要有新的思路，提出以创业带动就业，不但带动本人就业，还带动全家就业，以后企业扩大了可以带动更多人就业，思路必须是新的，管理理念的变革，就业观念的转变非常重要。如果我们用从前的思维，很多问题就想不出来。

学生毕业每次都有好几百人照相，照相师会说“大家要睁眼睛，不要闭眼睛”，结果总有几个人会闭眼睛，怎么办？要转变思维方式，照相师开始说“大家闭眼睛”，结果数一、二、三以后大家都是睁眼睛的。在市场经济中观念很重要，所以要创业，要鼓励创业、帮助创业、支持创业。

为了让更多人能就业，财政部门采取了一些措施，金融部门也应该相应采取一些措施。金融部门对大学生创业，对下岗人员自行创业应该给予贷款，给予一定的方便之处。

财政部门应该鼓励劳动密集型企业内迁，劳动密集型企业现在集中在沿海一代，沿海生活成本高，沿海地区招工也就不容易了。为了吸引更多的劳动力，鼓励劳动密集型企业向内地迁，迁到内地以后，既能解决当地的就业，又可以把沿海地区的土地腾出来盖高精尖的工厂，技术密集型、知识密集型的企业。鼓励企业内迁应该在税收上给予减免优惠。尤其对于“零就业家庭”一定要消除赋税负担，财政部门要想办法。什么叫做“零就业家庭”？全家都失业了，夫妇两个包括孩子都失业了，零就业家庭要首先解决他们的问题，要帮助他们找工作，哪个企业如果能消灭一个零就业家庭，有一个人到那个企业就业的话，就给那个企业适当税收减免，这样就有企业愿意提供帮助了。要想办法解决企业的内迁、零就业家庭的消除。

当前一个重要的问题是农民工的问题，对这一问题我们首先要站在高的立足点上让农民工在权利方面跟城市工人平等。“农民工”这个词本身是不科学的。北京首钢的工人三代以前都是农民，他们进城的时候都是农民。“农民工”是城乡二元体制下沿用的名词，是以农民的身份在城里做工，所以叫“农民工”。统筹城乡发展的问题要解决，但现在要很多方面帮助他们解决。比如说住房问题、孩子上学问题、医疗问题、医疗保障问题都需要解决。

五、改善民生

改善民生这个问题非常重要，胡锦涛同志在报告中说：“要坚持把改善人民的生活作为正确处理改革、发展、稳定关系的结合点。”这句话非常重要。我们整个改革的目的是什么？是人民普遍物质文化水平都能提高，是关心老百姓的生活，让老百姓在改革开放中、在发展中得到实惠。基于此，民生问题就要放在重要地位进一步考虑。

这次十七大报告有些新的提法。胡锦涛同志在报告里强调“提高居民收入在国民收入分配中的比重，提高劳动报酬在初次分配中的比重”。什么意思呢，就是说在国民收入当中，居民收入的比重要有所增加，不仅数量增加，而且在国民收入的比重也要增加。劳动报酬在初次分配中增加，第一次分配中劳动的比重要增加。过去，谈收入分配时，说初次注重效率，再分配注重公平。现在十七大报告中明确提出：“初次分配和再分配都要处理好效率和公平的关系”。

无论初次和再分配，都要处理好效率和公平的关系，第二次分配要更加注重公平。这个提法是新的，这也表明了胡锦涛在报告中对民生问题的关注，民生问题是社会保障问题。关于社会保障问题，他用了这样几个词：“为了促进社会的公平正义，努力使全体人民学有所教、劳有所得、老有所养、病有所医、住有所居。”这样就有助于推动建设和谐社会。我们一个一个来做解释。

“学有所教”，首先谈到教育的问题。现在教育是全中国人民最关心的问题。党的文献中首次提出来“建设人力资源强国”。我们过去讲中国人口多，中国是人口大国，后来说“人力资源大国”、“人力资源强国”，大国是指人多，强国就不同了，是人的教育水平高、技术水平高、素质高，所以要建设“教育强国”。而且特别提出，教育一定要公平，让大家有同等受教育的机会。教育公平是社会公平的重要基础。教育的不平等、教育的不公平会带来就业的不公平，就业的不公平就带来了收入的不公平，收入的不公平就带来了生活的不公平，由此产生第二代不公平。关键是教育公不公平。教育公平，就业的机会就一样了，就业机会一样，收入差别就会缩小。所以要把教育问题看成是社会公平的重要基础。

胡锦涛同志在报告中还强调“坚持教育的公益性质”，教育是公益事业，会使各个家庭都受惠。教育是关系到每一个人的，不仅是学生，是所有的人。在自主创新过程中人都要终身受教，终生学习。

“劳有所得”指的是就业保障。我们要让更多的人有就业机会，要创造更多的工作岗位。同时要看到“劳有所得”也包含这样的问题，就是最低工资标准要提高，这是胡锦涛同志在报告中说的。西方的经济学家是反对制定最低工资标准的，他们认为最低工资标准没有好处，反而对工人有害。因为制定最低工资标准以后工资不能低于这个标准，促使企业多引进技术，少用人，这对于工人反而是不利的。另外一种说法是，制定最低工资标准企业的负担加重了，企业萎缩了以后不是影响更多人就业嘛。西方经济学的这两种说法是不正确的，或者说是不全面的。最低生活标准之所以有必要提高，是因为它是保障人的生存权的问题，是劳动就应该有所得，如果低于最低工资标准，这样对工人就不利了。这对企业也是有好处的，最低工资标准的建立巩固了企业劳动力队伍，给工人工资太低了，工人就走了，一个熟练工人走了，来一个新工人要从头培养，对企业也不利。应该说，最低工资标准是必要的，但是最低工资标准要不断提高，要根据企业的实际情况、国家的情况来定。

“病有所医”，讲的就是医疗保障问题。十七大报告的新提法是“把基本医疗保险从城镇职工扩大到城镇居民”，简单地改变了两个字，过去提基本医疗保险限于城镇的职工。十七大报告中做了调整，把基本医疗保险从城镇职工扩大到城镇居民。农村也正在进行试点，通过农民的医疗合作进行试点。十七大报告中提到“把城镇职工扩大到城镇居民”是一个非常大的变化。

“老有所养”在十七大报告中又有一个新提法，十七大报告中把最低生活保障制度的范围由城市居民扩大到城乡居民。这就有了很大的变化。过去是城市居民可以享受到生活保障制度，现在扩大到城乡居民范围。所有这些变化都讲明了，十七大报告在关注民生、改善民生方面是与过去相比有了很大的进展。

“住有所居”，住房保障在胡锦涛报告中是怎么说的呢？“健全廉租住房制度，加快解决城市低收入家庭住房困难”，城市廉价出租房简称为“廉租房”。政府解决低收入家庭住房的问题，这不是靠市场调节解决的，政府出面建设廉租房，收入在多少标准以下、面积在多少平米以下的居民可以租到廉价的出租房。这个制度对解决住房问题是有好处的。

从以上的问题中可以清楚地看到，民生问题是我们当前一个重要的问题。只有关注好民生问题，才能让更多的人来共享改革开放和发展的成果。

六、建设生态文明

建设生态文明这六个字是中央文件中首次提出的，过去只提“物质文明、精神文明、政治文明”，现在加上“建设生态文明”。在建设生态文明中就回到我们今天讲到的题目上来：促进国民经济又快又好发展。

还有几个提法也是新的，过去我们谈的是“转变经济增长方式”，比如从外延式增长到注重内延式增长，从只注重数量到注重质量。这次十七大报告做了修改，把转变经济增长方式改为“转变经济发展方式”。因为从经济学的角度讲，增长跟发展的含义是不一样的，增长的标志是用国内生产总值的数量提高来体现，而发展则不同，发展是包括经济、社会各方面的发展，这次提出“转变经济发展方式”是一个很大的变化。

十六大报告提出“国内生产总值到2020年要力争比2000年翻两番”。十七大报告中做了修改“实现人均国内生产总值2020年比2000年翻两番”，用的是人均国内生产总值”，十六大就提出来国内生产总值翻两番，十七大报告加了“人均”两个字，因为一定要考虑到人口量大的问题，光国内生产总值翻两番是总量翻番，因为在20年中人口也在增加，所以用“人均国内生产总值翻两番”的目标比较合理。

胡锦涛在报告中还提出“让循环经济形成较大规模”，因为要建设生态文明，要提高经济增长的质量，要转变经济发展方式，就必须实现循环经济的规模化。循环经济究竟是什么意思呢？循环经济指的是遵循生态规律，在经济和技术可行的条件下做到以下四方面：

一是资源高效利用。应该节约资源，能够采用代用品的就采用代用品。在采矿的过程中对共生矿、伴生矿要进行开发利用，比如矿和其他稀有金属伴生的，不能只开发一种资源。对于水电各种原材料都要提高资源利用率。要尽可能延长产品的使用年限，比如电灯泡的时间用久一点就节省了资源。

二是减少废物的排放。在生产过程、消费过程要减少废气、废水、废渣的排放。

三是最大限度的把废物转为可利用的资源。比如采煤的过程中会出现很多的煤矸石，对这些煤矸石要充分利用。废水之外还是不是有其他的东西可以裂变和提炼，废气是不是可以回收。

四是不能进行利用的废物要做无害化处理。

循环经济对我们来说是非常重要的，怎样实践循环经济的发展方式呢？怎样来注重生态文明呢？宣传教育是重要的，但在制度上一定要有建设，制度上一定要有所保证。

我们现在正在做的是建立健全严格的技术标准，限制高耗能行业的发展。现在高耗能行业的产品出口要受到限制，因为耗能高，造成了污染，中国的能源资源又紧张，资源消耗高行业的产品出口一定要受到限制。再比如实行生产者责任制度，如果生产了有害物必须负责回收，这是你的责任。进口商把国外的旧衣服进口来要自己进行处理，这是责任。所有生产的责任一定要非常明确。实行法律责任追究制度，假定你对社会造成了坏的影响，造成了不良后果怎么办？法律责任要追究。这样才能把循环经济工作做好。

生态文明建设是重要的，因为环境是我们和子孙后代共有的。资源是我们和子孙后代共享的。我们要考虑到本代人的利益，更要考虑到子孙后代的利益，因为我们共处一个环境中，共享着一个资源。而且我们要尊重大自然的规律，破坏了环境造成的恶果不仅是由你自己承担，还要由子孙后代承担。建设生态文明需要更多的人作为志愿者参与其中。

关于学习锦涛同志报告中促进国民经济又快又好发展内容的体会，我就讲这些。下面做一个小结。十七大刚刚开完，我自己的学习也刚刚开始。我的确认为这个报告应该进入大学课堂，让更多的学生仔细领会。因为现在提出了很多新的提法，表明我们的观念在转变。

最后我引用胡锦涛同志在报告中的一句话："在当代中国坚持中国特色社会主义道路就是真正坚持社会主义。"还有一句话："在当代中国坚持中国特色社会主义理论体系，就是真正坚持马克思主义。"我们要坚持马克思主义，在当代中国就是坚持中国特色社会主义理论体系。我相信做到这样的话，我们对锦涛同志报告的理解就会更深入一步。

（原载《光华校友通讯》，北京大学光华管理学院2008年新年特刊）

中国下一步改革开放急需化解的四方面问题

当前，中国经济发展中有四个最受关注的问题，第一个是通货膨胀的压力；第二个是就业的压力；第三个是贫困的压力；第四个是城乡二元体制的问题。这些问题直接制约和影响着中国经济今后的发展走向，已经引起了国家上层领导和经济学界的高度关注，并采取了积极的改革措施。可以预见，通过下一步更加深化的改革开放，经过持续不断的努力，这些问题有望得到逐步缓解和化解。

一、如何缓解通货膨胀的压力

从 2007 年开始的物价上涨同 1993、1994 年的情况不大一样。那时，正是邓小平南巡讲话以后，全国各地建设投资热气腾腾，投资过大造成银行信贷过多，货币供应量扩大。由于原因的单一性，所以当时的政策也比较简单，就是“双紧”政策，即财政收紧、货币收紧。“双紧”政策取得了很好的效果，通货膨胀很快就被压下去了。尽管由于“双紧”政策实行的时间过长了一点，90 年代后期以后又出现了通货紧缩，但通过调整很快就解决了这一问题。

中国现阶段的通货膨胀是由多方面原因造成的。第一，仍然是投资规模过大，信贷过多，货币投放过多。这个原因和当时的情况相类似。第二，外汇储备占款过多。国家的外汇储备是用人民币换来的，因为企业创汇以后，由央行用人民币把外汇买下来，这样，企业收入人民币，人民币就投放到市场上了。在1996年时，中国的外汇储备刚刚超过1000亿美元；1993、1994年通货膨胀的时候，中国外汇储备只有几百亿美元；中国目前的外汇储备高达1.5万亿美元，这就意味着10万亿人民币投放到市场上。这是与当年的通货膨胀相比所不同的一个新情况。第三，人民币在升值。这也是一个新情况。1994年时，人民币在贬值；而现在是人民币不断升值，外资热钱就流进中国。不仅如此，国外为了应付经济衰退，采取减息的方式；而中国为了应付通货膨胀，采取的是提高利息的措施。国内外的利息差吸引了外资热钱，流入中国买房地产、股票等。第四，国际石油价格上涨，又引起了国际粮食价格的上涨。用玉米造酒精是合算的，酒精是可以用来代替石油的，所以，石油和粮食的价格相关联，一涨皆涨。国际石油期货价格现在已经超过每桶120美元，涨幅非常大。这也是现阶段所出现的新情况。第五，2008年初，中国南方遭遇了百年难遇的冰雪灾害，导致了商品运输中断，影响了农产品的生产，加剧了春节前后物价的上涨。这也是当年所没有的情况。

为了应对当前的通货膨胀，中央采取了一系列对策。第一，对于投资过多、信贷过大的问题，中央采取了提高银行准备金率的措施，这和当年的政策是一样的，是当年政策的延续。第二，对于外汇储备过多的问题，国家采用增加进口的方式解决。有人提出减少出口的对策，但这种方式必须慎重，某些消耗能源或粮食过多，或对环境影响过大的产业，可以减少其出口。但是总的来讲，这个方法要慎重。另一方面，中国减少出口，其他国家马上就会占领这块市场，等以后我们再想去收复这些市场，难度就大了。所以，减少出口一定要慎重，而增加进口是比较合理的做法。增加进口可以解决中国机器设备更新，增加紧缺原材料储备等。除了增加进口，鼓励我们的企业也要“走出去”投资，在外国兼并、收购矿山和企业等，这都具有长远的意义。另外，到外国买土地、办农场，把生产的粮食、大豆运回国内，这就可以节省国内的土地用地。第三，对于外资热钱过多的问题，当务之急是要堵住那些由地下非法管道进入的热钱。目前，难以阻止外资的进入，因为人民币在升值，所以，外资对人民币有预期盈率。只要人民币升值，外资热钱就会进来。但人民币大幅升值是不可行的，因为那样会大大减少中国的出口；而有利的地方则在于人民币小幅升值，可以给国内企业带来一定竞争压力，促使它们不仅要依靠汇率优势来增大出口，而且必须改进技术，发展品牌，降低成本，提高竞争力，这样才能在国际市场上占据一席之地。小幅升值是可行的，利大于弊。目前，经济学家所讨论的问题是，人民币小幅升值应该快一点还是慢一点。多数学者认为快一点比较好，这在近期的汇率走势中已经表现出来了。升值速度加快的好处在于可以减少社会震荡，给企业的鞭策压力也更大一点。第四，对于国际石油和粮食价格上涨，这是我们无法控制的。我们现在所能做的主要是三个方面的工作：一是节约能源；二是大力开发新能源，如风能、太阳能；三是实行石油价格管制，这是一柄双刃剑，对国内普通消费者而言可能有利，但由于中国石油比国外便宜，外国便会利用这一价格差，到中国来消费石油，从而进一步增加中国石油供应的压力。这是一个两难的问题，如果国内对石油价格不管制、不补贴，石油价格的上涨会进一步加大物价的普遍上涨；如果国内采取石油价格管制，实际上会用中国纳税人的钱补贴了外国消费者的利益。第五，对于粮食受到暴风雪灾害的影响，这本来是一个突发事件，会逐渐好转的，但猪肉价格不是一个短期能够解决好的问题。中国的养鸡业实现了产业化，而养猪仍有60%以上为农户散养，现在进城务工的农民达到2.5亿人，他们不仅不再养猪，反而成为城市猪肉的庞大消费群体。这样一来一去，进一步加大了城市猪肉的缺口。为了鼓励农民发展生猪饲养，应当帮助养猪农户上保险，对2008年年初的风雪灾害，保险公司已经进行了理赔。为了进一步促进养猪业的发展，我们还应该全面建立现代化的物流系统。

当前，物价上涨过快，对那些困难户的生活影响最大。对此，应当提高工资和低保待遇，工资的增长率必须大于物价的上涨。对于大学生食堂和困难户等要进行补助。总之，对于物价上涨，我们要全面了解，通盘统筹治理。现在的情况远比1993年、1994年的时候更为复杂，不能简单地实行“双紧”政策，而应实行稳健的财政政策加适度从紧的货币政策，财政政策中该支出的还要支出，但货币政策要从紧。

二、如何缓解就业压力

中国有句老话叫做“安居乐业”，就业是民生之本，是关系国计民生的大问题。目前，中国的就业压力主要来自三个方面：第一，新增劳动力的压力，中国每年出生人口1000多万，这意味着每年有1000多万人年满18岁，需要找工作。考上大学可以延缓几年就业，但毕业后仍然需要找工作。第二，国有企事业单位仍在改革进程之中，一部分劳动力被分流出来，需要寻找新的工作。第三，农村是劳动力的大蓄水池，随时可以提供新的劳动力。但能否就业，首先同经济增长有关。据统计，经济增长率每增加一个百分点，可以增加80万~100万人就业。新的工作岗位是在经济增长中涌现出来的，为此，我们对中国经济发展的前景抱有信心。外国传言，中国开过奥运会之后，经济会大幅滑坡，这是对中国情况不了解的错误言论。中国和1988年韩国举办汉城奥运会时的情况不一样，中国经济规模大大高于韩国，而且中国现在正处于工业化的中期，从东北满洲里到云南西双版纳，从新疆伊犁到福建厦门，全国到处都在建设铁路、高速公路、机场、码头和旧城改造，中国的制造业还远未达到国际先进水平，固定资产大规模更新工作正在更新之中，全国的消费正在升级，并开辟了许多新的就业渠道，这些因素都带动了经济的增长。服务业在发达国家中已占到了70%～75%，第三产业能够吸收大量的就业人员；而中国目前服务业所占比重还不到40%，还有很大的发展潜力。奥运会场馆建成以后，工人马上就被招走了，到处都有工作机会。另外，西部开发、中部崛起、东北老工业基地改造、沿海率先实现现代化，都带动了经济的发展。只要中国保持经济的增长速度，不需要2007年那样高到11%左右，只要在9%或10%，也可以持续增长若干年，只要经济增长得以延续，就业压力就会大大减缓。

目前，中国维持经济增长速度，主要有三大障碍。第一是环境的承受能力，即经济增长中的废水、废渣如何处理，这是一个重要问题。所以，必须重视环保。此次国务院机构调整，把环保总局升格为“部”，即表现了对环保的重视。在经济发展中，环保具有一票否决权。第二是资源供给问题。过去说中国“地大物博”，其实中国“物不博”。比如，耕地资源非常稀缺，国家规定，18亿亩耕地这道“红线”不能动，必须保证13亿人口的吃饭问题。此外，淡水资源也是一个大问题。不仅北方缺水，南方水资源也缺乏，因为南方很多水系都被污染了。例如，云南滇池很大，但滋生蓝藻，严重影响居民用水源。中国现在每年进口能源占能源消耗量的 40% 强，过几年可能要占一半以上。所有这些都表明，资源供给这一关要是过不去，经济发展就会很困难。解决办法主要有两个：一是节约资源；二是开发新能源，寻找替代品。比如现在正加紧研究海水淡化问题，如果这个问题获得突破，北京、天津、广东等地的旱情就能得到有效缓解。第三个障碍是自主创新能力问题。中国现在仍缺乏自己的品牌和专利，一些行业现在做得比较多的是贴牌生产，利润很低。所以，我们不应以中国是世界的制造中心而沾沾自喜，应当把制造中心转化为创造中心，这样才会有发展的根本潜力。有人说，中国 GDP 只占世界的 5%，但能源消耗却占世界的 20%，这个说法有问题。中国的能源消耗是比较大，但不会达到 20% 那么多。这主要是因为 GDP 是按现行汇率的美元计算，中国只占 5%。假定人民币升值一点，中国 GDP 的比重就上去了。此外，中国产品加工值太低，由于没有品牌，中国生产一套西服和外国生产一套西服消耗的电能是没有差别的，但产值差别就非常大了，因为国外的加工值高。由此可见，自主创新很重要，只有拥有了自己的专利和品牌，产值才能够上去。在国际竞争的大风浪中，只学会规避竞争风险还是不够的，关键是要有较强的竞争能力。我们应该在高等院校、科研机构中大力发展自主创新研究，并快速转化为生产力，所以要大力发展产学研基地。总之，只要这三道门坎能够过去，中国经济的发展就没有问题。

但是，中国要跨越上述三道门坎，需要采取以下三个措施：第一，要大力发展民营经济。目前，中国民营经济所占 GDP 的比重为 50%，在安排就业上，民营企业的贡献非常大。这两年新增就业的 75% 是由民营企业解决的。但是，民营企业的发展也存在诸多问题。首先是融资难的问题。我们现在正着力解决这个问题，比如，允许成立乡镇银行，建立中小企业担保公司，等等。民营企业面临的第二个问题是很难吸引高、精、尖技术人员，其原因是不能解决技术人员的职称问题。第二，要鼓励创业，通过创业自行解决就业。应该给自行创业者以必要帮助，比如减税等扶持政策。第三，要大力加强职业培训，只有通过职业培训，才能让就业者适应新的工作岗位。失业分为三类：第一是总量性失业，就是没有那么多工作岗位，经济发展得不够，所以必须发展经济，增加工作岗位。第二个叫结构性失业，就是工作岗位有，但劳动者自身技能不适合它的要求。第三个叫自愿选择性失业，也就是说，既有工作岗位，劳动者的技术也适合，但劳动者不愿去。比如，在山上种树、去殡仪馆工作等。我前几年在贵州考察，了解到贵州许多人到深圳扫马路，而当地扫马路的许多是重庆人。既然当地有需要，为什么不在家乡扫马路？回答是被熟人看见没面子。这就叫自愿选择性失业。解决失业的对策分别是：总量失业靠经济增长，自愿选择性失业靠职业教育。解决结构性失业则有三个办法：一是靠职业培训；二是靠信息的传播；三是靠职业介绍机构，一定要有大量的职业介绍机构，因为个人不可能了解那么多的就业信息。

三、如何缓解贫困压力

据统计，目前中国的贫困人口为2000多万，但实际上要超过这个数字，这2000多万只是最穷的人，多半是少数民族，住在偏远山区，家里没有什么劳动力。另一些人可能是脱贫以后又重新“返贫”。我们对这个现象做过调查，“返贫”大致上是三个原因造成的。一是家庭主要劳动力生病或死亡；二是大的自然灾害造成的；三是其他原因，如孩子要上学了，需要一大笔钱，这样又穷了。所以，扶贫任务依然很艰巨。贵州是全国相当穷的一个省份，而贵州西部的毕节地区又是贵州以前最穷的地方。当年，胡锦涛任贵州省委书记时，去毕节考察后，给中央打了报告。1988 年被批准建立贵州毕节试验区，目标有三个：第一是开发扶贫；第二是生态建设；第三是控制人口。对一个穷地方扶贫开发是重要的，但生态建设一定要搞好，人口也必须控制。从 2003 年，我被任命为毕节实验区专家顾问组组长，在毕节的扶贫中主要做了三件事：第一是加快体制改革，体制不改革，还是解决不了穷的问题。因此，国有企业都改革了，农村金融也正在改革。第二是帮助当地建设项目，比如植树造林应该选什么地方，土壤应该怎么改良，当地的资源——煤矿怎么运出去，等等。第三就是对那里的干部进行培训。我做了专家组组长后，毕节地区所有副县长以上的干部一律来北大光华管理学院学习。学费由天津滨海新区支持。150 个干部分三批来学习。现在到毕节去，所有的书记、副书记、县长、副县长都是光华管理学院的学生。为什么一定要让他们学习呢？因为越是落后地区，计划经济思想越浓，越有依赖思想。外部的帮助只是“输血”，而要彻底脱贫只能“造血”。他们来光华管理学院学习社会主义市场经济知识，懂得了现代经济的运作，就懂得了怎样从外部“输血”变成自我“造血”。毕节经验很重要的一点是，脱贫一定要先转变当地干部的思想。

黄土高原上的甘肃定西原来也是一个很贫困的地方，年均降雨量只有 300 多毫米，老百姓很穷。这几年，定西经济获得了发展，主要原因是推行了“121”工程。第一个“1”是每家门前建一个 100 平米的水泥庭院；“2”是建两个水窖；第二个“1”是建一个沼气池。因为那里下雨少，有了水泥庭院，雨水就会顺着水泥路面流到两个水窖里储存起来。一个水窖是饮用水；一个水窖里用来喂牲口、浇菜园子。农民在山上砍了草以后喂养牛羊，牛羊的粪便进了沼气池，沼气可以用来做饭和照明。这样一来，农民生活改善了，不但节省了劳动力，不用每天去砍柴了，而且养牛养羊不仅可以卖，沼气池下面发酵后的东西还是很好的肥料。劳动力一旦被解放出来了，就可以外出打工了，主要劳动力都流向了新疆去采棉花。每年新疆一到采棉季节，甘肃、宁夏、山西、河南就有很多人去那里采棉花。一个采棉季的收入，比在家里一年的收入还要多。

湖南攸县过去很穷，那里的人怎样致富呢？有几个途径，其一是去深圳开出租车，深圳的出租车司机很多都是从攸县来的。出租车一开，对当地的情况就熟了，然后在那里开小饭馆。这样一来，攸县的蔬菜、猪肉、鸡蛋被源源不断地运往深圳。由此可见，各地脱贫有着不同的途径。中国这么大，要想脱贫致富，一定要想各种办法。

中国目前正推行农业产业化的扶贫方式。例如，广东湛江市徐闻县土地干旱，农民靠台风吃饭，农业产量很低。后来一些中外合资企业和民营企业来跟农民协商谈判，农民一亩地一年收二三百块钱，那么，企业一年给农民一亩地租金几百块钱，农民的地租给企业种。你要外出打工，企业给你租金；你不出去打工，就和企业签合同，做企业的合同工。这样一来，土地连成了片，公司就投资打井、搞喷灌，从国外引进新品种，在上万亩地上种菠萝。现在徐闻县的菠萝产量是全国的三分之一。这块地方富了之后连地名都改了，叫“波罗的海”（菠萝的海）。中国这么大，有各种各样的扶贫模式可以选择，有很多工作可以做，关键是城市要反哺农村，工业要反哺农业，不是单纯地给钱，而是要帮助农民致富。单个农民不了解市场，在市场中也没有力量，而通过企业和城市的帮助，农民便可以走上一条致富的道路。这也是企业的社会责任。

四、如何破解城乡二元体制

今年是当代中国改革开放 30 年，今后的改革要重点抓什么？在经济体制改革中应当重点解决什么问题？我们知道，计划经济体制有两个支柱，一个是国有企业体制，一个是城乡二元体制。实际上，中国改革 30 年，主要是改革国企体制以及与此相关的市场，这个工作还要继续深化。但总起来说，已经取得了很大成绩。但另外一个支柱，即城乡二元体制，却基本上没有触动。现在经常有一些文章把城乡二元体制和城乡二元结构混为一谈。城乡二元结构说的是经济结构问题，自古就有。从宋朝到现在，城乡二元结构已经很清楚了。但城乡二元体制原来却没有，而是计划经济时期，即 20 世纪 50 年代后期才确立的。最近有一部电视连续剧《闯关东》，讲的是清朝后期东北开禁后，山东人可以过海到东北去。当时没有城乡二元体制，只有城乡二元结构，山东的农民到了东北可以在城里当学徒、当店员、做工、买房、开店。山东的城里人到东北以后如果愿意在农村，可以买地、租地、建房、务农。城乡之间可以流动，城乡之间没有二元经济体制。但到了计划经济时期，户口一分为二，分为城市户口和农村户口，城乡就隔绝起来了，生产要素的流动就被阻拦住了。农民实际上被置于一个不平等的位置上。举两个例子。第一个例子，全国实行义务教育，城里的校舍是财政拨款建的，教师工资也是财政拨款，但以前很多年，农村的校舍是农民自己花钱建的。农村的教员，原来叫民办教师，后来叫代课教师，是农民付给他们工资。同样是义务教育，为什么城市的孩子和农村的孩子受到不公平的待遇？再举一个例子，以前很多年之内，农民可以出来打工，但身上的证件必须齐全，比如外出务工证，等等。如果证件不齐被发现，就要遣送回家，这些人叫“三无人员”。可城里人到农村租房子养病、写书、画画，住多久都没人管，从来没有听说农民把城里人押送回城了。为此，当前改革的重点，除了深化国有企业的改革，打破行业垄断，改革价格制度外，城乡二元体制改革必须提上日程。现在中央的提法叫城乡统筹的发展与改革，这里面就包括改革城乡二元体制。

应该看到，土地承包制在改革之初起了重要作用，贡献很大，因为在承包制之下，农民的积极性被调动起来了。但土地承包以后，在生产技术上有可能是倒退的。在人民公社制度下，农民还花钱到公社租拖拉机耕种，但在承包制下，有些地区的农民不用拖拉机了，用牛耕种，尽管有一段时间用牛耕种，但农民的积极性被调动了起来，产量大幅度上去了。短短几年内，农贸市场里的鸡鸭鱼肉、香油、鸡蛋、花生米都有了，这是承包制的功劳。但土地承包制的局限性在于没有从根本上触动城乡二元体制。它只是在承认城乡二元体制的前提下实行的一项改革。

城乡二元体制主要是户口问题吗？不是，户口问题只是一个表象，关键是户口制度背后的土地使用权流转问题、宅基地及房产置换问题，还有城市的公共管理体制改革问题。今后的改革应该主要是深化土地使用权的改革，户口问题在将来则会水到渠成地得到解决。目前，全国人大通过了两个法律，对下一步的改革非常重要，一个是《农村土地承包法》，一个是《农民专业合作社法》。前者规定了土地使用权可以通过几种方式流转：第一是转包，第二是交换，第三是出租，第四是转让，第五是入股。我们在重庆考察，重庆是种柑橘的地方，那里的土地采取入股的方式来推进农业产业化。由于土地是各家各户的，所种柑橘的品种不一样，规格不一样，技术也不行，力量又有限，无法做得很好。土地入股以后，农民就在那里当工人了，办成农民企业合作社，可以同外面的企业合作。2008年初冰冻灾害发生时，重庆也遭灾了，但是入股的柑橘树没有遭灾。这有两个原因，一是组成农民专业合作社以后，有专门的技术人员进行指导，对冰冻提前做好了准备，所以未受损害。还有更重要的一点，重庆的柑橘不是一般的柑橘，而是反季节柑橘，每年6月份成熟，所以，冰雪没有对它们产生影响。而且，他们的口号是“人无我有，人有我优，人优我反季节”。对于土地使用权的合理流转，目前各地都在做试验。成都、重庆是两个城乡统筹改革的试验区，正在做这方面的试验。

对于宅基地的问题，浙江和内蒙古的一些地方采取了置换的方式，即农民要进城，可用土地向当地县政府或市政府换三种东西：一是城市户口；二是城里一套面积相当的商品房；三是城市最低生活保障。这样一来农民就安心了。宅基地在农村叫做建设用地，不能用作耕种。政府收回这些宅基地以后，可以重新规划和利用，土地利用率大大提高了。

目前，有关各种办法都仍在试验中。在下一阶段的改革中，城乡二元经济体制的改革，即城乡统筹发展将被提到重要的日程上来。这是全面建设小康社会所必经的一条路。可以设想一下，在中国农村这样一个全世界最大的潜在市场里面，有9亿人口，尽管有2亿多已经进城，但身份依然是农民；这2亿~3亿农民的收入提高了，这个市场将是全世界都羡慕的市场。八九亿农民每人每年添一套新衣服，纺织品将供不应求。

如果每个农民家里买一台拖拉机、一个空调、一部计算机，我们的耐用消费品市场将会多大！国内的市场只是个潜在的市场，一个尚未开发的市场，懂得了这些道理以后，我们就会知道全面提高农民收入的重要性。现在中央的政策是关注民生，民生问题要解决社会保障问题，包括最低生活保障、教育保障、医疗保障、住房保障、养老保障，所有这些保障都会大大地扩大内需，保障的钱虽是财政支出，但很快就会转化成人民的消费，还能解决人民的后顾之忧。中低收入居民为什么不敢消费，就是因为有后顾之忧，可花可不花的钱就不花了。后顾之忧一旦解决，这笔钱将被动员出来，必将会给国内市场带来空前的繁荣，中国的经济将会转入一个良性的循环。

（原载《河北学刊》2008 年 5 月）

民营企业如何适应当前经济形势

民企面临新形势

两个人在森林里遇到了一只大老虎，A 赶紧从背后取下一双运动鞋换上。B 急死了，说道："你干吗呢，再换上鞋也跑不过老虎啊!"A 说："我只要跑得比你快就行了。"B 于是脱掉鞋子，爬上了一棵大树，最终 A 被老虎追上吃掉了。

当前我国民营企业正面临着宏观调控、汇率调整、劳动力供应和发展机遇等新的经济大势。国际上的大风大浪总是难以避免的，但不管外界环境发生什么变化，民营企业都必须加强自主创新，有自主知识产权。只有炼就了过硬的本领，才能在竞争中立于不败之地。

民营企业要注意以下四点：控制自己的投资规模，没有市场或市场不确定的暂不投资；在经济运行过程中，要注意解决资金的融通问题，避免发生资本链断裂的现象；应及时调整产品结构，包括企业兼并重组、外迁或改建；要注意资源节约，这样既减少了成本、提高了企业竞争力，又能做到持续发展。

转变经营管理理念

动物园里面有一个地方关了一群袋鼠，用铁丝网圈起来了，第二天早上管理员看的时候，发现跑掉了一只袋鼠，袋鼠能跳这么高！加高铁丝网以后，心想跑不掉了，然后第三天早上一数，袋鼠又跑了，然后又加高。晚上关了铁圈，里面的袋鼠都笑了：“他不把门插好，加高围网又有什么用?!”

民营企业一定要转变经营管理理念：没有理念的更新，就很难有大的发展。没有管理理念的更新，就不可能有进一步的改革和发展。民营企业和其他企业一样，都面临着及时转变经营和管理理念的问题。一个学校的班级照集体照，摄影师喊“一、二、三，大家不要闭眼睛”，按快门那一刻，肯定还是有人闭眼”，为何不换种方式呢？大家之前闭上眼睛，快门按下那一刻，大家立马睁眼睛，肯定没“瞎子”。

企业文化建设的核心是培育职工的认同感，同甘共苦，是每个企业都希望职工能做到的，但同甘靠制度，共苦靠认同。企业当然要重视现实利益，但未来收益却更加重要。一家企业要兼并另一家企业，重视的是该企业今后值多少钱，能带来多少效益。有眼光的企业家一定是能清醒、准确地判断投资的未来收益的企业家。

结构性失业是当前中国劳动力市场的特点之一，即一方面“人找事”，另一方面“事找人”。企业为了保证自己有合适的劳动力供应，必须加大职业技术培训工作。今天的“民工荒”就是“技工荒”。最低工资标准，实际上对工人和企业双方都有利。对工人，最低工资标准的实行可以让他们的收入有一定保证；对企业，可以巩固职工队伍，否则劳动力过于频繁流动将使企业的成本上升，不利于竞争。

四个推销员去寺庙推广梳子，有四种不同的结果：一个空手而归：“和尚不要梳子”；第二个推销了十几把梳子，他告诉和尚，梳子有刮头皮、活血的功能；第三个推销了几百把梳子，他告诉方丈，把梳子放在神龛旁，庙里香客磕头头发乱后，可梳理一下发型；第四个推销了几千把梳子，他告诉方丈，外界捐钱物给寺庙，您可以在梳子上刻几个字回赠给对方。

创造市场大体上有六种情况：一、开发一种新产品，就等于创造一个新市场；二、赋予一种产品以新的功能，等同于开发一种新产品，创造一个新市场；三、消费者的需求发生了变化，为了适应这种变化，需求创造供给，创造市场；四、随着新产品的开发，与之配套的一系列服务就兴起了，市场也就扩大了；五、换一种营销方式，可能发生一场市场革命，从而也就创造了市场；六、在变动的市场中抓住机遇。

民营企业如何实现双赢

龟兔赛跑，第一次比赛兔子输了，要求赛第二次。第二次龟兔赛跑，兔子吸取教训，不再睡觉，一口气跑到终点。兔子赢了，乌龟又不服气，要求赛第三次，并说前两次都是你指定路线，这次得由我指定路线跑。结果兔子又跑到前面，快到终点了，一条河把路挡住，兔子过不去，乌龟慢慢爬到了终点，第三次乌龟赢。于是两个就商量赛第四次。乌龟说，咱们老竞争干吗？咱们合作吧。于是，陆地上兔子驮着乌龟跑，过河时乌龟驮着兔子游，两个同时抵达终点。

企业要树立双赢、共赢观念。双赢、共赢不仅是企业的目标，而且也是企业在处理各种关系时应当遵循的原则。

四次龟兔赛跑带来了很重要的启示。第一次赛跑的启示：当你处在劣势的时候不要气馁，不要松懈，要坚持到底，等待对手犯错误；第二次赛跑的启示：要善于把潜在的优势转化为现实的优势，对企业家来说，不要只乐观地看待潜在优势，重点在转化，不转化什么用都没有；第三次赛跑的启示：如果以前的策略不管用了，要及时调整策略、改变策略；第四次赛跑的启示：协作、优势互补、双赢都是建立在相互信任的基础上。

不管哪一种组织形式的民营企业，建立有效的制衡机制都是必不可少的。假定民营企业是成为公众持股的上市公司，制衡机制必须充分发挥作用；假定民营企业采取合伙制形式，合伙人之间的相互信任是制衡的前提；假如民营企业依然是家族企业，要建立有效的制衡机制，必须突破家长制；建立有效制衡机制，即使降低了效率，也是为了避免发生更大损失而必须付出的代价。

四招应对通货膨胀

本轮通货膨胀与 1993 年、1994 年的情况不太一样，“更复杂”。

这次通货膨胀除了投资规模过大外，还有三个原因：一是外汇储备过多，1993 年、1994 年时的外汇储备不过几百亿美元，而现在已多达 15000 多亿美元；二是人民币升值，而当年是贬值的，利差因素使得大量热钱流入中国；三是国际油价、粮价、农产品价格持续上涨。

由于本轮通货膨胀中，需求拉动型、成本推动型、国际输入型三种类型都有，要解决问题只能通过综合治理，不是短期就能收效的。

提高存款准备金率、加息、控制信贷规模，都会给民营经济增加困难。在这种情况下，民营企业要对通货膨胀的原因有深刻了解，对当前经济形势应有清醒的认识，以免陷入被动。

民企要注意四点：第一、控制投资规模，没有市场或市场不确定的不投资；第二、避免发生运行中资本链中断现象，资金融通问题要放在重要位置；第三、产品结构应及时调整，包括企业兼并重组或外迁改建等；第四、注意节约资源，这既可节约成本，又能让企业持续发展。

其中尤为突出的是资金融通问题。现阶段可通过三项措施予以解决：第一个途径是企业互相融资，如深圳的中小企业就组成了互助联盟；第二个途径则是政府提供一些资金，为企业融资担保；第三个途径是加快民营企业的上市步伐，力争登陆中小板上市融资。

只要人民币升值，对出口都不利。但小步升值是大势所趋，企业要适应这一形势。产品结构可做适当调整，同时，要利用人民币升值，进口一些有利于企业发展的原材料和设备。至于削减出口，则需要谨慎。一是因为出口有合同约束，否则是违约。二是出口削减了，市场也就丢了，不容易再收回。

在人民币小步升值的趋势下，民营经济应该认识到，今后不可能再依赖扭曲的人民币汇率来扩大出口了。要抓紧时间，致力于更新技术，降低成本，提高产品质量，加强管理。做到这点，就可以使人民币小步升值利大于弊。

（原载《民营经济内参》2008 年 6 月 20 日）

思想解放、理论创新、经济改革

——纪念中国改革开放30年

从1978年到2008年，中国的改革经历了整整30年。在我们高兴地看到这30年辉煌成绩的同时，不要忘记这30年的艰难历程和我们是怎样一步一步走过来的。对这段历史的回顾，可以总结出哪些经验，得出哪些体会，这就是这篇文章中所要阐述的主要内容。

一、为什么计划经济体制转向市场经济体制竟如此艰难

改革是体制的创新，制度的调整。要让中国的经济体制由计划经济体制过渡到市场经济体制，需要从以下三个方面着手：（一）使没有摆脱行政机构附属地位的企业成为自主经营、自负盈亏的商品生产者；（二）使越来越多的产品在市场调节之下生产和经营；（三）使政府职能得到切实的转换，包括使政府作为资产所有者的职能同政府作为经济管理者的职能分离，使政府从企业主宰者转变为企业的服务者，并且使政府的经济管理逐步转向间接管理、运用经济调节手段的管理。

上述第一个方面的改革是最重要的，也就是说，必须首先明确产权关系和确立与市场经济体制相适应的企业制度。只有这样才能改变企业的经济和法律地位，使企业转向为市场而生

产。如果不从产权改革着手，就无法建立市场经济秩序；政府与企业的关系、企业与市场的关系、政府与市场的关系也就无法重新确立。

可以从政府、市场、企业三者关系的调整来说明改革任务的艰巨。

1. 政府与企业的关系。在计划经济体制下，政府成为企业的主宰者。企业在人、财、物各方面都受政府支配，成为政府所属各机构的附属物。企业没有自主经营权，更谈不上自负盈亏。这一切都由当初制定的法律、法规和规章制度巩固下来了，企业本身是无法突破这些限制的。

2. 企业与市场的关系。在计划经济体制之下，不仅市场的范围极其有限，而且市场从性质上看也不是本来意义上的市场。企业与企业间的经济活动，或者不通过市场进行，即使通过市场进行，由于交易双方都缺乏可供选择的机会，所以市场是名不副实的。这些也体现在计划经济体制时期所建立的各种规章制度之上，企业难以摆脱。

3. 政府与市场的关系。这种关系同样清晰地表明了在计划经济体制之下用法律、法规、规章制度的形式所巩固下来的市场从属于政府的关系。政府是市场的主宰者，这还不够，政府还以高度垄断者的身份直接支配市场，并从市场中取走了自己所需要的各种资源。这种关系同样是无法消除的。

因此，改革一开始，人们就感到改革的艰难。人们也许会提出一个疑问：比如说，50 年代初期，为什么计划经济体制以及与此相适应的经济秩序的建立相当顺利，而进入 80 年代以后，为什么市场经济体制以及与此相适应的经济秩序的建立却那么困难呢？现在回顾起来，似乎不能简单地从既得利益集团的阻挠或利益调整、利益再分配等因素来解释。应当注意的是：

1. 50 年代内，我国是从当时处于很不发达，也很不完善的市场经济体制转入计划经济体制的。这样，转入计划经济体制要容易得多。到了 80 年代，计划经济体制已高度发达，由此转入市场经济体制必定困难得多。换言之，计划经济体制这时已经形成一个庞大的体系，要改革这一体制必定困难重重。

2. 50 年代内，中国经济转入计划经济体制主要依靠行政力量的运用，如农村的统购统销、城市的物资统配、城乡二元体制的形成、人民公社制度的建立等，都是运用行政手段推进的，阻力很小。然而到了 80 年代，当计划经济体制向市场经济体制转变时，必须减少政府对经济的控制和直接干预，让企业、农村和城市居民在市场中有自我发展的机会，这样，市场经济秩序的建立只可能是一个渐进的、缓慢的过程。

3. 计划经济体制之下，经济中存在着各种刚性，如价格、工资、福利、住房、就业、户籍都具有刚性。不仅如此，企业本身的地位和企业领导人的职务也都没有灵活性。企业一经建立，似乎就注定要长久存在。即使是亏损的企业，除非主管部门让它关闭，否则它将一直照常经营下去。所以从计划经济体制转入市场经济体制的道路不是通畅的。计划经济体制下所形成的各种刚性，自然而然地成了改革的阻力。

4. 50 年代内，当中国经济转入计划经济体制时，主持这一大规模行动的主体就是政府，并且只可能是政府，而且纯利益主要是归政府的，政府可以利用所得到的资源从事自己所希望从事的各种事业。进入 80 年代以后，当中国经济准备从计划经济体制转向市场经济体制时，尽管政府依然是主持这一行动的主体，然而，制度创新的纯利益究竟有多大，纯利益主要归于谁，对于政府下面的各个部门和机构来说，始终是不确定的。政府下面的这些部门和机构不一定从大局考虑，其中有些部门和机构很可能成为改革的阻力。这样，政府在政策选择中，必然不像当初建立计划经济体制时那样敢于决策，有时会迟疑、困惑、拖延不决。

5. 在当初建立计划经济体制时，只有政府是真正的行为主体，其他行为主体实际上并不存在，一切听命于政府。但在从计划经济体制转向市场经济体制时，虽然政府依然是主要的行为主体，但已经不是唯一的行为主体了。企业就是另一个重要的行为主体；个人无论是作为劳动者、消费者，还是作为投资者，也是行为主体。于是政府同其他主体之间的关系变得复杂多了。这就增加了改革的困难。

6. 最大的困难还在于观念的陈旧和对改革本身的认识远远不足。在开始施行计划经济体制时和计划经济体制确立后，政府所遵循的理论就是：只有计划经济体制才符合马克思主义原理，只有计划经济才是社会主义，违背了计划经济原则，就等于放弃了社会主义，滑到了资本主义道路上。全国上下统一了思想认识，计划经济体制不仅能顺利实现，而且一直牢固地存在。如果在经济实践中出现了问题，很少有人把这些问题与计划经济体制联系起来，而只归因于对计划经济理论领会得还不够深刻，没有真正把握计划经济理论。但在从计划经济体制转向市场经济体制的过程中，却缺少必要的理论认识。包括负责推进社会主义市场经济体制的某些领导人，对于什么是社会主义市场经济体制的理解也是不深刻的。普遍的想法是：在“文化大革命”结束后，都感到再也不能沿过去的老路走下去了。至于改革，选择既要符合马克思主义的基本原理，又要切合中国国情，把计划经济体制一步一步转变为社会主义市场经济体制，认识同样是不清楚的。这就是改革的最大困难。

二、没有思想解放，就不会有经济体制的转轨

中国的改革开始于 1978 年年末的中共十一届三中全会。在这之前大约半年多的时间内，国内展开了“实践是检验真理的唯一标准”的大讨论。这是思想解放的大讨论，把人们从“本本主义”的束缚下解放出来了。中国今后选择建设社会主义，需要对社会主义理论有新的认识，也需要通过实践来不断总结，不断探索，不断思考。从 1979 年到 20 世纪 80 年代中期，中国在经济改革中突出的成绩主要表现于：第一，农村家庭联产承包责任制的推广；第二，乡镇企业的兴起；第三，经济特区的建立。城市的经济改革当时还没有真正开始，计划经济体制仍牢牢地支配着中国的城市经济生活。这时，虽然个别地方已经出现股份制这种新的公有制企业组织形式，但它们对中国经济还没有产生重大影响。“放权让利”是当时城市经济改革、企业改革的主导思想。严格来说，这算不上什么改革，而只是计划经济体制下的一点松动而已。

传统的计划经济体制在相当长的时间内支配着中国经济。要想打破这种经济体制的支配地位不是容易的事。历史表明，没有思想解放，就不会有理论的创新，也不会有正确理论的指导。在这种情况下，要冲破计划经济体制的重重束缚和建设社会主义市场经济体制都是不可能的。这一指导中国经济改革的理论，就是邓小平同志提出的建设有中国特色的社会主义理论。当时，许多人已经认识到，中国正面临着实现社会主义现代化的任务，而社会主义现代化包括相互联系的两个方面的问题：一是如何坚持社会主义道路，使社会主义制度的优越性充分发挥出来；二是如何使中国从一个发展中国家逐步成长为现代化国家，使中国进入发达国家的行列。在以往的社会主义经

济理论中，对社会主义现代化问题并没有系统的论述，对社会主义体制创新和制度调整问题，更没有触及。因此，中共十一届三中全会以来，在邓小平理论指导下展开的有关社会主义理论的研究是具有开创性的。

要知道，在马克思恩格斯的著作中，社会主义是在生产力高度发达的基础上建立的，社会主义作为有计划、按比例分配社会总产品的社会组织，可以充分发挥出自己的优越性。然而，后来的实际情况表明，社会主义制度产生于经济不发达的国家。经济不发达的社会主义国家，在革命胜利后，面临着既要坚持社会主义道路，又要实现现代化的任务。这是马克思、恩格斯没有遇到的问题。不仅如此，在生产力水平较低的条件下，社会主义不可能自觉地有计划、按比例分配社会总产品，假定硬性地靠命令来分配社会总产品，那就只能阻碍生产力的发展，使社会主义社会的效率低下，使社会主义制度失去吸引力。这同样是马克思恩格斯当初不曾遇到的问题。

十月革命以后，列宁曾经有过实现社会主义的设想。但实践中所遇到的困难，使列宁转而采取新经济政策。从列宁的一些论述中可以看出，新经济政策带有让步的色彩，也就是计划经济对市场经济的一种让步，所以其中包含了兼用市场和计划两种方法的思想，不过列宁并未从理论上对市场和计划的关系进行深入的分析，加之，新经济政策并没有实行多久，列宁就逝世了。此后，在斯大林主持下，在苏联确立了高度集中的计划经济体制，原以为它能够给社会带来物质产品极大丰富，结果却表明，高度集中的、由国家制定价格和分配资源的体制是不适应生产力发展要求的。而从理论上说，在苏联当时的著作中，计划经济被视为社会主义的主要特征，被当作区别社会主义与资本主义的基本标志。理论的僵化使得体制僵化不变。在计划经济体制占支配地位的苏联，长时期内，生产力发展受阻，物资匮乏，人民生活水平难以提高，以至于不少人对社会主义失去了信心，最终导致苏联的解体。

因此，从1979年开始，对社会主义理论研究者来说，中国面临着一个全新的任务，即如何使计划经济体制转向社会主义市场经济体制，实现现代化。改革的方向既已确定，那就必须探讨中国的经济改革究竟从何处着手，改革的重点应该放在哪个方面。正是在中共十一届三中全会精神的指引和鼓励下，学术界展开了持久而富有建设性的各种经济改革方案，随着改革的推进，终于有越来越多的人把产权改革放在最重要的位置。这对中国经济改革具有十分重大的意义。这是促使中共十五大和十六大以来中国经济得以持续迅速增长的一个主要因素。

产权改革之所以被放在中国经济改革的最重要位置，理由在于：要建立社会主义市场经济体制，必须重新构造社会主义经济的微观经济基础，使企业真正成为市场主体，使投资者承担投资风险，使经营者承担经营风险。经营者不承担经营风险，经济运行怎么可能同市场相适应？

从理论上说，产权改革是所有制改革的核心部分，所有制改革要比产权改革更广泛些。所有制改革包括以下三部分：

第一，产权改革。通过产权改革，界定产权，明确产权，建立产权清晰的现代企业制度。国有大中企业的改革和乡镇企业的改革，都属于产权改革的内容。

第二，所有制结构的调整，或者说，从所有制的单一化走向所有制的多元化。这是指：建立以国有经济和国家控股经济、城乡集体经济、个体经济、私营经济、混合所有制经济、中外合资经济、外商独资经济各占一定比例的所有制体系。也就是把国有经济保持在适当的、但必要的范围内，扩大非国有经济的比例、非公有制经济的比例。

第三，探索并建立新的公有制形式，例如公共投资基金、职工持股制度、农民专业合作社制度等等。

建立了多种经济成分为内容的所有制体系和建立了新公有制的微观经济基础，中国的市场经济体制就确立了，中国经济也必将以崭新的面貌展现在全世界的面前。这一切无疑都以思想解放和理论创新为前提。这正是中国改革 30 年给人们的最大启示。

三、继续解放思想、创新理论，实现政府职能的切实转换

在市场经济体制之下，政府作为管理者，起着调节经济和管理经济的作用，起着服务企业、服务社会的作用；政府作为所有者、投资者，起着保护、占有和运用国家资产的作用。此外，政府作为全体人民利益的代表者、国家利益的代表者，负有协调国家利益、集体利益与个人利益之间关系的责任。三者利益不一致时，政府要从全体人民的根本利益、长远利益出发，对这种不一致之处加以协调。当然，这并不等于说国家利益可以代替集体利益和个人利益，也不等于说政府可以运用有损集体利益和个人利益的方式来增加国家利益。政府在缓和各方面利益冲突时，必须从兼顾三者的利益方面着手。

政府在这些方面究竟可以发挥多大的作用，需要进行实事求是的分析。政府所掌握的信息毕竟有限，政府对实际情况的判断不一定与事实完全相符，政府还难以控制经济生活中若干意想不到的事情的发生，再加上政策效应本身的滞后性和微观经济单位的预防措施的作用，都不能不影响政府在缓和各方利益冲突中所作的努力。国家、企业、个人三者利益的兼顾与协

调不是依靠政府单方面的设想和努力就能完满地实现的。但政府在这方面的努力不能放松，政府可以通过以下途径发挥自己的作用：

1. 建立与完善市场经济体制有关的一系列制度创新，并以法律、法规的形式把它们巩固下来。有制度优于无制度，有法可依优于无法可依。这些法律、法规应当是国家利益、集体利益、个人利益的共同体现。

2. 在法律、法规执行过程中，有可能造成制度创新不同主体之间的利益冲突。为此，政府应加强法律、法规执行情况检查、监督，使国家、集体、个人三者利益被有效地维护，使市场经济秩序得以在三者利益协调的情况下建立起来。

3. 地区和地区之间，企业和企业之间，集体与集体之间，以及个人与个人之间，可能因利益差距的扩大而引起不协调。这就是说，某一方可能感到自己的利益没有另一方那么多，或者感到自己的利益的增长幅度没有另一方那么大，它就会认为受到损失。针对这种情况，政府作为经济调节和全体人民利益的代表，除了使各方对于相对利益及差距问题有比较正确的认识而外，还应当通过一定的政策措施缓和各方的利益冲突，促进各方利益的协调。

4. 如果政府作为交易活动中签订合同的一方，那么政府必须遵守合同的规定，尊重合同的严肃性，实际上也就是尊重签订合同的另一方的地位和权利。交易活动中的合同对签订合同的双方都有约束力，政府作为一方绝不是处于高踞于他人之上的地位。政府部门必须认识到，取消合同或违背合同的行为，是与市场经济秩序不相容的。政府必须自身成为遵守合同的模范，才能对社会尊重合同的行为起示范作用，也才能具有处理社会上合同纠纷的权威性。

必须指出，对合同的任何一方，不仅需要有道德的约束、即信用的约束，更重要的是需要有法律的约束、经济的约束。如果违约一方经济上的赔偿与受到的处罚大大超过因故意违约而获取的利益，以至于每个原来准备故意违约的交易活动参加者不得不重新考虑违约的成本与收益之比，这也可以减少违约事件的发生了。在这方面，政府不能例外。

改革30年，我们取得了很大的成绩，但改革尚未完成。一系列重要改革任务正摆在我们面前，需要继续努力，这都与进一步解放思想有关。例如，企业改革如何深化，国有企业的行业垄断如何破除？如果对这个问题在理论上认识不足，前进中就会遇到困难。又如，为什么要打破城乡二元体制？这同样需要解放思想，不受计划经济观念的束缚，这样才能走出一条新路。总之，没有思想的继续解放，理论既无法创新，改革也会停步不前。

在完善市场经济体制的过程中，切实转换政府职能的迫切性已经越来越明显，这同样需要我们继续解放思想，创新理论，破除产生于以前计划经济体制下，并且至今仍存在的有关政府职能的各种旧观念的束缚。

对经济发展和经济改革中的是与非，要联系社会主义的本质来进行判断，判断的依据首先是生产力标准。转换政府职能的目的是：只有政府职能切实转变了，才有利于发展生产力，增强综合国力，提高人民的生活水平。如果不破除计划经济时代有关政府职能的旧观念，例如“政府无所不能”、“政府应当支配一切”、“凡是政府能做的都由政府做”、“大政府是社会主义特征”、“政府的利益必定是全体人民的利益”等等，结果不仅束缚生产力的发展，阻碍共同富裕的实现，而且必定使社会主义市场经济体制难以最终建成。

具体地说，有关政府职能同计划经济体制紧密联系在一起的若干观念是必须破除的：

1. “政府无所不能”。在计划经济体制下，政府被认为是“无所不能”的，这是因为法律即使存在，但通常被认为有了法律，政府反而束手束脚；法律的限制、约束、制衡作用，被看成是多余的。这种观念的实质就是：权大于法，在权力面前，法律退居次要的地位。不仅如此，各种违背客观规律的事情也都在“政府无所不能”的思想指导下层出不穷，甚至碰得头破血流也不会改正。

2. “政府应当支配一切”。在计划经济体制下，政府被认为有权支配一切，有力量支配一切，应当支配一切。在理论上，这被解释为：只有集权于中央，集权于政府，计划经济才能贯彻；也只有集权于中央，集权于政府，才能防止出现资本主义、修正主义。

3. “凡是政府能做的都由政府做”。这是一种同市场经济体制下截然不同的指导思想。在市场经济体制下，指导思想是：凡是市场能做的都由市场做，政府只做市场做不到或做不好的事，如个人收入分配的调节，地区经济发展差距的协调，宏观经济调控，以及社会效益高但经济效益低的部门的发展等。计划经济体制下的指导思想则是：凡是政府能做的都由政府做，只是由于政府目前力量还不足，所以不得不让出一小块地盘，让市场发挥作用。

4. “大政府是社会主义制度的特征”。在计划经济体制下，由于权力集中于中央，集中于政府，所以必定需要大政府。加之，由于“凡是政府能做的都由政府做”，大政府的存在就是不可避免的。既然计划经济体制被认定是社会主义制度的特征，大政府也必然被看成是社会主义制度的特征。

5. “政府的利益必定是全体人民的利益”。这同样是计划经济体制下对政府职能的一种传统的理解。这种理解是错误的。第一，这种理解忽视了市场经济体制下主体的多元性；第二，这种理解设立了一个错误的前提，即政府所做的一切都是符合全体人民的利益的。其实，实践一再表明，计划经济时期“以人民的名义”所做的错误决策难道还少吗？第三，这往往成为某些政府部门工作人员损害人民利益的一种借口。政府所作所为是否符合人民的利益，同样需要经过实践的检验。

由此可见，不继续破除旧观念，不切实转换政府职能，改革进行到一定阶段后就又会墨守成规，那就不仅会使社会主义难以继续前进，难以在生产力不断发展的基础上实现共同富裕这一目标，而且会使社会和经济失去活力。在纪念中国改革开放30周年之际，我们应该保持清醒，不要错过改革的时机。只有致力于继续解放思想，继续改革，使社会和经济充满活力，使社会主义制度的优越性在适应生产力发展的新体制下不断发挥出来，社会主义中国才能继续前进。

（原载《北京大学学报（哲学社会科学版）》2008年9月）

关于改革，我感触最深的两个问题

从1978年12月中共十一届三中全会召开算起，到2008年，中国的改革开放已经走过了整整30年。这30年，中国的变化是惊人的、举世瞩目的。我们每一个人，都在这个过程中有亲身的经历。我们谁都不是先知先觉者，谁都不可能在1978年就能预知此后的中国经济会怎样一步步发展起来。我们都在改革开放的道路上学习、提高、成长。回顾这30年，使我感触最深的是：第一，计划经济体制为什么异常牢固？第二，中国经济体制改革是怎样起步的？

一、计划经济体制为什么异常牢固

在已经建立社会主义计划经济体制的国家，改革是非常艰难的。尽管中国同发达国家在经济和技术上的差距越来越大，但传统的计划经济体制仍然可以照常维持下去。这一体制的性质决定了它有可能顽强地存在下去。原因是：

第一，计划经济体制把企业置于行政部门附属物的地位，企业既不能自主经营，又不能自负盈亏。企业的生产数量、生产品种、价格以及企业的生产要素供给与生产成果的销售都处于政府计划部门和有关行政主管机构的控制之下，企业如果想自行决定生产和经营，稍稍摆脱一下计划的安排，稍稍违背一下行政主管机构的意愿，就会受到制裁，直到把企业领导人撤职或给予其他处分。行政权力支撑着整个计划经济体制的运转。因此，一个企业想背离计划经济的轨道，是十分困难的。同样的道理，在计划经济体制之下，居民个人实际上也处于行政部门附属物的地位。个人作为劳动者，在什么工作岗位上就业和担任什么工作，都由劳动人事机构按计划安排好，流动难以如愿，抵制这种安排等于自己断送了继续工作的机会。个人作为消费者，也要由计划部门安排，具体表现为生活必需品是凭票证供应的，住房是由单位提供的，甚至子女的升学、就业也无一不与行政主管机构的安排有关。假定居民个人想离开计划经济所安排的居住地点或工作单位，他在生活上将遇到很大的困难。这样，从居民个人的角度来看，同样可以认为计划经济的运转得到了行政权力的支撑。

第二，计划经济体制是由若干个次一级的体制组成的，例如，计划的企业体制、计划的财税体制、计划的金融体制、计划的价格体制、计划的劳动用工体制与人事体制等等。它们彼此紧密地结合在一起，这个次一级的体制依存于另一个次一级的体制，而另一个次一级的体制又依存于第三个次一级的体制，盘根错节，难解难分，此存则彼存，此损则彼损。于是，要想冲破计划经济体制的束缚，对任何单个的企业或单个的居民个人来说，简直是不可思议的事情。而且，就算某个企业或某个居民个人在某种情况下能够违背计划经济体制的规定而使自己的经济活动有所发展，那也只能被当作偶然的、非常规的事情，而不可能成为经常性的、别人可以效法的行为。在这种情况下，绝大多数企业或单个居民都只好对计划经济体制下的安排采取默认和顺从的态度，企业和个人都感觉到自己的力量同强大的计划经济体制相比是太微不足道了，无法挣脱计划经济体制的束缚。

第三，计划经济体制有一种被认为是正确无误、不容怀疑的计划经济理论体系作为支柱，这种经济理论为计划经济体制进行辩护，把计划经济体制的建立说成是社会主义社会的唯一选择，把任何背离计划经济体制的经济行为都说成是修正主义的。这就是说，通过计划经济理论的解释，选择计划经济体制是天经地义的事情，即使计划经济体制之下出现了这种或那种问题，但一来这是历史所注定的选择，无法更改，二来如果要离开计划经济的轨道，那就是滑到了资本主义的邪路上去了，对社会、对企业、对个人的后果都是十分严重的，因为这等于背叛。计划经济体制既有行政权力作为支撑，又有计划经济理论体系为之进行辩护和论证，要想冲破计划经济体制的难度之大可想而知。不仅如此，由于长时期内计划经济理论在意识形态方面占据着统治地位，被确定为正统的经济理论，任何对计划经济提出怀疑，甚至想作出修正的观点都被打成异端。由于人们从学校里、从书籍报刊上、从电影电视中所读到的和看到的都是宣传计划经济的东西，于是人们也就自觉地或不自觉地对各种想摆脱计划经济束缚的行为加以谴责、加以抵制。某个企业或某个居民个人如果在摆脱计划经济体制方面有些举动，就会陷于非常孤立的境地，周围的人鄙视他、嘲笑他、斥责他，使他不得不屈从于舆论的压力、周围人的压力。尽管这些压力往往是无形的，以致到后来，连最初怀疑过计划经济体制的人也会进而怀疑自己可能真的错了：立场错了，观点错了，于是本来正确而且很有创新意义的改革尝试，就这样被扼杀了、消失了。

二、中国的经济体制改革是怎样起步的

从当初迷信计划经济体制到怀疑计划经济体制，最终到下

决心摒弃计划经济体制，必须归功于邓小平同志关于建设中国特色社会主义理论的指导，归功于中共十一届三中全会作出的历史性的决策，归功于理论工作者和经济实践者这些年来在推进改革与开放中的努力。

可以回想一下，当时，在“两个凡是”的思想禁锢下，要在改革开放方面迈出第一步是何等困难。1978 年 5 月 11 日，《光明日报》发表《实践是检验真理的唯一标准》一文，从而引发了关于真理标准的讨论。这场讨论受到了“左”的方面的压制。邓小平同志支持了这场讨论，并领导了全国范围内的思想解放运动。

邓小平同志在社会主义经济理论中进行了重大创新。他领导的中国改革开放事业，他所设计的实现中国社会主义现代化的方案与道路，以及他对社会主义现代化的理论研究，填补了社会主义经济发展史上的空白，揭开了这一理论的新的一页，并用中国社会主义经济建设的实践丰富了社会主义经济理论的宝库。毫无疑问，假定没有理论的指导，没有理论上的突破，中国的经济改革不可能取得进展，计划经济体制也就不可能被逐渐打破。

改革开放初期，从 1979 年到 20 世纪 80 年代中期，经济体制改革在农村家庭承包制的推广、乡镇企业的兴起和经济特区的建立这三个方面取得了成绩。正是这些冲击的结果，导致了计划经济体制逐步失去阵地，最终不得不趋于解体。

要知道，农村家庭联产承包责任制的推广、乡镇企业的兴起、经济特区的建立，无一不依赖于改革开放政策的制定，依赖于真理标准问题的讨论以及由此带来的思想解放。如果没有这些，即使有的农村中出现了家庭联产承包这种生产组织形式，它也不可能持久，而且更不可能在全国范围内推广，甚至有可能出现这种情况：在农村普遍挨饿的条件下，可以容忍家庭承包，只要经济形势稍好一些，马上就展开攻势，把家庭承包取消了。再说，即使有的乡镇办起了一些不受计划经济控制的小企业，那它们也顶多只是小型企业，在计划经济体制之下，生产一些被计划经济体制下的国有大中型企业所不注意或不屑于生产的小商品，起着拾遗补阙的作用，不可能扩大生产规模，不可能成为与国有大中型企业一争高下的经济力量。而更有可能的是：它们迟早会被上级主管部门以各种方式纳入计划经济的轨道，朝着所谓“更高级的公有制形式”过渡。

至于经济特区的建立，那更是绝不可能的。经济特区的建立与农村家庭联产承包责任制的出现、乡镇企业的兴起之间的一个重要区别是：农村家庭联产承包责任制的出现和乡镇企业的兴起，最初纯粹是自发性的，而不是政府部门有意识地倡导的，只是在政府领导人发现了农村家庭联产承包责任制的好处及其意义，发现了乡镇企业的作用及其在中国经济中的不可替代性之后，经过研究甚至辩论，统一了认识，才加以肯定，给予扶植。经济特区则不然，在计划经济体制之下，经济特区没有自发建立的任何可能性，经济特区的建立完全是政府的有意识的行动，只有这样，在中国这块土地上才有可能出现深圳等经济特区。从经济特区建立与发展这一事实，可以更清楚地了解到计划经济体制与行政权力怎样牢固地、紧密地结合在一起。假定不是政府采取有意识的行动，那是不可能在计划经济体制与行政权力牢固结合的条件下使某一个地区冲破计划经济体制的束缚，按市场经济的规则来发展经济的。

到 20 世纪 80 年代中期，中国经济终于发生了具有深远意义的变化。农村家庭联产承包责任制推广了，乡镇企业兴起了，经济特区建立了。农村经济改革的成就给人们这样一种启示，即只要摆脱计划经济体制的僵硬控制，让农民能够自主经营，自己承担生产经营的风险，并得到自己劳动成果中应当归于本人的部分，蕴藏于广大农村中的生产潜力就会充分发挥出来，使农村的经济走向繁荣；经济特区建设的成就给人们这样一种启示，即中国与发达国家在经济技术上的差距是可以通过改革与开放而大大缩小的，只要计划经济少一些，市场调节多一些，经济就会以较快的速度增长，人民的生活水平也就会以较大的幅度提高。

启示的威力是巨大的，农村经济改革和特区经济建设的成就向全国人民传达了一个信息：城市经济改革，尤其是国有企业的改革，已经滞后了，必须抓紧时机，推进改革。20 世纪 80 年代前期的经济改革预示着一场更深刻、更艰巨的改革即将展开。它们就像投向死气沉沉的计划经济体制湖面的大石头，激起层层波浪。它们打破了长期的、不正常的寂静，造成了再也平静不下来的经济格局，使中国经济不可逆转地走向改革，走向开放，走向市场经济。

这就是中国经济体制改革最初历史的写照。

（原载《北京日报》2008 年 11 月 3 日）

中国股份制改革的回顾与前瞻

一、股份制改革设想的提出

尽管解放前在中国已经有了股份制企业和证券市场，但解放后，这些都相继退出了历史舞台。当1979年中国经济体制改革刚起步时，国内的企业主要是国有企业，另一部分是集体所有制企业。国有企业是政府直接控制的，产权并未明确地界定，政企不分，生产和销售都由政府规定，企业根本没有投资权和自主经营权。简单地说，企业只不过是政府的附属物。至于集体所有制企业，同样是产权不清楚不明晰的。产权归于谁？谁是投资人？“集体”概念一直是模糊的。这些企业实际也归政府控制，生产和销售同样纳入政府的计划，企业不是自主经营者。这就是改革刚开始时的状况。

1978年12月中共十一届三中全会召开后，中国的经济体制改革起步了。股份制也在悄悄地推进。这同农村家庭承包制的试验和推广有关。农村家庭承包制大大调动了农民的生产积极性，农产品供给丰富了，农村中多余的劳动力转向非农业，于是乡镇企业兴起，不少地方的农民自发地采取集股的方式，组成了股份制的乡镇企业。当时流行的两句话就是：“以资带劳，以劳带资。”这些股份制的乡镇企业就是改革开放以后中国股份制企业的雏形。1980 年 1 月，中国人民银行抚顺支行代理抚顺红砖厂面向企业发行 280 万股股票，获得成功。这是改革开放后银行代理股票发行的最初尝试。

经济理论界参与有关股份制讨论，据我所知，最早是 1980 年 4 月至 5 月在北京由中共中央书记处研究室和国家劳动总局联合召开的工资与劳动就业座谈会上。这次座谈会有一个明确的目标，就是要经济学家们为形势严峻的就业问题提出政策建议。的确，当时的就业压力很大，因为历年上山下乡的知识青年纷纷回城了，回城青年有 1700 万人，再加上没有上山下乡、继续留在城市的青年 300 多万人，一共 2000 万人以上，他们被称为“待业青年”。他们急需找到工作，但工作岗位远远不足，所以有的城市就发生了“待业青年”包围市政府、请愿等事件。经济学家们在会议上各抒已见。在会议上我提出，可以号召大家集资，以入股形式组织新的企业，也可以让企业通过发行股票增资，扩大规模，以此解决就业问题。会上，林子力同志问我：那么中国就会出现股票交易所了？我的回答是：只要实行了股份制，股票流通就是正常的，股票交易所的建立是迟早的事。

隔了三个月，即 1980 年 8 月，中共中央和国务院召开了全国劳动就业会议。股份制问题在会议上被热烈讨论，被看成是缓解城市就业压力的一项重要对策。这时，赞成股份制的经济学家很多，据我所知，于光远、童大林、冯兰瑞、蒋一苇、董辅礽、王珏、赵履宽、鲍恩荣、胡志仁等学者都同意推行股份制，说实行股份制是一个好办法。1984 年 10 月，中共中央十二届三中全会召开了，改革的重点从农村转入城市。从这时起，有关股份制改革的讨论进入了一个新阶段。城市改革从何着手？重点何在？当时成为主流意见的是放开价格的思路。

“休克疗法”常被人们谈起。“休克疗法”是1949年联邦德国经济改革的做法。要知道，第二次世界大战结束后，英、美、法三国占领联邦德国，苏联占领民主德国。联邦德国经济混乱，物资奇缺，通货膨胀，失业严重，不得不实行物价管制和凭票证供应的做法。1949年起，联邦德国进行了经济改革，主要的措施是：放开价格，听任市场调节。这样，虽然经济乱了一阵，但在市场机制起作用的条件下，经济逐渐稳定下来，几年之后，联邦德国经济转入复苏和繁荣。这种做法就被人们称做“休克疗法”。所以有些经济学家认为：既然联邦德国的经济改革有成效，为什么中国不实行“休克疗法”呢？放开价格的思路被当时的国务院领导接受了。

1985年，国务院有关部门着手制定价格放开的方案，并准备在1986年起实施。于是就引起了两种改革主线之争。两种改革主线（一是价格改革主线，另一是企业改革主线）之争在1986年公开化了。

1986年4月末，我在北京大学办公楼礼堂做了一场题为《改革的基本思路》的报告。报告中指出：中国经济改革的失败可能是由于价格改革的失败，中国经济改革的成功必须取决于所有制改革的成功，也就是企业改革的成功。报告中还指出：企业改革的目标模式就是股份制。至此，我已经不再把股份制仅仅看成是集资和扩大就业的方式，而是把股份制的实行看成是推进中国市场化改革的必要条件，认为只有通过股份制改革才能重新构造市场经济的微观基础，才能完成市场化改革。我认为，尽管价格的改革是必不可少的，但价格的放开将伴随市场化改革而逐渐推进，价格的市场化是整个经济体制改革的最终成果，而不是经济体制改革的出发点。

我的这一改革思路引起了当时中共中央和国务院的重视。

1986年8月，我带领北京大学的一些年轻教师在黑龙江哈尔滨讲学。忽然，中共黑龙江省委有一天晚上派人来找我，说接到北京方面的长途电话，要我连夜回京，向国务院领导汇报我的改革设想。于是我们一行只得遵命回到北京。在向国务院领导汇报时，我提出了为什么不宜实行价格放开的理由。我认为，中国和联邦德国的情况完全不同。联邦德国是私有制国家，价格一放开，私营企业就根据市场状况自行调整，有的企业存活下来，有的企业被淘汰，企业兼并重组和优胜劣汰的结果，联邦德国经济将走向复苏。中国则是一个公有制国家，除部分集体所有制企业而外，主要是国有企业，它们不是独立的商品生产者和经营者，如果不进行股份制改革，它们不可能适应市场经济，价格放开起什么作用？只能导致通货膨胀和经济混乱，达不到体制转轨的作用。我还进一步分析，如果国有企业体制不改，即使放开了价格，一旦局面不好收拾了，一夜之间可能重新管制价格，退回计划经济老路上去；而企业的股份制改革则不同，可以分期分批推进，走一步是一步，不断总结经验，不断推进改革，因此看起来不像价格改革那么“激进”，但这种“渐进”却是稳妥的。甚至可以说，它貌似“渐进”，实际上是一种根本性的改革，因为它改变了中国宏观经济的微观基础。

我的这些观点在稍后出版的《非均衡的中国经济》（经济日报出版社1990年版）一书中作了充分的表述。

二、几经波折的股份制改革

虽然价格改革主线和企业改革主线之争仍在继续进行，但从1984年到1986年，股份制改革却一直持续未停。1984年10月，上海市政府发布《关于发行股票的暂行管理办法》；同年，北京市开始了天桥百货公司股份制改革的试点；1985 年，广州绢麻厂、明兴制药厂、侨光制革厂三家国有中小企业进行股份制改革试点；1986 年 12 月，国务院发布了《关于深化企业改革、增强企业活力的若干规定》，允许各地可以选择少数有条件的国有企业进行股份制改革。

1986 年 11 月，我随胡启立同志到四川考察，准备以四川作为股份制改革的试点。当时，重庆市仍属于四川省。我在成都和重庆作了两场有关股份制试点的报告。担任中共四川省委书记的杨汝岱同志很支持把四川作为股份制改革的试点。为什么会选择四川作为试点呢？一是因为四川的国有企业数量多，二是因为这些国有企业中有一些是重要的大型企业，有影响。胡耀邦同志是支持股份制改革的，以四川为试点进行股份制改革，得到他的同意。然而，当我们从四川考察回来以后，才两个月，胡耀邦同志辞去了中共中央总书记的职务，股份制改革受到了一些人的严厉批判。在这种形势下，股份制改革受挫。1987 年 5 月份，企业承包制正式出台。人们都议论道：企业承包制是股份制改革的替代方案。实际上，股份制改革与企业承包制不是同一个层次上的问题。可以从三方面来加以说明。

第一，股份制改革使国有企业产权清晰和投资主体多元化，这样，改制后的公司将以独立商品生产者的身份活跃于市场上，企业自主经营，投资人自负盈亏。于是社会主义宏观经济就有了与市场相适应的微观经济基础。企业承包制则完全回避了产权界定和产权明晰化这一关键问题。

第二，股份制改革使企业不再成为政府的附属物，政府只能依据法律法规来规范企业的运行，而不能像计划经济体制下那样直接操纵企业、干预企业。这样，市场经济的规则就起作用了。企业承包制则不然。在企业承包制之下，企业仍然不能摆脱政府附属物的地位，从而导致市场经济体制无法确立。

第三，通过股份制改革，企业关心投资人的利益，既包括投资人的近期利益，又包括投资人的长期利益，企业的发展是有机制上的保证的。企业在承包制之下，只可能考虑近期利益，因为企业承包制到期以后的情况是不可知的，于是，承包以后企业很可能出现短期行为，拼设备，拼资源消耗。这既不利于企业自身的发展，又不利于国民经济。

这些都是我当时对企业承包制的批评意见。当时经济学界坚持企业承包制的杨培新同志，同我私交不错，往来也多，但在股份制与承包制的争论中，我的观点一直是十分鲜明的，寸步不让。

企业承包制在胡耀邦同志辞职后终于全面铺开了，效果不好，这是预料之中的事情。1987 年 10 月，李铁映同志作为国家体制改革委员会主任，提出由各种不同观点的经济学家带头，建立课题组，提出方案。我是北京大学课题组的组长，带领一批年轻教师和学生进行调查、研究、分析、讨论，最终拟定的三年、五年、八年的改革方案报送给国务院。在这个方案中，我们提出，尽管企业承包制已经推行，但这决不是长久之策，要尽快过渡到股份制，把明确产权放在首位。股份制作为企业改革的目标模式，是我们的方案的核心。

正是由于企业承包制没有什么成效，所以到了 1988 年夏天，国务院又回到了价格改革为主的做法上来。为了使“价格闯关”顺利进行，为了防止出现通货膨胀，准备采取“控制货币，物价放开”的措施。然而，消息一传开，在全国范围内发生了挤提存款、抢购商品的风潮。而“控制货币”实际上是做不到的，因为“控制货币”至多只能抑制投资，但挡不住人们利用手头的现金和动用储蓄存款来购买商品。不得已，政府又宣布暂停物价放开，改行“治理整顿”。这一次“价格闯关”的失败，证明了在市场缺少自负盈亏、自主经营的市场主体的条件下，以价格改革为主线的改革思路是行不通的。

企业承包制不灵，“价格闯关”又行不通，国务院再度回到了股份制改革的道路。1989 年 3 月底，在北京的一些经济学家接到了国务院有关部门的请柬，要求认真准备，参加 4 月 27 日在中南海召开的有关股份制改革的座谈会。但谁都没有想到，胡耀邦同志在 4 月 15 日突然去世，形势骤变，原定 4 月 27 日召开的座谈会参加者寥寥无几，什么问题也解决不了。接着，“六四”风波之后，股份制再一次遭到批判和质疑。从这时起，对股份制的否定和质疑，实际上是两个层次的问题：

对股份制持否定态度的人认为，实行股份制就是实行私有化。他们说，如果在中国实行国有企业的股份制，无异于把中国引入资本主义道路。

对股份制有疑问的人，涉及股份制是否适合于中国的问题。他们认为：

第一，中国经济是复杂的，不宜采取股份制。股份制不解决问题，反而会弊端丛生，如侵占国有资产，导致国有资产流失。

第二，即使股份制作为一种形式可以被采用，那也只适合于集体所有制企业和一些中小型国有企业，大型国有企业是无法采取股份制的。

第三，即使股份制作为一种形式可以被采用，那也只适合于新组建的企业，并且仅限于一些无关国计民生的新企业，原有的国有企业不宜采取股份制。

在这段时间内，我仍然坚持自己的观点，即认为要建立市场经济体制，必须重新构造微观经济基础，而股份制改革是必由之路。值得庆幸的是，在这段时间内，股份制改革在实践中仍在推进。1990 年 3 月，国家允许上海、深圳两地试点试行公开发行股票。1990 年 11 月，上海市政府颁布了《上海市证券交易管理办法》；1990 年 12 月，上海证券交易所和深圳证券交易所先后成立并开始营业。1991 年 5 月，深圳市政府颁布《深圳市股票发行与交易管理暂行办法》。1991 年 8 月，作为中国证券业的自律组织中国证券业协会在北京成立。到 1991 年底，有 8 只股票在上海证券交易所上市，有 6 只股票在深圳证券交易所上市。

中国股份制改革在艰难中继续前进，反映了股份制是适应时代潮流的。在这个关键时刻，迎来了邓小平同志 1992 年的南方谈话。邓小平同志在深圳视察时指出："证券、股市，这些东西究竟好不好，有没有危险，是不是资本主义独有的东西，社会主义能不能用？允许看，但要坚决地试。看对了，搞一两年对了，放开；错了，纠正，关了就是了。关，也可以快关，也可以慢关，也可以留一点尾巴。怕什么，坚持这种态度就不要紧，就不会犯大错误。"① 邓小平同志的南方谈话，大大激发了全国人民建设社会主义市场经济体制的热情，股份制改革经过了几度波折之后，终于迈上了加速前进的平台。

三、证券法的起草、讨论和通过

1992 年，在邓小平同志南方谈话之后，全国人大常委会在万里委员长建议下，任命我担任证券法起草小组组长，负责起草证券法。这是第一个由专家担任组长起草的法律。股份制

---

① 《邓小平文选》第 3 卷，人民出版社 1993 年版，第 373 页。

和证券方面的专家，被聘为起草小组顾问或成员，他们是：董辅礽、江平、曹凤岐、高西庆、王连洲等人。我们花费了好几年的时间逐条起草初稿，并赴香港考察。我们还注意吸收国外证券法的经验。证券法草案经全国人大财经委员会讨论通过后，由财经委主任委员柳随年同志在全国人大常委会宣读起草报告，进入全国人大常委会立法程序，提请全国人大常委会审议。

要知道，证券法的制定同国有企业股份制的推进，尽管二者之间有十分密切的关系，但还不能等同起来。这是因为，证券法被通过并实施以后，标志着中国的资本市场走向规范化的发展，有利于企业股份制的规范化发展，然而，究竟有哪些企业实行股份制改革和上市，这不是证券法所能决定的。假如改制为股份制和上市的公司仍然是一些中小型的企业（包括国有企业和非国有的），社会主义市场经济的微观经济基础的重新构造工作依然没有完成。因此，在证券法审议过程中，国有企业的股份制改革仍须加大力度。《邓小平文选》第 3 卷出版以后不久，有一天下午，江泽民同志专门找我及中国社会科学院的王家福同志、国务院发展研究中心副主任陆百甫同志三人到他的办公室，一起讨论股份制问题。我从经济学角度谈了在中国推行国有大型企业股份制改革的必要性和可行性，王家福同志从法律学角度谈了企业股份制推行过程中所涉及的问题，陆百甫同志从改革研究角度谈了如何推行企业股份制的问题。江泽民同志最后说，我在上海市工作的时候就赞成实行股份制，现在也一样，可是现在只是一些中小企业在搞股份制，要搞就搞大的。目前有些领导同志对国有大型企业如何实行股份制还有些疑虑，所以要统一思想认识。

关于股份制扩大试点范围以及如何把国有大型企业纳入股

份制改革的系列，在1997年召开的中共十五大报告中作了明确的规定。报告中提出："股份制是现代企业的一种资本组织形式，有利于所有权和经营权的分离，有利于提高企业和资本的运作效率，资本主义可以用，社会主义也可以用。不能笼统地说股份制是公有还是私有，关键看控股权掌握在谁手中。"这是一次思想解放，因为理论上有所突破，对计划经济时期一直牢牢支配人们思想的传统公有制概念有了重大的修正。从1980年算起，到1997年已经18年了。国有大型企业的股份制改革跃上了新的台阶，人们不再被股份制企业姓"社"还是姓"资"的争论束缚手脚了。

紧接着，证券法草案经过多次审议，于1998年12月由全国人大常委会通过，并于1999年7月1日实施。在正式表决的前几天，李鹏委员长专门找我询问有关证券法中还有哪些问题需要完善。我说，任何法律都不可能是尽善尽美的，以后肯定还会作些修改，但能够提请全国人大常委会审议通过，已经是一大成绩。证券法以高票通过了，我感到非常欣慰。

从1999年起，国有大企业的股份制改革工作大大加快，上市公司数目也日益增加。中国的股份制改革进入了全面铺开的快车道。

四、从双轨制转向单轨制：股权分置改革

证券法实施以后，中国股份制改革和资本市场发展中面临的一个重要问题，就是如何从双轨制转向单轨制。这是一个必须及时解决的问题，但又是一个相当棘手的问题。

双轨制是指股份分两类：流通股和非流通股。双轨制的形成是有历史原因的。如前所述，中国企业的股份制改革是在计划经济体制开始有所松动，但仍然在经济中占居主导地位的情

况下起步的。当时唯一可以被政府部门接受的方案，就是“先增量股份化，后存量股份化”。具体地说，国有企业改制为股份制企业并上市后，增发的股份是流通股，可以在股市中交易；原来的资产虽然折为股份，但不上市，不流通。流通和非流通股并存，就是股份制的双轨制。《中国经济体制改革》1986 年第 12 期、1987 年第 1 ~ 2 期，全文刊载了我的《所有制改革和股份企业的管理》一文。我在文中写道：“把原有企业的资产分为两个部分，一部分是企业原来已经拥有的资产，另一部分是企业新增的资产。前一部分资产暂不实行股份化，后一部分的资产则是通过股份方式集资的。很明显，这是一种过渡的措施，但就我国目前的全民所有制企业而言，这种过渡的措施是必要的。”① 双轨制的确是一个过渡性措施，这是因为，国有企业的股份制改革在 20 世纪 80 年代中后期遇到的阻力很大，如果不采取存量暂时不流通的做法，国有企业的股份制改革就难以起步。换句话说，如果中国当时就实行全流通的做法，除了一些集体所有制企业可以上市以外，国有企业是无法突破重重阻力而实行股份制改革的。

国有企业的股份制改革终于在双轨制的条件下启动了。从邓小平同志南方谈话之时算起，到 21 世纪初，大体上用了 10 年左右的时间，国有企业的股份制改革取得了很大进展，资本市场也初具规模，但双轨制造成的问题也越来越明显，或者说，双轨制留下的制度缺陷也暴露得越来越突出。在证券法通过几年后，全国人大财经委员会组织了证券法执法检查，周正庆同志和我分别率组到上海和深圳调研和检查工作。我们发现，双轨制最大的问题是上市公司的机制并未真正转换，国有

① 厉以宁：《所有制改革和股份企业的管理》，载《中国经济体制改革》1986 年第 12 期，第 28 页。

股占大头，通常高达 60% ～70%，有的上市公司甚至高达 80% ～90%，股东大会根本开不起来，董事会清一色是国有股持有方派出的，一副面孔，一种声音。上市公司的机制没有转变，就达不到股份制改革的目标。结果，增量股份化变成了公司圈钱的手段，增发一次股票就圈一次钱。1999 年以后，虽然曾经采取过国有股减持的措施，但并不成功，一是国有股减持并未改变双轨制的总体格局，也未能消除双轨制的制度性缺陷；二是只要双轨制继续存在，即使进行了部分企业的国有股减持，新上市的公司又会使非流通股总量继续上升。因此，2002 年 6 月，财政部和证监会宣布停止在 A 股市场减持国有股。作为替代方案，股权分置改革出台了。这是 2004 年年初的一件大事。

股权分置改革实际上是股份制的第二次改革，它要解决的主要问题就是要把股份制的双轨制变成单轨制，即把流通股和非流通股的分置改为全流通股。改革中遇到两个障碍：第一，有人认为，一旦把国有股从非流通股转变为流通股，国有资产转让，甚至流失的大门就敞开了，这岂不违背了国有制主导的原则？第二，国有股从非流通股转变为流通股时，要不要由国有股给流通股持有者以一定的补偿？有人认为，如果非流通股的持有者给流通股的持有者以补偿，这岂不是国有资产的损失？国有资产为什么要承受这种损失呢？

经过经济学界的激烈争论，终于形成了这样一种看法：一方面，国有股从非流通股转变为流通股是完善股份制和资本市场的重要举措，并不等于国有资产的流失，国有股的监督管理机构会依照法律来妥善处理这一问题。如果国有股继续处在隔绝于资本市场之外的非流通状态，不仅对国有资产本身不利，而且也不利于国民经济。另一方面，国有的非流通股转变为流通股的过程中，非流通股持有者给流通股持有者以一定的补偿是有根据的：因为当初国有企业改制为上市公司时都在招股说明书或上市公告书中承诺，其公开发行前股东所持股份暂不上市流通，从而所发行的股票才得以按较高的价格出售。现在，国有股要从非流通股转变为流通股了，这就违背了当初的承诺。按照中华人民共和国合同法的规定，这是一种违背合同的行为，违背合同的一方给另一方带来损失的，应当给予赔偿。所以，在非流通股持有者同流通股持有者之间作出相应的利益平衡的安排，是有法律依据的。至于补偿多少，则由市场决定。股权分置改革方案终于得以实现。到 2006 年年底，中国股份制的第二次改革基本完成。

五、中国资本市场有待继续完善，股份制改革有待继续推进

资本市场的继续完善和股份制改革的继续推进，二者是紧密地联系在一起的，它们之间有着互为前提和相互促进的关系。

（一）多层次的、完善的资本市场体系的建设

一个多层次的、完善的资本市场体系，除了包括主板市场以外，还应当有中小企业板市场、创业板市场、未上市的股份制企业的场外交易市场等。完善的债券市场和证券期货市场也应包括在内。在中国现阶段，有必要及早着手多层次的、完善的资本市场体系的建设，汲取国外成熟的资本市场的经验。股份制继续推进与此密切有关。

这里首先需要提到民营企业的股份制改革问题。民营企业在初建时，规模一般不大，而且主要是家族企业。家族经营制在企业规模不大时是能够发挥积极作用的。家长多数是能人，有凝聚力，所以家族企业成长较快。但企业规模扩大以后，家

族经营制的局限性便暴露得越来越充分。家长个人支配企业的做法越来越不能适应新的形势，家长的经验既可能是财富，更可能成为包袱，成为发展中的障碍。因此，达到一定规模以后的家族企业，改制为股份制企业是一种明智的选择。如果资本市场的结构单一化，对这些民营企业的发展是不利的。如果资本市场是多层次的，那么它们根据企业自身的实际情况，可以在主板市场、中小企业板市场、创业板市场和未上市的股份制企业的场外市场中作出选择。多层次的、完善的资本市场体系的建设将大大促进民营企业的发展，并为民间资本开辟广阔的活动空间。

还应当提到，一些高等学校毕业生或科技人员很可能走上自行创业的道路，自行创办了企业。他们有自行创业的热情，也可能有科技方面的研究成果，并且还能吸引创业投资公司或创业投资基金的关注和资本投入。这同样需要有多层次的、完善的资本市场体系作为他们的活动平台，其中有些可以进入创业板市场，有些可以先在未上市的股份制企业场外交易市场上进行股份转让。这将会大大调动人们创业的积极性，调动企业自主创新的积极性，促进自行创业和自主创业，对国民经济的发展十分有利。

进一步而言，建立多层次的、完善的资本市场体系后，民间资本将被充分调动起来，它们将源源不断地进入各个层次的资本市场，实现金融资源的有效配置。直接融资的比重将迅速增加，从而将改变中国经济发展中历来偏重于或大部分依赖于银行贷款的现实。产业结构的调整、经济增长方式的转变、经济增长质量的提高，将因资本市场体系的多层次和完善而加快速度。一切股份制企业，不管是已经上市的还是尚未上市的，在多层次的、完善的资本市场体系建立后都会感到市场竞争的压力，因为投资者“用脚投票”的选择更加方便了。效益差的股份制企业在这种形势下不得不急起直追，否则将被投资者们所抛弃；而效益好的股份制企业将能融到更多的资本，它们将更上一层楼。这一切都有利于国民经济的又好又快发展，有利于社会经济的可持续发展。

（二）上市公司治理结构的完善

股市能否走好，主要取决于两个因素：一是宏观经济形势良好，二是上市公司质量普通提高。这两个因素都重要，但其中第一个因素即宏观经济形势是否良好问题，不是企业自身所能决定的，它同国民经济运行有关，受到经济增长率、就业率、通货膨胀率、国际收支状况变动等因素的影响；而其中第二个因素即上市公司质量问题，则同上市公司的经营管理和核心竞争力、盈利能力有关，也同上市公司治理结构是否完善有关。

股份制改革的继续推进，不只是使更多的企业改制为股份制企业和上市公司，还包括促进上市公司治理结构的完善。上市公司治理结构的完善，是指让股东会、董事会和监事会真正起作用而不是流于形式。应当强调上市公司的独立性必须得到切实的维护，上市公司资金严禁被侵占，诸如 20 世纪 90 年代时常发生的上市公司募集资金的不规范使用、上市公司资金被侵占、上市公司违规对外担保、上市公司编报虚假财务会计信息、上市公司的高层管理人员因缺少监管而使上市公司遭到损失、上市公司财务管理混乱而导致股东利益受损等等情况，将通过上市公司治理结构的完善和管理制度的健全而得到遏制。

问题还不仅限于此。完善上市公司治理结构是促使中国资本市场规模进一步扩大和投资于股份制企业的人数不断增加的重要保证。这是因为，在公司治理结构不完善的条件下，投资者的信心是不足的，他们既担心上市公司的资金被侵占或被违规运作以致于流失，又担心控股的股东不顾小股东的利益而直接干预上市公司的事务，担心内部董事与外部董事、董事会与监事会之间没有相互制衡的作用，担心上市公司高层管理人员不受约束，为所欲为，使投资者的利益受损失。投资者信心的下降或者丧失，也就是资本市场上人气的消散。常言说得好，人气易散不易聚。一旦人气消散，投资者失去信心，对资本市场的发展是非常不利的，同时也不利于上市公司质量的提高。这就更加表明上市公司治理结构完善的迫切性。

（三）行业垄断的打破和公平竞争格局的形成

国有大型企业的改革将继续推进，除了要加强公司治理结构的改革与调整外，行业垄断的打破也是重点之一。国有大型企业往往依赖自己在某些行业的特殊地位，获得垄断利益。这种情况不仅对市场经济体制不利（因为领域不能自由进入，妨碍了公平竞争格局的形成），而且对居于垄断位置的国有大型企业同样是不利的（因为它们放松了对自主创新和改进经营管理的要求，躺在特殊地位上享受既得利益，享受优惠政策，享受其他各种好处）。从这个意义上说，行业垄断的打破应当成为下一阶段改革的迫切任务。

要打破行业垄断，必须允许领域的准入。这就是说，除了法律有专门规定的以外，领域应向一切有资格的进入者开放。同时，上市公司的并购重组活动应当加大透明度，由市场规律来主导，由参与的市场主体根据利弊的权衡作出决策，行政部门只依法管理而不应直接干预，这才符合公平竞争的原则。

行业垄断打破后，中国证券市场的结构会相应地发生变化。这是因为，行业垄断主要产生于资源开发行业和交通运输通信行业。此外，金融行业中实际上也存在类似于行业垄断的现象。这些行业的上市公司基本上都是国家控股的特大型企业，它们的股票在股票总体中所占的权重过高，不利于资本的合理配置。领域开放公平竞争的格局形成后，国家控股的特大型企业的股票所占的权重会逐渐下降。同时，民间资本进入资源开发行业、交通运输通信行业和金融行业后，将会出现这些行业进一步发展的局面。这无论对国民经济的发展还是对资本市场的完善，都是有利的。

（四）有效的资本市场监督管理体制的确立

加强对资本市场的监督管理并不意味着政府采取行政手段来干预资本市场的运作，而首先是指政府应当健全法制，使资本市场在法律的框架内规范化地运作。如果法制不健全、不配套，那就只好依靠行政手段的干预了。因此，对前一阶段资本市场的监督管理中的某些行政干预，要进行实事求是地分析，它们固然会带来某些弊病，产生某些后遗症，但这通常是在法制不健全、不配套情况下的不得已采取的措施。在股权分置改革已经基本完成后的今天，我们必须尽快完善资本市场监督管理体制，健全有关法律体系，慎用、最好不用单纯的行政干预手段。

在这方面，有三项工作要特别引起注意：

第一，对于违法违规运作和损害投资者权益的现象，要有明确的刑事责任追究制度和民事赔偿制度，并且要监督其落实。只有这样，才能使违法违规者受到惩处，才能切实保护投资者的合法权益。

第二，加强监督管理队伍的建设，吸引有社会责任感和有专业技术知识的人才参加监督管理机构工作，同时要加大对资本市场发展前景和前进过程中可能遇到的新问题的研究，并拟定对策。这样，才能使资本市场的监督管理工作更加有效。

第三，着力防范由资本市场动荡引发的金融风险，建立和完善针对金融风险的预警机制和快速应对机制。由于金融风险不一定由资本市场的动荡引发，但一旦金融风险产生，必然会影响资本市场的稳定。因此，还需要加强资本市场监督管理机构同其他金融监督管理机构之间的合作、协调。

（五）中国上市公司和资本市场国际竞争力的提高

要使中国资本市场稳定健康地发展，中国上市公司和资本市场的国际竞争力应当不断提高。这是下一阶段有必要认真解决的问题。

从上市公司的角度来看，要提高国际竞争力，必须加大研究开发费用的数额及其在公司总产值中的比重，必须拥有自己的专利、知识产权，必须创建并维护自己的品牌。同时，还必须致力于降低成本，降低资源消耗，提高管理水平，增强营销能力。而要做到这些，正如前面已经指出的，完善上市公司治理结构是必不可少的前提。

从资本市场的角度来看，问题显然要比提高上市公司国际竞争力复杂得多。首先，要弄清楚什么是资本市场的国际竞争力。应当说，判断资本市场国际竞争力强弱的重要标志，在于国际上有影响的大企业和有成长潜力的新兴行业企业选择上市场所的考虑。如果某个资本市场成为它们的首选之地，那就表明这个资本市场具有较强的国际竞争力。其次，怎样才能使某个资本市场成为具有国际竞争力的资本市场？这至少取决于三个因素：一是法制和监督管理体制的完善，以及市场运行规范化，市场秩序良好；二是有一些资本雄厚、专业人才充足、有信誉和有影响的证券公司；三是有一批理性的个人投资者和若干规范运作的机构投资者。由此可见，中国的资本市场距离有国际竞争力的资本市场尚有一定的差距。我们应当朝这个方面继续努力。最后，要使中国的资本市场成为具有国际竞争力的资本市场，还必须考虑中国经济的对外开放程度，以及中国经济在对外开放方面应当解决的一些问题，如人民币资本项目的自由兑换、人民币汇率的市场决定机制的确立、人民币能否成为国际储备货币之一，等等。这些并不是仅靠中国资本市场自身所能解决的。但只要中国经济已经走上了市场经济道路，那么在时机成熟时中国会具备这些条件的。我们现在还难以确定人民币资本项目可自由兑换的日程表。人民币汇率的市场决定机制的确定也是改革的大势所趋，总有水到渠成的那一天。至于人民币能否成为国际储备货币之一，以及什么时候可以成为国际储备货币之一，则取决于中国综合国力的增强，这同样是我们努力的方向。

六、结束语

从1978年算起，中国改革开放已经30年了。中国的股份制改革至今也有接近30年的历史。回顾这30年，我们国家所取得的种种成就，都离不开思想的解放。如果没有1978年5月份开始的、历时半年之久的“实践是检验真理的唯一标准”的大讨论，没有1978年12月份召开的中共十一届三中全会，我们是不可能取得这些成就的。

思想解放和理论创新都没有终点，也不可能有终点。从计划经济体制转向市场经济体制的改革，是前人所没有从事过的事情。谁都不可能是先知先觉者，谁都不能说在1979年我就知道改革该如何进行，改革会遇到什么样的阻碍，改革又会如何突破这些难点。经济学界在30年内所发生的各种争论，应当说是正常的，大家都在改革开放的实践过程中学习、成长、提高。有些观点在刚提出来时不一定完全准确、完全符合实际，但在实践中会得到补充、修正、丰富、完善。人们的认识总是逐步深化的。以股份制改革来说，这些年内，股市出过多少事情。例如，1992 年 8 月 10 日深圳发行新股认购申请表过程中发生的申购人群的拥挤、游行、抗议；1993 年年初成都红庙子市场上地摊式的股票交易；1996 年海南琼民源公司利用虚假消息操纵股价的违法事件；1998 年中科创业违法操纵股价、自买自卖、坑害投资者事件，等等，都酿成了不小的社会震荡。但这些绝不是中国股份制改革的主流。经验是不断累积、不断丰富的。中国股份制改革和资本市场建设，在牛市和熊市一再交替的过程中走过了艰难的道路。投资者逐渐理性化，监督管理机构也逐渐成熟、老练。这就是下一阶段继续推进股份制改革和完善资本市场的希望所在。我们对此满怀信心！

（原载魏礼群主编：《改革开放三十年：见证与回顾》，中国言实出版社，2008 年 10 月版）

中国的实践为制度创新理论提供了新的内容

一、在从计划经济体制向市场经济体制转轨过程中，民间蕴藏着极大的积极性，许多制度创新最初是由民间自发开始的

一个例子就是1979年开始的农村的“大包干”，也就是后来通称的农村家庭承包制。这是民间自发进行的制度创新尝试。一旦试验成功了，各地纷纷前来参观学习。由此在全国范围内掀起了“承包热”，这表明民间蕴藏的极大积极性迸发出来了。

另一个例子就是紧接在农村家庭承包制以后掀起了大办乡镇企业的热潮。也同样是民间蕴藏的积极性迸发的表现。从此，在中国出现了不在国家计划之内的乡镇企业产品市场，国家计划产品一统天下的格局被打破了。

再一个例子是城镇所掀起的股份制热。这是20世纪80年代前期所出现的。各地相继出现了一些由投资人集资所建立的股份制企业。尽管都是一些中小企业，但毕竟是民间蕴藏的积极性的反映。简要地说，同农村承包制、乡镇企业的建立一样，这些都是创业精神的体现。

还可以举一个最近的例子，这就是21世纪初一些山区农

民首创的集体林业的承包制，也就是民间所说的“包山到户”。“包山到户”也是创业活动。它把农民经营自家山林的创业积极性调动起来了。

二、“摸着石头过河”是指改革的总体思路和配套措施而言的，这是改革领导层必须考虑的问题，而对于民间自发的制度创新而言，最初仅限于小范围的试验，并不存在“摸着石头过河”问题

中国从计划经济体制转轨到市场经济体制，这在全世界没有先例。因此，既要大胆改革，又必须谨慎从事。对改革领导层来说，“摸着石头过河”的做法是对的。改革的实践使改革得以产生经验和教训。任何一项改革都要经过实践检验后才能总结。

因此，“摸着石头过河”是改革领导层必须考虑的问题，其中包括改革的总体思路，改革的配套措施，以及这些措施推出的时机等等。

然而，正如前面所说，在体制转轨过程中，许多制度创新最初来自民间，具有自发性。他们出于自身的亲身体验，感到这种改革试验是有效的，既有利于自己脱贫致富，又有利于创业。对他们来说，没有什么“摸着石头过河”问题，而是凭着自己的判断，闯出一条新路来。这里带有一种冒险精神，这正是一切创业者共同的品质，它是难能可贵的。

计划经济时代，一些地方的一些人也曾有过承包制、乡镇办企业、集资办企业的做法。但在当时情况下，都受到压制、打击，一些人也因此遭到不幸。这不算“摸着石头过河”，因为当时的领导层是计划体制下的当权者，他们根本没有想到要“过河”。

中共十一届三中全会以后形势发生了变化。改革开放由此开始。民间自发的制度创新走上了正道。容许他们创业，容许他们试验，即使失败了，这并不是政府干预的结果，而是被市场经济的实践证明不合适或时机未到或条件尚未成熟而已。自发的试验仍在继续。

三、社会主义制度下的制度创新是指体制的转换，即由计划经济体制逐渐过渡到市场经济体制，这不可避免地是一个社会主义制度自行调整的过程，从而必定是渐进的

由于改革是前人从未做过的事情，所以从改革的总体思路和配套措施的角度来看，改革一定是循序渐进的，而不是急风暴雨式的。这符合“摸着石头过河”的道理。换句话说，那种设想在较短时间内就能完成改革不符合中国改革的设定目标。

那么，什么是中国改革的设定目标？这不是制度的更替，不是从社会主义制度转为另一种社会制度，而是社会主义制度的自行调整，即从社会主义的计划经济体制转为社会主义的市场经济体制。体制的转换就是制度调整。

在社会主义社会，计划经济体制是一种刚性体制，市场经济体制是一种弹性体制。所以社会主义制度的自行调整就是由社会主义的刚性体制转变为社会主义的弹性体制。

体制转换，即制度调整，是必要的。不改体制，丢掉制度。改革了体制，社会主义制度不仅将继续存在，而且一定会发展得很好。社会主义制度的优越性才能充分发挥出来。

四、社会主义制度的自行调整是前所未有的，这本身就是一种创新。所有的经济学家都从未遇到过这样的问题，大家都在学习，都在思考，都在提出自己的建议，但谁都不是“先知先觉者”，谁也不可能是先知先觉者

当1979年中国开始改革的时候，既没有先例可援，又没有现成的改革理论可供参考。有的只是资本主义制度调整的经验（如第二次世界大战结束以后西德的改革）或不成功的东欧某些国家的改革教训（如波兰、匈牙利的改革）。中国的政府官员和经济学者不可能从书本上学到社会主义制度调整的理论。

因此，对中国所有的政府官员和经济学者来说，都只能边参与改革边学习，谁都不是“先知先觉者”，谁也不可能是“先知先觉者”，大家都在学习，都在思考，任何人提出的建议，也只不过是一家之言而已，因为经济学的经验都是滞后的。

中国改革只可能“摸着石头过河”，经济学者不可能违背这一原则。否则，中国改革就会不符合改革或体制转换是社会主义制度自行调整这一目标。同样的道理，中国改革必定是循序渐进的，经济学者也不可能设想任何一种速成方案，否则只会失败。

但这些都不妨碍经济学家进行独立思考。这里所说的“独立思考”，是指从民间自发进行的许多制度创新的试验中，去总结，去判断，去提炼，去完善，以便从中找出适合中国国情的进一步改革的途径，为社会主义制度创新理论增添新的内容。

（2008年12月8日在北京大学光华管理学院博士后年终聚会上的讲话）

厉以宁论文选

2009年

新阶段改革的第一声春雷：集体林权制度变革

始于 1978 年的中国改革，到 2008 年已经是整整 30 年了。在这 30 年中，中国经济发生了重大的变化，中国经济体制转轨取得了很大的成绩。新阶段从 2008 年开始，中国改革仍然应该坚持加快。因为，城乡二元体制还没有破除，城乡一体化的新体制有待于建立，改革的任务同样是艰巨的。正如 1978 年 12 月中共十一届三中全会以后，农村承包制的实行，对中国的改革开放事业起着有利的推动作用一样，2008 年 10 月中共十七届三中全会也把农业的改革发展放在首位，并以城乡一体化作为新阶段改革的重点。而在这之前，2008 年 6 月 8 日颁布了《中共中央国务院关于全面推进集体林权制度改革的意见》，意味着一场新的重大的改革启动了。所以，这里把集体林权制度的改革称作新阶段改革的第一声春雷，正是把集体林权制度改革看成是城乡一体化改革的重要组成部分。

中国整个林地面积大约有 43 亿亩，其中，集体林的面积有 25 亿多亩，有集体林权的土地是 29 亿多亩。中国林业资源 90% 在山区，而贫困人口都集中在山区。全国有 592 个国家级的贫困县，其中 496 个分布在山区。从这几个数字就可以看出林权制度改革的重大意义。在 20 世纪 80 年代初，当时主要是担心农田被承包下去后，如果林地也承包了，就怕农民乱砍乱伐，而且当时已经发生了乱砍树等情况。大家知道，耕地上种的是粮食，粮食年年播种，年年收获，而林地上的树木是多年才能成才的，一经砍伐，新种的树要很多年以后才能长成。当时农民为什么会砍树呢？主要有两个原因：第一，对党的政策不信任，认为共产党的政策说变就变。如果现在我把林地承包下来了，则要趁早砍，砍完算了，我再种；如果现在不砍，过两年土地又被收回了，则白干了一场。当时有这种想法的人，就是先看眼前的利益。正是这种原因，当时国务院有关部门就把林权制度的改革搁置下来。第二，当时对林业在国民经济中的地位和作用认识不足，对林权制度改革的重要性认识不足。某些政府部门往往把林业资源单纯看作资源，而不理解资源向资本的转化以及这种转化对国民经济发展的重大推动作用。而且，当时我们的部门往往不了解集体林权制度改革是缩小山区和平原、农村和城市之间收入差距的重要保证。只有通过改革，才能激发农民发展林业生产经营的积极性，走上山区脱贫致富的道路。

2008 年启动集体林权制度改革，这是新阶段一件大事，必将进一步解放生产力，使农民特别是山区农民迅速脱贫致富，并促使林区生态保护和林业大发展。农村承包制关键是明确土地使用权，农作物的所有权、经营权、收益权、处置权。集体林权制度的改革同样如此，在林权制度改革中，集体林地使用权和林木所有权都应当清晰。集体林地所有权归集体，使用权归农民，林木所有权归农民，这些权力清晰是林权改革的基础。改革以后，实行商品林、工业林分类经营管理。对于商品林，农民可以依法自主决定经营方向和经营模式，这样农民收益权得到保障，处置权也是必不可少的。农民作为集体林地的承包人，可以依法进行转包、出租、转让、互换、入股、抵押或者作为出资合作的条件。集体林权制度改革比农村承包制的改革整整晚了30年，因此，它走的是既继承了农业承包制又超越了当初的承包制。例如，集体林权制度承包期定为70年，承包期越长，使承包人安心放心经营。70年的期限是指依法通过家庭承包方式取得承包权的经营权期限，不包括集体流转或者其他承包方式取得林地使用权的年限，这样就突出了承包者农民的经营主体地位。

另外，当初搞承包制注重一家一户的承包，林权制度改革一开始就强调林地流转必要性，可以通过多种方式流转，包括转包、出租、转让、入股、抵押等手段。特别是入股这种流转方式，它是指可以把承包的林地作为股权，自愿组织股份公司、组织合作社提高经济效益。所有这些，都是在当初搞承包制时不能想象的。还有林权可以抵押，树木可以抵押，抵押对于林地来说，这是非常重要的，这样就把林地放活了。通过林权制度改革建立的农村林业合作社，在林业产业化中起着积极的作用。在林权制度改革中，实际上是把30年之中农村承包制出现的问题和不足之处都考虑到了。比如，鼓励龙头企业介入林区，鼓励他们同农村林业合作社合作，形成大公司加小公司加农户的模式。大公司指龙头企业，小企业指农村林业合作社，再加上农民。农民入股主要是入在小公司，入在林业合作社，林业合作社和龙头企业之间是市场合作关系，包括订货、营销等。这样，大公司加小公司加农户的模式，在林区推广，对今天的林业很多地方是一样的。在今后，林权制度的改革，必将为林业的发展起着重要的作用。

我们把集体林权制度的改革看作是新阶段改革的第一声春雷，是因为在6月8日公布《意见》之后，经过4个月，中央就召开了十七届三中全会。十七届三中全会中提出了很多东西，实际上在农业发展中向前大大推进了一步。如承包期，当初的农业承包期短，林区的承包期长，有70年，而十一届三中全会提出了承包制长久不变，不要再定期限了，这就给了人民很大的鼓舞。再如，在集体林权制度改革中就提出了抵押问题，可是对林业的融资问题，实际上谈得并不多，而这次十七届三中全会中，林业改革是按照6月8日中央文件做的，对农业方面提出了很多活跃农村金融的措施，包括怎样建立地方银行、怎样扩大农村抵押担保物的范围、农村专业合作社可以兼营信用合作的业务等。还有林区也是农村，林区的农民也是农村户口，但在林权制度改革的文件中没有提到宅基地的问题，而且十七届三中全会中提出了宅基地下一步怎么样处理，并特别提出今后要放宽中小城市户口政策，农民要进城，中小城市是首选。所有这些都表明，这方面将会被进一步推进，实际上为将来的户籍制度的改革做好了准备。

北京大学光华管理学院的一些教授和博士生最近到福建、江西、辽宁、山西、云南等省进行了林权制度改革的调查，你到了林区看看，情况完全不一样。整个林区热火朝天，农民现在忙什么呢？先种树，因为70年不变，现在爷爷种树，孙子乘凉，到处都在种树，而且林下经济发展起来了，主要是在林区养鸡。因为林区划成界了，种蘑菇，种药材，林下经济就发展起来了。我们都没想到，农民在那里修路建设，公司进去了，整个一种气象，有一点像刚推广承包制那种新气象。调查回来以后，我们就给中央写报告，是以北京大学光华管理学院名义写的，温总理批示了，转给林业部门，因为很多政策需要进一步落实。城乡一体化新体制的建立是新阶段改革的重点，林权制度改革走在前面，所以称之为“第一声春雷”。

（原载《当代财经》2009年第1期）

集体林权制度改革中的公共财政问题

同 1978 年 12 月中共十一届三中全会以后农村承包制的实行对中国改革开放事业起着有力的推动作用一样，2008 年 10 月中共十七届三中全会也把农业的改革发展放在首要位置，并以城乡一体化作为新阶段改革的重点。在这以前，2008 年 6 月 8 日，中共中央、国务院颁布了《关于全面推进集体林权制度改革的意见》，意味着一场重大的改革启动了。当时，我把集体林权制度的改革称做“新阶段改革的第一声春雷”，正是把集体林权制度改革视为城乡一体化改革的重要组成部分。

北京大学光华管理学院长期关注中国林业的发展和集体林权制度改革的进展。一年多来，由我主持，蔡洪滨教授、周黎安教授、陈玉宇教授、颜色教授和多位博士生组成的课题组对林业改革做了深入的研究。此次座谈会旨在为各位决策提供科学依据，提供交流的平台，共同推进中国林业的改革和发展。

一、建立支持林业发展的公共财政制度的重要意义

中国林业的现代化发展对于 25 亿亩林地的保护和开发，对于林区 4 亿农民的发展意义重大。公共财政的支持是林业发展的有力保证。随着“明晰产权、分林到户”的中国集体林权制度改革主体改革逐步展开和实施，建立支持林业发展的公

共财政制度必将对推进林业改革，促进中国经济、各项社会事业和生态发展都将产生重大而深远的影响。

（一）建立支持林业发展的公共财政制度是满足社会生态建设和环境保护需要，促进人与自然和谐发展的有效途径

随着经济的不断发展，人民群众对生态环境的需求不断增加，国家对生态建设和环境保护的重视程度不断提高。建立支持林业发展的公共财政制度，完善生态效益补偿制度，将从制度上保证国家对生态建设和维护的投入，满足广大人民群众对生态效益日益增长的需求，长期保证中国可持续发展。建立支持林业发展的公共财政制度，健全和完善生态效益补偿制度更是推进集体林权制度改革深入进行，协调林业开发中经济利用和生态发展的复杂矛盾，提高国家生态建设质量，促进人与自然和谐发展的有效途径。

（二）建立支持林业发展的公共财政制度是贯彻落实十七届三中全会精神，提高农民收入水平，推进城乡经济社会一体化发展的重要保障

党中央和国务院把解决“三农”问题提高到了党和国家工作的重中之重。“林业、林区、林农”的“三林”问题不仅是解决“三农”问题的重要组成部分，以集体林权制度改革为核心内容解决“三林”问题的改革措施的探索还为“三农”问题的解决提供了有益的经验和有力支持。中国林区面积广大，贫困农业人口集中，但国家对林业的投入不足。建立支持林业发展的公共财政制度，建立森林资源培育补助、林业基础建设保障、林业发展基金等制度，将对林业和林区的落后生产条件实现跨越式改进，创造适合林业生产特殊性的投融资方式，促进林业的可持续发展。林业和林区经济是个未开启的资本宝库，是永不衰竭的“绿色银行”，建立支持林业发展的公

共财政制度是促进城市反哺农村、工业反哺农业的重要措施，从而帮助林业将资源优势转化为经济优势，以及消除城乡二元体制，推动城乡经济社会一体化发展。

（三）建立支持林业发展的公共财政制度是应对世界金融危机影响，增加就业，扩大内需，帮助林农增收致富的重要举措

世界金融危机对林业和林农造成了巨大的冲击。建立支持林业发展的公共财政制度，提高对林农的生态补偿，增加对林农的生产补助，是贯彻党中央、国务院稳定农业生产、促进农民持续增收的农村工作意见的重要举措。通过集体林权制度改革，林地林木产权清晰，林农生产积极性高涨，林地的经济效益和林农休戚相关。建立支持林业发展的公共财政制度，提高对林农的生态补偿，增加对林农的生产补助，加大林业基础建设投入，不仅将直接增加林农的收入、提高林业经营收益，更会盘活林业资产，吸收农村剩余劳动力，增加农村就业，维护农村稳定。这一举措不仅将在短期内扩大内需，真正发挥公共财政支出的乘数作用，而且将长期根本改善林业生产条件，加速林业现代化步伐，促进林农增收致富，缩小城乡收入差别，促进社会和谐发展。

二、建立支持林业发展的公共财政制度的政策建议

林业具有巨大的正外部性，同时林业生产又具有长周期、高风险的特征。当前林业改革和发展迫切需要公共财政的支持，以解决当下面临的紧迫而重要的具体问题为先导建立起支持林业发展的各项公共财政扶持制度。

（一）健全生态效益补偿制度

生态公益林多数是属于集体所有、林农个人使用的林地林

木。而国家出于整体发展战略需要划定具有重要生态区位作用的林地为生态公益林。这一制度限制了林农从法律赋予他们的林地和林木获得经济收益的权利，国家需要对林农进行合理的经济补偿，尤其是在青海、宁夏等生态公益林占集体林地比重近100%的西北生态涵养地区。否则在世界金融风暴的大背景下，林农的经济需求和国家的生态需求之间的矛盾将难以调和。现有国家对公益林生态补偿资金总额约为50亿元/年，只覆盖了国家重点生态公益林的60%，例如陕西的公益林就完全没有得到补偿资金。国家对公益林的5元/亩的补偿标准也远远低于林农可能从林地获得的经济收益。过低的补偿标准导致林农对生态公益林制度的抵制和消极对待。并且，作为和国家生态公益林发挥同样作用并且更早限制其经济利用的天然林保护工程，林地的补偿标准甚至只有1.5元/亩，比公益林补偿标准更低；并且补偿将于2010年到期，需要后续的补偿制度安排。统一和提高补偿标准具有急迫性，如何获得充足的补偿资金同样具有紧迫性。林业具有广义的生态意义，是公共产品，可以而且应当由公共财政来筹集生态补偿。

建议对国家划定重点生态公益林进行统一补偿。一次性提高国家对生态公益林补偿标准至20元/亩，并逐年提高国家补偿标准。把即将到期的天然林保护工程纳入生态公益林保护体系，并给予和生态公益林统一的补偿标准。允许林农以种植林下作物、开发生态旅游业等方式合理利用生态公益林。以“谁开发谁保护，谁受益谁补偿”的原则，采用诸如“下游补上游”的方式多渠道筹集补偿基金。

（二）建立森林资源培育补助制度

公共财政的阳光应当普照各个发展部门，包括需要工业部门反哺具有长期生态意义的林业。林业发展长期依靠自身的积累，没有享受到和耕地相同的，来自公共财政的良种补贴、作业机械化补贴、土地改良补贴等扶持政策。这已经成为发展现代林业、解决“三林”问题的一个瓶颈。在已经进行集体林权制度改革的地区，林地分给了千家万户。这虽然解决了激励问题，但是仍然需要鼓励林农自愿结合组成农民林业合作社，发挥林业生产的规模效益。农民林业合作社作为新出现的农民合作经济组织，具有“民办、民有、民营”的特点，机制比较灵活，并带有互助性质，而政府应当给予适当的鼓励和扶持，帮助它们逐渐成为集体林地上经营林业的主力。如果补贴对林业基础好的省区只是提高林农积极性，对西部等地区则直接决定了农民是否进行林业生产。而且，林业生产具有长周期、高风险的特征，因为资金约束在种苗上的投入往往影响林农数年，甚至数十年的收入。在我们调研过程中，林农希望使用好的树苗，希望他们的耕耘能够收获更多；但农民却又是最缺乏资金的，他们无法承受优质苗木的成本。林业特殊的生产方式需要特殊的补贴政策。在此基础上，应该积极推动林地流转，让林农能够抵押贷款，让林农手中的资源真正变成他们的资本。国家在鼓励私人林业生产的同时也不能忽视国家项目造林。现有对“三北”防护林 100 元/亩、对“天保”工程 300 元/亩的支持标准已经远远不能满足现实的生产需要。

建议参照农业综合直补，对林农使用优良种苗、林业机械化设备和林地改良进行补贴。对林农进行木本粮油、生物质能源林、珍贵树种及大径材培育给予更加优厚的补贴扶持。对“三北防护林”等国家重点生态工程提高造林生产标准提高到 600 元/亩。增加对林业科学创新研究的扶持项目和资金。因地制宜调整补偿标准，对西北地区进行适当倾斜。

（三）建立林业基础建设保障制度

林业在简陋的生产管理条件和极少的投入下维持了生产，

为国家建设做出了重要贡献。但是，林业的基础设施状况已经不适合现代林业发展和维护生态环境的要求。很多林业站所没有办公房、所，没有相应的巡视车辆，“三防”设备落后。林业没有享受公共财政对农田、水利投入一样的待遇，投入严重不足。尤其林业生产多集中于偏远山区等经济不发达地区，在国家发展农业的背景下，应当补足对林业投资的欠账。并且，林业生产的风险极大，病虫害、火灾的发生对林业的负面影响往往巨大。日趋剧烈的气候变化和逐年增加的自然灾害都在考验林业系统脆弱的防护系统，任何天灾人祸都将使现有的林业基础设施显得捉襟见肘。随着集体林权制度改革的深入，林业部门的管理对象由各乡、村变成了千家万户，管理任务更加复杂，对交通、通信等现代管理和生产的基础设施有迫切需求。林农也迫切需求改善林业基础生产条件，帮助他们提高林业生产收益。在集体林权制度改革过程中出现的林业服务中心、产权交易中心，是连接小农产和大市场、减少信息不对称、减少交易成本、提高管理效率的现代林业服务平台，对现代林业的发展具有战略意义。

建议将森林防火、病虫害防治以及林业行政执法体系等方面的基础设施建设纳入各级政府基本建设规划。将林区的交通、供水、供电、通信等基础设施建设纳入相关行业的发展规划。加大对偏远山区、沙区和少数民族地区林业基础设施的投入。建议增加资金鼓励和扶持各地筹建林业服务中心、产权交易中心。

（四）建立林业发展基金制度

育林基金在新中国林业发展历史上发挥了不可磨灭的作用。但随着改革开放，育林基金赖以存在的计划经济体制已经不复存在，育林基金的来源和用途也发生巨大变化。育林基金的征收实际上给林农增加巨大的生产负担，育林基金的使用实际上已经不再“育林”而变成为林业事业单位“养人”。育林基金无疑需要转变。但是，这并不意味着应当立刻取消育林基金，而是要逐步建立新型的投融资体系。随着经济发展，林业的发展不仅仅简单是林业生产的过程，还同时包括生态建设和维护等。林业的发展不仅仅是林业资源的利用，更是林业资本的盘活和利用。而且这些建设的资金也决不仅仅来自于林业自身，而是需要从全社会进行广泛的筹资。世界上发达国家管理林业的成功经验也显示，现代林业的发展需要建立林业发展基金制度。

建议以中央财政为主、地方财政为辅，多渠道融资建立林业发展基金。逐步降低育林基金征收比例，最终实现完全免除征收育林基金。用过去三年育林基金征收数额平均数为基准将林业部门行政事业经费纳入各级政府财政预算。以林业发展基金为基础，成立林业银行、林业风险投资基金等机构创新林业投融资体系。

（2009 年 2 月 28 日在北京大学光华管理学院举行的集体林权制度改革研讨会上的发言）

世界经济危机和资本主义制度调整

一、制度调整的含义

制度调整和制度更替不同。一种社会经济制度被另一种社会经济制度所替代，称作制度更替。而在一种制度之下可以有不同的体制，不同的体制代表着该种制度下不同的治理方式和不同的经济运行方式。从一种体制转换成另一种体制，称作制度调整。

制度调整是在同一种制度之下进行的。体制转换了，但制度并未改变，这种变化只不过是制度本身的一种调整而已。从制度调整的角度考察已往的历史，我们可以对社会的发展、经济的变迁以及历史的连续性等等有新的认识。①

资本主义作为一种社会经济制度，同样存在着制度调整的过程。资本主义制度同样会有不同的体制。不能认为当前资本主义国家的体制同一二百年前的体制是一模一样的。资本主义制度自从确立以来，体制也在不断变化。但资本主义国家体制的变化不等于资本主义制度不再是资本主义制度了。“能不能作这样的思考：资本主义制度依然是资本主义制度，但同19

---

① 厉以宁：《资本主义的起源：比较经济史研究》，商务印书馆2003年版，第49~50页。

世纪相比，当代资本主义社会的体制却改变了，转换了，从而在西方国家，资本主义制度延续下来了。”①

在西方国家确立资本主义制度以后，随着工业化和城市化的进展，不断遇到新的问题，也不断产生新的矛盾和新的社会冲突，因此资本主义的制度调整一开始是带有自发性的，即主要来自民间。当然，即使来自民间的、自发的制度调整，最终仍需要由政府予以肯定，由议会制定法律，但这并不是否定民间行动的积极意义，例如，企业制度的完善、市场信用体系的建立、社会公益事业的开展等等，都属于制度调整之列，但都是民间自发调整在先，法律制定在后。又如，全民普选制度的实现和民党通过公开竞选方式组成政府，以及选民对政府官员行为的监督等等，情况也如此，这些制度调整在 19 世纪后期和 20 世纪初期已陆续实现了。

然而，对资本主义制度调整起着更大推动作用的事件则是 1929 年世界经济危机的爆发和持续。在当时严重的经济危机冲击下，失业人数激增，社会动荡加剧，社会上要求政府对社会和经济承担更多责任的呼声大为高涨。西方国家的政府从这时起相继采取了资本主义制度调整的措施，如干预经济以增加就业，关注民生问题以缓解社会矛盾。到第二次世界大战结束以后，一些西方国家在维持就业、促进经济增长和推行社会福利政策方面采取了比较有力的措施。在第二次世界大战结束后的半个多世纪内，西方国家的经济从总体上说是平稳发展的，GDP 逐步增长，人均收入也随之提高。尽管各国的经济增长率有高有低，各国政府的经济政策有所差异，各国资本主义的制度调整进度也有快有慢，但各国社会基本上都能够接受制度

---

① 厉以宁：《论制度调整》，载《厉以宁经济评论集》，经济科学出版社 2005 年版，第 57 页。

调整的现实，使得资本主义制度依然存在，制度调整的结果也继续存在，并被一些国家的法律固定下来了。

二、2008 年世界经济危机引起的西方各国人民的思考

2008 年美国发生了金融危机，并且很快就影响到实体经济，西欧国家也几乎无一例外地受到波及。这是自 1929～1933 年世界经济危机以来未曾发生过的社会经济大震荡。这场由美国开始并把西欧国家席卷在内的严重经济危机，使西欧各国的政界和经济界人士感到震惊。为什么这次由金融危机引发的经济危机来势这样迅猛？影响面这么大？为什么经济平稳发展了这么多年一下子会受到这样严重的冲击？为什么政府事前未能察觉并采取措施制止？总之，究竟是哪一个环节出了差错？还是市场经济运行机制出现了问题？对此，有些人甚至认为是资本主义制度出了问题。

经济学家对于美国金融危机的原因有过各种各样的解释，但这些解释大多只涉及表面的问题，而没有进入深层次去探究危机的根源所在；有些解释至多也只是提出一些应急的、救市的措施，而没有从制度上、体制上去寻找解决问题的对策。这一方面会引起人们的不满，另一方面却引发人们作较深入的探讨，为资本主义制度寻找出路。有关金融危机引起的思考，在西欧国家比在美国更有市场，更有民众的响应，这是可以理解的。因为在资本主义制度调整方面，西欧总是走在美国的前面，西欧各国的一些政党和职业政治家们所考虑的制度调整问题要比美国一些政党和职业政治家所考虑的更深刻。西欧各国一些群众团体在资本主义制度调整方面似乎也比美国一些群众团体更加激进。因此，尽管这场金融危机并非起始于西欧，而且除个别国家以外，一般西欧国家所受到的来自美国金融危机

的打击并不比美国厉害，但西欧社会对资本主义制度调整的反思却远远走在美国的前面。

严重的金融危机及其对实体经济的影响所引发的思考，首先在于对自由市场经济看法的进一步转变。回顾70多年前，1929～1933年世界性的经济危机曾经导致人们对完全自由市场经济产生怀疑，而对政府干预经济的行为，既认为是对自由市场经济运行机制缺陷的一种补充，也认为是更好地贯彻亚当·斯密经济学理论的必要手段，因为亚当·斯密在论述自由市场经济作用的同时，也分析了社会正义和公平的问题。依赖于政府的调节，不仅不会阻碍自由市场经济目标的实现，反而会使这一目标的实现具有可能性。正因为社会上有越来越多的人的观念发生了上述变化，所以才有第二次世界大战结束后初期西欧社会、政治、经济中的一系列变化，如国有化的试验、政府经济计划的实施、政府加大对低收入家庭的补助等等。在这个基础上，资本主义制度调整取得了一定的进展。关于这一点，西方经济学界并不否认。

然而，也正如前面所指出的，从20世纪50年代起，由于美国经济的繁荣和西欧主要国家经济的恢复增长，再加上西欧的国有化试验未能取得预料中的成效，经济中明显地出现了效率下降、创新动力减退等现象。这样，第二次世界大战结束后初期的社会改革情绪也有所降低，但资本主义制度调整的势头并没有停止，因为20世纪60～70年代出现的一些新的社会问题，如环境恶化、地区收入差距扩大、青年对教育制度不满、种族歧视再度引起社会关注等等问题，进而推动着资本主义制度调整，使得西欧国家在社会政策上也有相应的转变，即比过去更加关心国内社会矛盾问题的缓解。从这个意义上说，在西欧国家，政府在社会经济中的作用并没有减弱，而是在继续加强。主要表现于对环境保护、环境治理的重视，对社会保障事业的注意以及对人权状况改善的关切等等。这些都反映于若干政策的重新制订和修改上。

2008 年由美国金融危机引发的经济危机对西欧经济造成的冲击和由此发生的银行倒闭、企业亏蚀、失业人数增加、房价下跌、股市低迷等问题，引起西欧国家一些人的忧虑，进而对自由市场经济机制和资本主义制度调整有了新的思考，从而会进一步影响政策的调整。

思考之一：为什么西欧经济会这样快地受到美国金融危机的影响？除了同第二次世界大战结束以后美国和西欧国家在经济上的联系越来越密切之外，是不是也与西欧国家本身经济和金融业的明显缺陷有关？

这里所说的西欧国家经济的明显缺陷，主要反映于西欧经济对美国的依赖性过大；西欧各国金融业的明显缺陷，主要反映于西欧各国金融业同美国的金融业一样，缺少必要的监管，听任金融机构为了盈利导致金融泡沫滋生，以至于一旦发生资金链断裂便全盘陷入困境。这样，在下一步的资本主义制度调整方面，应当加强对金融的监管，从制度上保证金融的平稳运行，防止信贷失控，防止资产泡沫、房地产泡沫、股市泡沫的出现，而且在一旦出现泡沫苗头的时候，政府应当加大干预力度，及早化解金融运行中存在的问题。为此，应当建立有效的金融运行预警机制，以免在问题越积越多、越来越严重的时候再着手干预，从而可以避免更大损失的发生。

思考之二：为什么西欧经济会过度依赖美国经济，以至于美国金融和经济一有风吹草动，便迅速使西欧金融和经济受到牵连？

这被认为由三个原因造成。

一是第二次世界大战结束以后形成的国际货币体系是以美元为中心的体系，西欧各国都必须依靠美国和美元的流入以振兴战后的经济，从而美元的霸主地位得以长期存在，美国经济从多方面影响着西欧经济。

二是从第二次世界大战结束以后，由于冷战格局的形成，西欧各国在政治上和军事上必须依靠美国，同美国紧紧地联结在一起，承认美国的霸主地位。这是不以西欧各国政府意志为转移的冷战格局的产物。尽管到了冷战后期，西欧一些主要国家的经济已经有了较大的发展，社会上要求西欧国家把自己的利益放在主要地位的呼声日益高涨，但西欧国家的历届政府仍然无意于摆脱这种战后初期形成的冷战格局。冷战结束以后，形势有所变化，西欧国家对于如何处理今后同美国的关系也产生了分歧，有些国家的自主性加大了，有些国家仍同以前一样，但从总体上说，西欧同美国的关系变化不大。这就是现状。

三是西欧各国的经济发展程度不同，国情不同，经济结构也各不相同，这也不可避免地影响它们各自同美国经济的关系。美国对西欧的投资、同西欧的进出口联系，以及股权的相互渗透，在不同程度上影响着不同的西欧国家，因此，美国经济的波动必定通过不同渠道传递到西欧国家。相对于美国而言，西欧国家一般都是较小的国家，即使像英国、德国、法国这三个西欧最强大的国家，同美国相比仍相当逊色。这是无法改变的事实。经济实力的距离使得单个西欧国家不可能同美国抗衡，更谈不上同美国较量或一争高下了，所以只有走经济联合起来的道路。然而，尽管从20世纪50年代开始，西欧一些国家即尝试着走联合的道路，如今，它们在联合方面已走了很长的一段路，并取得了一定的成效，但由于西欧各国之间矛盾很多，对统一的对内对外政策经常出现分歧，加上各国经济结构不一样，经济发展程度不一样，往往抵消了合作的努力，所以仍然无法同美国抗衡。这也是不能不承认的事实。

根据以上的分析，既然以美国为中心的国际货币体系不是一下子就能改变的，从政治上考虑西欧各国即使同美国的利益不尽一致但也不能不保持紧紧依靠美国的现状。西欧任何一个国家的经济实力都不如美国，而联合起来一致行动又因内部矛盾重重难以协调。所以在金融危机的冲击下，西欧各国政府更多考虑的是如何救市，如何向困难中的银行和大制造业公司注入政府资本，以帮助它们及早摆脱困境。改变世界货币体系或重建国际经济新秩序之类的大问题则只可能进行意向性的争论、探讨和谈判，在短期内不可能取得重大的进展。争论、探讨和谈判还将继续，而且西欧某些国家的政府也开始认识到，要改变世界货币体系或重建国际经济新秩序，不能缺少新兴大国的参与，同样也不能没有广大发展中国家的支持，这就给西欧国家以启示：在今后国际经济的交往中，不仅需要有西欧各国在现有联合行动基础上的进一步内部磋商，解决分歧，同时也需要同新兴大国和广大发展中国家加强合作，使世界货币体系逐步走向多元化的格局。

思考之三：为了拯救陷于困难之中的西欧各国银行和大制造业公司，政府的注资行为看来已成为一项救急的政策措施。这是对现有自由市场经济机制的补救，同时也是对下一步资本主义制度调整的推动。国家在包括西欧和美国在内的西方经济中的作用增强了，政府所承担的经济调节职能加大了，但政府注资于私营大银行和私营大公司的措施会引发如下两个问题：

第一，政府注入的资本归根到底是纳税人的钱，纳税人的钱为什么要帮助私营大银行和大公司呢？当初，如果这些私营大银行和大公司的资本家不是那么贪婪，那么疯狂追逐暴利，现在会陷入危机之中吗？私营大银行和大公司的资本家之所以陷入危机困境，这是自作自受的结果，为什么要用纳税人的钱来帮助他们呢？但主张政府注入资本挽救私营大银行和大公司的人则认为，注资并不是单纯地拯救这些私营大银行和大公司及其投资人，总的说来是拯救西方经济，使国家经济得以走出萧条，使就业者保住工作岗位，使纳税人受益、使国家受益。这场争论看来是后一种意见逐渐占了上风，实际上却又反映了另一个值得西方社会各界思考的问题，即为了拯救资本主义制度，拯救美国和西欧各国的市场经济制度，这样做，值不值得？有没有必要？较多的人仍然认为市场经济制度是值得保留的，资本主义制度虽然需要调整或改革，但并不是想用社会主义制度替代资本主义制度，而是想用社会主义的某些做法弥补资本主义制度的不足。这种态度实际上同20世纪30年代以后的态度是一样的，即资本主义制度在经历调整、改革之后依然保留下来，但使之更适合新的形势的要求。

第二，尽管西方国家的政府领导人主观上并没有想用社会主义代替资本主义，但由于加大了政府对经济干预的力度，尤其是国家向私营大银行和大公司注入了巨额资本，使它们成为国家参股、甚至控股的企业，有人说，其结果会不会出乎西方国家政府领导人的预料而把国家引导到社会主义道路上去？然而，社会各界的看法不一定认同这种预测。理由之一，在第二次世界大战结束以后的一段时间内，某些西欧国家曾经这样做过，以至于被认为是在转向社会主义，但结果并非如此，因为这些做法都属于资本主义制度调整的范畴，即使西方国家采取了这样一些做法，经济中多多少少发生了一些变化，但都是在资本主义制度框架之下实现的，资本主义制度照样存在，仍同以前一样运转。理由之二，加大政府干预力度和向私营大银行、大制造业公司注入国家资本的措施，在历史上曾经出现过，例如第二次世界大战结束以后的西欧国家，尤其是英国工党执政期间，都有过类似的做法，但根据这些西欧国家的经验，很可能是临时性的、应急的措施，或者是并不成功的经验，等到最困难的时期过去以后，这些国家又会逐渐减少政府对经济的干预，重新把自由市场经济奉为准则。至于国家投资所拥有的企业中的股份，会被部分售出或全部售出，即实行所谓的“非国有化”。[①] 这些经验清楚地表明，在危机来临时西方国家所采取的加大政府干预力度和向私营企业注入资本的措施，包括某些企业，甚至某些行业实行“国有化”的措施，并不等于这些西方国家从资本主义制度转向了社会主义制度。

三、资本主义进一步实现制度调整的可能性

2008 年世界性的金融危机及其引发的经济危机，至今仍在继续深化之中。对于危机可能带来的后果之一，是否可以作出如下的判断，即资本主义进一步实现制度调整的可能性增加了。

要知道，尽管包括美国和西欧各国在内的西方国家政府领导人，主观上想早日结束经济衰退，稳定社会，使经济能够较快地转上复苏的轨道；并且，尽管这些国家的领导人采取了加大政府干预力度和向私营企业注入资本的措施，但他们并不想使自己的国家转入社会主义的轨道。这一动向是十分明朗的。但这里还有两个问题需要澄清，一个问题是西方国家，尤其是西欧某些国家的中低收入阶层民众是怎么想的？他们会怎样看待本国政府应对当前经济危机的政策措施？另一个问题是西欧

---

① 罗志如，厉以宁：《二十世纪的英国经济：“英国病”研究》，人民出版社 1982 年版，第 265 ~ 270 页。

某些国家的左翼政党是怎么想的？他们在未来的大选中会提出什么样的纲领、主张以争取选民的支持？为什么这里只提西欧某些国家而不提美国，是因为社会党人在西欧社会一直有着很大的政治影响，社会党与保守的政党之间的角逐可说势均力敌，交替执政的情形屡见不鲜，而不像美国那样社会党势力（不管它们以什么名义出现）很难成气候。

下面先讨论第一个问题。西方国家，尤其是西欧某些国家的中低收入阶层是怎样想的？又是怎样看待本国政府应对危机所采取的措施的？

如上所述，尽管政府应对危机的措施不是社会主义措施，但在西欧国家，中低收入阶层长期以来认为社会党所倡导以及执政期间所推行的福利政策等等，就是一种社会主义的政策，所以中低收入家庭认为西欧国家在经历这场严重的金融危机、经济危机之后转向社会主义是值得欢迎的。这样也就在政治上产生了双重的后果：一方面，政府进一步采取资本主义制度调整的阻力会减少，获得的支持度会增大，从而使进一步的制度调整进行得比较顺利；另一方面，既然中低收入家庭认为这些政策措施是转向社会主义的政策措施，这就增加了进一步走向资本主义制度调整的刚性或不可逆性，从而使得西欧国家在金融形势和经济形势好转之后试图减少政府对经济的干预力度或试图撤出国家对私营大银行、大公司的注资时，会受到来自中低收入家庭和社会各界的压力，甚至会引起政治上的风波。目前虽然看不到这种迹象，但未必以后不会出现政治上的动荡，未必以后在大选中政党之间不会就此发生激烈的争辩。20 世纪 30 年代以来西欧国家资本主义制度调整的速度在经历了几十年间或快或慢的进展后，从现在起，速度有可能逐渐加快，资本主义制度调整的刚性或不可逆性也会表现得越来越明显。因此，可以作出如下的推测：在这次全球严重的金融危机、经济危机之后，资本主义的制度调整会以比过去更快的速度进行，而且制度调整的刚性或不可逆性也会比过去表现得更加突出。

进一步分析，能不能作出如下的推测：在西方国家资本主义制度确定以后，资本主义的制度调整就是不可阻挡的趋势，在经历了19世纪和20世纪初期之后，自由市场经济的作用到1929～1933年世界经济危机前夕已经达到了顶点，越过这个顶点，自由市场经济的作用受到普遍的质疑，因为世界经济危机表明了自由市场经济作用的局限性，从此西方国家对经济的干预便有了合理性。第二次世界大战结束以后，西欧国家的议会先后用法律形式使得政府的经济干预具有合法性。隔了半个多世纪的今天，当严重的金融危机和经济危机降临，在西方各国普遍遭到打击的情形下，自由市场经济的作用又一次受到质疑，于是就有了政府加强对经济干预和国家向私营大银行、大公司注入资本的呼声，并相继在西方各国成为具体措施。如果以1929年为分界线，把1929年以前的资本主义和1929年以后的资本主义看成是两种不同体制之下的资本主义，即1929年以前的资本主义可以称为自由市场经济体制下的资本主义；1929年以后的资本主义可以称为混合市场经济（或者像德国经济学界经常采用的“社会市场经济”）体制下的资本主义。混合市场经济体制下的资本主义的特征，一是反映于自由市场经济运行基础上国家的干预力度增大了，政府在认为必要时对经济进行的调节力度加强了；二是反映于私营经济为主的条件下国家对经济的股权参与或国有化比重增大了。而这两个特征中，在美国主要以第一个特征为主；在西欧一些国家，两个特征是并存的，甚至是并重的。

从资本主义制度调整的角度来看，制度调整实际上就是体制的转换。从自由市场经济体制下的资本主义转到混合市场经济体制下的资本主义，并不改变资本主义制度的性质，但体制却转换了。中低收入阶层的倾向性和他们在大选中的作用，是资本主义制度调整的推动力。

再讨论前面提到的第二个问题。在西欧某些国家，左翼政党是怎样想的？他们在未来的大选中会提出什么样的纲领、主张以争取选民的支持？

要知道，今天西欧国家的左翼政党在相当大程度上已经不同于19世纪后期和20世纪前期西欧国家的左翼政党了。当时仍处于自由市场经济体制的资本主义时期，西欧国家的社会党奉行的是阶级矛盾和阶级斗争学说，打出“民主社会主义”的旗帜，以资本主义向社会主义的过渡作为政治目标，而社会党的支持者一直以工会会员为基本队伍。[①] 然而，从20世纪60年代以后，社会党的基本队伍逐渐转为中产阶级、知识分子、人权主义者、绿色运动的活动分子，当然也有一部分产业工人。不仅如此，社会党的纲领也在变化之中。例如，在欧洲所有各个社会党中间，最有影响的是德国社会民主党，它从20世纪90年代起就开展了一场大争论，争论的中心是：保留数十年来一直沿用的“民主社会主义”概念，还是改用“社会民主主义”概念？[②] 在德国社会民主党人看来，“民主社会主义”的主体是“社会主义”，“民主”则是形容词；而“社会民主主义”的主体是“民主主义”，“社会”则是形容词。[③] 这一动向是值得注意的，意味着德国社会民主党理论和政策的

① 〔美〕戴维·格伦斯基编：《社会分层》，华夏出版社2006年版，第275页。

② 〔德〕托玛斯·迈尔著，殷叙彝译：《社会民主主义的转型：走向21世纪的社会民主党》，北京大学出版社2001年版，第8～11页。

③ 同上。

调整，即已不再把“社会主义”作为目标，而是把“民主主义”作为目标了。[①]

这场争论显示了这样一个事实，在资本主义制度调整的进程中，包括社会党在内的西欧国家各个政党总的说来都接受了资本主义制度调整这一事实，各个政党的差别主要在于：资本主义制度调整的力度够不够大，调整的范围够不够广，还有哪些方面应该及早调整而没有调整，等等。几乎没有哪一个党是不同意资本主义制度调整的，因为不同意资本主义制度调整，在选举中将失去选民的支持。在这种形势下，2008 年世界经济危机对西欧社会经济的巨大冲击不可避免地会对西欧国家今后的政党活动和竞选纲领产生有力的影响。社会党，无论是作为执政党还是作为在野党，都会把继续推进资本主义的制度调整当成是争取选民的纲领性目标，其中将包括下列措施，如加强对私营银行和私营大公司的监管，建立资本主义经济运行的预警机制，扩大有利于低收入家庭的福利保障，在教育、医疗卫生、就业、老年福利方面继续进行改革，以缩小社会的收入差距，等等。尽管这些依然是在资本主义制度框架下进行的，但意味着资本主义的制度调整将被继续推进。在今后的大选中，西欧各国的左翼政党看来不会忽视继续推进资本主义制度调整这一可以争取选民支持的纲领，不管它们能否成为执政党，都将使资本主义制度调整的速度加快。

如果把 19 世纪后期到 1929 年之间的资本主义制度调整（尽管这时的资本主义制度调整只是零星的、局部的）称作资本主义制度调整的第一阶段，把 1929 年以后的资本主义制度调整称作资本主义制度的第二阶段的话，那么能不能把 2008

---

① 向文华主编：《冷战后社会党研究》，中央编译出版社 2006 年版，前言第 3 ~ 7 页。

年看成是另一个分界线呢？也就是说，主要对西欧国家而言，能不能把2008年以后称作资本主义制度调整的第三阶段呢？

现在作出这样的预测肯定为时过早：一是由于2008年世界金融危机和经济危机刚刚发生，现在还难以预料2009年是否已到谷底，2009年会不会出现转折，由萧条转向复苏，而且危机给西欧社会经济带来的负面影响还没有充分显示出来；二是由于目前西欧国家为了应对危机而采取的救市措施是否见效，还需要等待一段时间的观察才能得出结论，特别是还有没有后续的政策措施，如果有的话，究竟是哪些后续的政策措施，这同样需要经历较长的时间才能对后续政策措施的效应，尤其是它对西欧社会经济的影响作出判断。因此，现在还只能处于观察阶段。经济学家的预测仅仅是一种预测而已。

在这里，有必要重提本文一开始就已阐述的论点，即资本主义制度调整始终是资本主义框架内的制度调整，或者说，始终是资本主义制度框架内的体制改革、体制转换，这种体制改革、体制转换的目的无非是为了维持资本主义制度的存在，使它更适合当前的形势，使社会矛盾不致激化，以及更顺应社会各界的要求。不改体制，制度难以继续维持；改了体制，制度将继续保留下来。这就是资本主义制度调整的实质。

不管从2008年起西欧国家是转入资本主义制度调整第三阶段的开始，还是资本主义制度调整第二阶段的延续，资本主义制度调整都将持续下去。这就是对今后较长的时期我们可以作出的判断。

（原载《社会科学研究》2009年第2期）

当前就业压力形成的深层次原因

2008 年 11 月，时值世界金融风暴发生后不久，我正在西欧讲学。一次，一位欧洲的经济学家问我：在西欧国家，一般只要年经济增长率保持在 2% ~3%，就业市场基本上是稳定的，不会出现多大的失业问题，为什么中国经济增长率一定要保持在 9% ~10% 以上才不会产生失业严重化的现象；如果经济增长率降到 7% ~8% 以下，失业问题就会相当突出，原因何在？他提出的这个问题引起我的思考。我认为，对当前中国面临的就业压力，应当作较深层次的分析，主要应当从体制和结构两个方面来解释。

对于当前中国的就业压力，首先要从体制上探讨深层次的原因

第一，中国与西欧国家在体制上的一个巨大区别，就是西欧国家早已不存在城乡二元体制，而中国至今仍存在城乡二元体制。城乡二元体制是指：城乡由于体制不同而割裂开来，在社会经济生活方面存在着因体制不同而造成的巨大差别。如果处于传统的计划体制下，城乡人力流动受到严格限制，那么不管农村中的劳动力多么想到城市中来工作，也难以如愿。但从 20 世纪 80 年代以后，随着中国改革开放的进展，尽管城乡二元体制未被取消，但城乡之间的人力流动却放松了，于是就出现农民工进城浪潮。农民工进城，不仅是为了增加收入，而且还为了在城市生活，得到与城市居民一样的待遇，所以只要职业比较稳定，就把家属接进城市。这样，农村劳动力的供给就是源源不断的，而城市对劳动力的需求却是有限的，就业压力就难以缓解。加之，农民在中国人口中的比重大，数量多，一些外出务工的农村劳动力在城市中找到了工作，就会吸引更多的同乡进城，所以就业压力的存在肯定是长期的。西欧国家没有这样的情况，这是因为不仅那里不存在城乡二元体制，而且通过长时间的工业化和城市化，农民在全国人口中的比重已经很小了。换句话说，西欧国家要解决的主要是新增劳动力（即劳动力增量）问题，而当前中国要解决的不仅是新增劳动力问题，还有劳动力存量（即从农村分流出的、进城找工作的劳动力问题）。

第二，由于中国依然处于从计划体制向市场经济体制过渡的阶段，国有企业在国民经济中仍占着举足轻重的地位。民营企业是在20世纪80年代以后陆续发展起来的。在企业规模方面，国有企业主要是特大型的和大型企业，它们的技术装备好，资本雄厚，甚至在某些行业成为垄断性企业。但国有企业属于资本密集型企业，吸纳的劳动力是有限的。民营企业绝大多数是中小型企业，其中很多是劳动密集型企业，吸纳的劳动力多。但是，民营企业在许多方面（如税收、融资、政府采购等）尚未得到公平待遇，在经济中处于弱势。一旦经济发生动荡，首先受到冲击的是民营企业。这样更加剧了劳动力市场上供大于求的状况。而在西欧国家，虽然也有国有企业，但数量不多，在经济中起作用的主要是私营企业，只要经济有所增长（哪怕经济增长率只有2%～3%），只要人均GDP增加了，私营企业，包括大量小企业，就会进一步发展，增雇劳动力。

第三，中国是一个耕地面积有限，人均耕地面积很小的大国。如果不从农村分流出大批劳动力，在农村生育率大于零的条件下，人均耕地会更少。为了提高农业的单位面积产量，走规模经营的道路和农业集约化的道路是大势所趋，因此土地流转势在必行。土地流转的后果之一是农业中实际从事生产的劳动力数量会下降，于是又会推动农民进城务工。这种情况在西欧国家是不存在的，因为那里的农民人数已经不多了，农民有自己的家庭农场，面积适中，需要家庭成员全力经营，才能得到好收成，他们不急于进城，也不愿丢掉土地去做工。西欧国家的政府看到了这些，所以近年来一直实行农业支持政策，对农产品价格采取保护性措施，防止农民因农产品价格下跌而受到损失。此外，西欧国家的农村金融业比较发达，不动产抵押贷款制度较为完善，农民如果想在城市中创业，可以通过抵押贷款取得资金，实现在城市中创业的愿望。

第四，第二次世界大战结束以后的几十年间，西欧国家的社会保障制度已逐渐完善，无论城市居民还是农民都能享受到较好的社会保障待遇。进城的农民同城市居民一样，有相同的社会保障待遇。即使他们所在的企业倒闭了，他们失业了，由于有了社会保障，他们一般不会返回农村。当前中国的情况与之不同。城乡社会保障改革刚刚起步，至今仍处在初始阶段，因此，失业的农民工只好返回农村；如果农村的承包土地已经流转出去而又没有相应的社会保障待遇，他们便成为无地无业无社会保障的“三无”农民。这是最令人担忧之处。

从结构方面着手分析，当前中国的就业压力之所以形成并且不容易在短期内消除，大体上有三个结构方面的原因

第一，产业结构。这是指三次产业在 GDP 中所占比例的变化。西欧国家从工业化开始，经历了200多年，最终形成了这样的产业结构，即在GDP中，第一产业通常只占百分之几，第二产业占到20%多，第三产业则占到70%以上。服务业成为最大的产业，它吸收了大量就业者，包括自行创业的中小型服务业企业的业主们。而中国至今仍然处于工业化中期，第三产业发展较缓慢，大约只占GDP的40%左右，第二产业则仍是劳动力力求进入的主要行业。与西欧国家相比，中国服务业发展的相对滞后，是就业压力形成的一个重要原因。需要探讨的是，为什么中国的服务业发展较缓慢？可以从城市化速度较慢和城乡居民大多数收入偏少来分析。由于城市化速度慢，农民人数多，而且农民的收入偏少，因此对服务业产品的需求只可能缓慢增加。那么，为什么城市化进程缓慢呢？为什么农民的收入偏少呢？这又同城乡二元体制的存在有着直接的关系。由此可以作出判断：产业结构问题在现阶段的中国是同城乡二元体制的存在紧密联系在一起的；离开了体制原因，说明不了产业结构问题。

第二，技术结构。技术结构是指不同层次的技术在所有各种技术中所占的比例大小，以及它们之间的比例关系。技术结构在就业问题上表现为各个不同层次的技术所使用的劳动力人数在劳动力总量中所占比例的大小。在中国长期存在劳动力供大于求的条件下，应当根据国情来适时调整技术结构。具体地说，要因时因地制宜，把劳动密集型企业、资本密集型企业、知识—技术密集型企业三者很好地结合起来而不能有所偏废：一方面，要发展资本密集型企业和知识—技术密集型企业，这样才能建立强大的工业基础，加速实现中国工业的现代化；另一方面，仍要继续发展劳动密集型企业，以缓解经济中劳动力供大于求的矛盾。让中国迅速成为工业强国，以及着重缓解就业压力，是两个不能互相替代的政策目标。然而，在现实经济中，最容易受到冲击的和最缺少融资手段的正是劳动密集型企业，它们规模小，资金薄弱，而且技术水平低。因此，受冲击后，劳动密集型企业倒闭的多，亏损的多，社会失业问题很快就突出了。这是现阶段中国经济的特点。政府部门关注劳动密集型企业，给予它们以支持、帮助，是符合中国国情的做法。

第三，劳动者技能结构。在西欧国家，熟练技工在就业的工人总数中大体上占到30%～35%，而在中国，熟练技工在就业的工人总数中据估计只占5%～6%。中国不但熟练技工不足，而且一般技工也不足。因此，在不少城市的劳动力供求市场上，“人找事”和“事找人”两种情况是并存的。不仅如此，熟练技工的短缺还直接影响到中国的产业升级、技术进步和自主创新。除了劳动者的技术水平不适合企业要求以外，劳动者的专业同样存在结构性问题，即某些专业供不应求，另一些专业却供大于求。尽管从总量上说劳动力市场上仍是供大于求，但如果采取适当的措施，能使一些求职者提高技术水平，并使未来的求职者在事业上更符合市场的要求，那就会使就业压力有所减轻。

根据对当前造成就业压力的体制性原因和结构性原因的分析，我们可以得出以下两个重要的结论

第一，对解决中国的就业问题应当有长期的思想准备，就业压力决不是短期内就能消除的。短期的增加就业的措施，例如政府增加基础设施建设投资，以保证经济增长率不下滑；政府降低存款准备金率和贷款利率，以改善企业的处境；政府要求企业保证不裁员；政府支持失业人员和求职人员自行创业，等等，都是有一定效果的。但更重要的，或者说，从长期来看，改革城乡二元体制和实现城乡社会保障统筹才能缓解城乡就业压力，而扶植民营企业、尤其是民营劳动密集型企业的发展，支持服务业的扩大，加强职业技术教育，才能使更多的求职者找到适合自己的工作岗位。也就是说，长期就业问题的解决要从体制改革和结构调整两方面着手。短期的增加就业的措施和长期解决就业问题的体制改革、结构调整措施的并用，才是真正有效的就业政策。

第二，考虑到中国的国情，包括农民人数众多和就业压力长期存在等情况，中国的城市化程度到了本世纪中期，也不可能像西欧国家那样达到 90% 以上的程度，即中国的农民不可能减少到百分之几。主要原因在于中国农民人数众多，如果现有农民的大多数都进城了，无论城里的劳动密集型企业怎么发展都吸纳不了这样多的人就业。可以初步估算一下，从现在起，到中华人民共和国成立 100 周年（2049 年），还有 40 年。假定城市化增长率为每年 0.8 个百分点，那么 40 年之内可以将中国的城市化程度从现有的 40% 多提高到接近 80%。可以设想这是一个多么艰难的任务，就业压力会多大？保守一点，假定城市化届时达到 70% 左右，就业压力仍然是相当大的。怎么办？解决长期就业另一条对策就是：通过农村土地流转和集约化经营，以及通过集体林权制度改革，农村（包括林区）可以吸收更多的人就业。合作农场和林场、家庭农场和林场，都有可能成为农民创业的园地。这样，他们生活舒适安定，收入较丰，社会保障同城市居民一样，他们就不一定进入城市找工作了。

（原载《学习月刊》2009 年第 4 期上半月）

国际金融危机下的中国民营企业发展

从三大指标看经济状况

判断经济运行情况有三个主要指标，第一是经济增长率，也就是 GDP 的增长率，第二是就业状况，第三是企业盈利率。

现在我们从 2009 年第一季度情况来看，第一个指标，GDP 的增长率是 6.1%，去年第四季度是 6.8%，现在大体上已经稳住了，国家的投资逐渐见效，因为投资对 GDP 的拉动作用有个滞后期，所以预计第二季度情况会好一些，第三、四季度会更好一些。

再看第二个指标，就业问题仍然是严峻的。就业的周期跟经济增长周期是不重叠的，经济滑坡在前，就业的滑坡在后。因为企业销售情况不好，经济增长率就下降了，这时候不会立刻裁员，为什么？他还寄希望最近能够得到订单，如果人都裁了，订单来了又怎么办？只有实在等不到订单才裁员，所以裁员是滞后的。当经济回升后，就业不会很快增加，因为企业开始恢复生产，增加生产，它要发掘现有职工的潜力，先把你的潜力发挥出来，发挥差不多了才进人，所以也滞后了。假如第一季度经济增长率到此稳住，那么就业的低谷还没有到来，估计就业低谷下半年才会到来。

第三个指标情况也不好，就是企业的盈利率下降。企业会考虑，如果产品生产出来没有销路就不会生产，如果有销路而赔钱，就会多生产多亏损，所以企业盈利率很重要。

根据这三个指标可以看到国际金融风暴对中国是有影响的，短期内外需可能不会有太大起色。从现有估计看，美国经济已经由于政府的干预而见效了，但是欧洲、东南亚、日本还不行，这都是中国出口的主要市场。所以美国、欧洲、东南亚、日本的情况还要进一步观察。现在主要是扩大内需，应该看到，政府出台的一些政策不是短期能见效的，比如加大社会保障，最近出来了医疗卫生体制的改革，长远来说，老百姓解除后顾之忧，然后就会增加消费，但是短期内不会见效。又比如政府还采取了提高农民收入的政策，但粮食价格的上调只是微调，如果波动太大会有一些连锁反应，粮食价格大幅度上调，理论上可以，但是后遗症仍然存在，需要政府有更多的投入。

多管齐下解决就业问题

谈第二个问题，缓解就业主要靠民营经济。

第一，农民工问题。现在最困难的农民工是什么人呢？根据北京大学光华管理学院调查，主要是30岁到40岁的民工，他们离开家在沿海加工企业工作已经十来年了，已经有了一门技艺，并且熟悉了当地的情况和适应当地的生活，现在出口萎缩以后，他们就下岗了。下岗怎么办？有人就回到了家乡。现在国家加大基础设施投资，对中国长远的经济发展肯定是有利的，但是对短期解决就业问题作用不是很明显，因为它所需要的劳动力是年轻力壮的劳动力，而且机械化程度很高了，那些返乡的30到40岁的民工会去吗？首先他们不愿意去，即使愿意去体力也不行了，所以返乡的民工还是没有工作。怎么办？就要靠小额贷款，一定要有大量的小额贷款机构，农民工回去贷款开小店、开小作坊、办养鸡场、养猪场等。解决返乡民工就业问题，要鼓励他们自行创业，有了小额贷款，不仅可以自己就业，而且还可以解决一部分其他人的就业问题。

解决农民工就业问题，还要帮助劳动密集型企业渡过当前难关。我们不能把眼光仅仅放在资本密集型、技术密集型企业，这当然很重要，但是解决就业问题主要还要靠劳动密集型企业，所以要帮助他们融资。

对于城市来说，我一直主张放宽城市对小摊贩的管制。小摊贩卖水果、烤红薯，见城管来了就躲，这样社会矛盾也就突出起来了。小摊贩的确会带来两个问题，第一是环境卫生问题，第二是堵塞交通。这种情况下可以多雇环卫工人，随时可以打扫，这样增加了就业；也可以增加交通协管人员，维持交通。

对解决就业问题，我建议凡是年营业额在 30 万元以下的免去营业税，他一个月营业额才 2 万元，能够赚 10% 的利润就是一两千元左右，才够维持生活。所以就不要交税了，这样可以增加就业，方便群众。

第二，大学毕业生的就业问题，有眼光有潜力的民营企业，这时候要多进人，现在用不上不要紧，这是人才的储备，对将来发展有好处。另外也要靠小额贷款，帮助他们自己创业。前两天报纸上登了，创业真难，大学毕业生借了几万元，结果这个税、那个费，所有部门都来要钱，负担太重，所以解决就业问题应该把这个问题解决了。解决就业问题是扩大内需最主要的办法，人都没有工作了怎么扩大内需？

六大措施提高企业盈利率

第三个问题，提高企业盈利率的措施，当然也包括国企，但最重要的是民营企业。

首先，中小企业的融资一定要落实。我们在调查中了解到，现在很多人说中小企业能贷到钱了，其实都是中等偏上的企业，而中等偏下的企业还是贷不上款。有两个数字很有意思，银行贷款增加了1.89万亿元，可是这个钱上哪儿去了？这个钱没有投入实体经济，因为企业存款帐上增加了1.6万亿元，也就是存进了银行随时准备用，但是现在没有用，这样就没有投入实体经济。而真正需要钱的企业不会把钱存银行，所以一定要让需要钱的企业能贷到钱。

其次，要加大对自主创新，产业升级，经济转型企业的扶植。

第三，早日实现出口零税率，一般出口就不要征税。该限制出口的产品（如高耗能产品），那就另外制定高额出口税。

第四，贷款利率还有下降的空间，因为全世界的利率都在往下降。

第五，要给民营企业公平待遇，要一视同仁，民营企业不要求特殊待遇，只要求国民待遇。

2003年政协经济委员会的调查组在全国一些省市调查，最后促成了“非公经济三十六条”的公布。“三十六条”公布后还是存在一些问题，所以今年五六月份我将再次带领全国政协经济委员会到广东、辽宁调查，督促政府认真贯彻“非公经济三十六条”，给民营企业公平待遇。

第六，人民币汇率、利率调整的第一阶段结束了，先稳住了，不要急于再调汇率，再调汇率的话会使企业没有预期。

挖掘潜力扩大内需

第四个问题是扩大内需。

扩大内需除了增加就业外，很重要一条，就是要振兴房地产业。房地产业用的钢材占全国钢材消费量的30%，吸收民工7000万人，为地方政府提供50%的税额，房地产占这么重要的地位，所以政府一定要关心。政府应该把多建中低档收入家庭的住房放在第一位，包括廉租房。现在市场的需求很大，如果由政府主导的话，先建设中低档收入家庭的住房，这样就能带动整个房地产活跃起来，房地产活跃起来内需就跟着扩大。

另外一条扩大内需，就是要挖掘民间资本的潜力。现在民间资本的潜力很大，要鼓励他们多办中小型银行，多办乡镇银行。

要挖掘农村住房的潜力，中国农村住房应该可以抵押，据调查全国农民住房值18万亿元，只要1/3可以拿出来抵押，农村经济就活了，内需就能扩大。

（原载《中国企业导刊》2009年5月）

论我国次发达地区的后发性优势

一、对次发达地区后发性优势的理解

与发达国家相比，发展中国家具有后发性优势。而在同一个国家，与发达地区相比，国内的次发达地区也具有后发性优势。

具体地说，次发达地区的后发性优势在于：

第一，次发达地区一般拥有较多的土地资源、矿产资源、劳动力资源，在某些地区还可能拥有较多的水力资源、林业资源、草场资源、旅游资源。关键在于把资源转化为资本。

第二，由于次发达地区原来的技术基础薄弱，因此在经济发展过程中，可以利用最新的技术，实现跳跃式发展，而不像发达地区那样在已有技术设备更新时会担心资产损失。

第三，次发达地区在经济发展中可以采纳发达地区的经验，汲取它们的教训，在经营方式和经营理念上实现创新，结合本地区的实际情况走出一条新路。同时，次发达地区为了加速自己的发展，对现有不合理体制的阻碍往往有更深刻的体会，从而具有加快体制改革的决心，以便通过体制改革来实现经济的发展。

第四，次发达地区在经济发展中可以充分利用外地的资源，包括资本、技术、人才。只要投资环境好，这些都是可以实现的。

第五，次发达地区拥有两个大市场：一是国外市场和发达地区市场；二是本地的待开发的市场。

第六，次发达地区鉴于自己已经处于落后的地位，因此产生奋起直追的愿望，为此会动用更多的地方政府力量来加快经济发展。这种压力会转化为一种巨大的动力。

第七，国与国之间的后发性优势同国内地区之间的后发性优势相比，有一个显著的不同，这就是：在一国国内，可以通过中央政府的统筹规划和安排，通过地区之间的协作和支援，使次发达地区的后发性优势较快地由潜在优势转化为现实优势。

总之，只要充分认识了后发性优势，次发达地区就会有足够的信心。国内哪一个次发达地区能够认识到这种后发性优势的存在并加以利用、发挥，那么它的经济发展速度就会加快，并有可能赶上发达地区。

二、发挥次发达地区后发性优势的条件

对次发达地区来说，尽管存在后发性优势，但后发性优势在未被利用、发挥时，始终是一种潜在的优势。要把潜在的优势转变为现实的优势，需要若干条件，它们是：

1. 投资环境

次发达地区要吸引外地的投资，应当具有良好的投资环境，包括基础设施状况（如交通运输、动力供应、供水、通信等）。如果社会不安定，恶势力猖獗、行政效率低下，当地人民对外来投资有疑虑并采取不合作态度，或者当地政府不讲诚信，不兑现承诺，领导人一变动就需要“从头做起”，那就

表明投资环境不合适。至于基础设施状况，则需要从动态来考察，因为交通运输、动力供应、供水、通信等条件是可以逐步改善的。

次发达地区只要投资环境适合，外地资本投入了，本地的资源优势和劳动力成本优势就能显现，本地的丰富资源就能被开发出来，转化为现实的生产力。

2. 优质服务和交易成本的降低

在国内，次发达地区较多，后发性优势对每一个次发达地区都是存在的。如果各个次发达地区的资源都比较丰富，相差不大，那么某一个次发达地区的相对优势之一将是为投资与生产提供较好的服务以及具有较低的交易成本。优质服务的提供可以形成更加有利的投资环境，而且交易成本的降低同优质服务的提供是分不开的。交易成本包括运输成本、签订合同成本、履行合同成本和信息成本等，这些成本无一不同服务质量的高低有关。

交易成本的降低中，运输成本和信息成本的降低在一定程度上与基础设施建设的投入多少有关，但也在一定程度上与服务质量有关。而签订合同成本和履行合同成本则主要与服务质量有关。至于能否提供优质服务，则同地方政府职能是否转换，即地方政府是否已转变为服务型政府、行政效率是否提高联系在一起。次发达地区的地方政府应当对这一点有足够的认识。

3. 劳动力素质的提高

较低的劳动力成本固然是吸引外来投资的因素，然而，对投资者来说，劳动力成本低并不是最重要的因素。相形之下，劳动力素质更加重要。投资者对某一地区是否值得投资的考虑，通常把劳动力成本的高低和劳动力素质的高低结合在一起，并且把劳动力素质放在首位。劳动力素质包括劳动者的文化水平、技术能力和职业道德水平。一个地区，只要劳动力素质较高，即便劳动力成本在发展过程中会比过去有所上升，投资者经考虑后，仍然会认为该地区对投资有吸引力。

提高劳动力素质的关键在于加强对劳动者的职业技术培训，包括文化水平的提高、技术能力的提高，以及职业道德水平的提高。

只要经过努力，这些目标是可以达到的。此外，如果本地熟练的技术工人数量不足，还可以引入外地熟练技工。

因此，对次发达地区来说，如果劳动力素质能不断上升，那么即使一定时间以后劳动力成本比过去提高了，仍然可以成为投资者愿意投资的地方。

4. 人均收入上升后更广阔的国内市场

次发达地区在经济发展初期，由于人均 GDP 很低，人均可支配收入很少，所以购买力有限，市场容量有限。但只要经济发展了，人均 GDP 和人均可支配收入都会不断上升，人们的消费会升级，需求也会趋于多样化，这样，市场容量将日益增大。无论对于内资企业还是对于境外投资者来说，日益扩大的市场肯定具有吸引力。

“人均收入上升—市场容量增大—投资增长—人均收入上升”是一个良性循环。在次发达地区，这一良性循环将表现得很清晰。同时，这一良性循环只有在经济发展到一定阶段后才会真正形成并明显地表现出来。次发达地区的地方政府的任务在于如何促使上述良性循环尽可能早一些形成。

5. 优秀企业的存在

还需要指出，对外部投资者（包括境外投资者）来说，一些次发达地区之所以会引起他们的兴趣，是因为次发达地区逐渐产生了若干优秀的企业。这些优秀的企业将被外部投资者认为是很好的合作伙伴。

这些优秀企业，有的在经济发展之初就已经是较好的企业（包括国有企业和集体企业），经过改制、重组，再经过一段时期的市场竞争，它们会继续成长。还有的是在经济发展过程中新建立的企业（主要是民营企业），它们一开始就具有较合适的体制和组织形式，而在投资环境日益改善的条件下，通过技术创新和管理创新而在市场中不断发展。此外，在境外投资者看来，如果要在中国有更大的发展，有必要同中国国内有潜力的企业合作，合作的形式可以多种多样，但目的只有一个，即通过这种合作，才能在中国国内市场上有更好的前景。

当然，只要次发达地区有优秀企业，即使不与外地企业合作，仍然可以成为发挥本地区后发性的市场主体。因此，对次发达地区来说，培育本地区的优秀企业始终是重要的。

三、技术的跳跃式前进

1. 发达国家工业化的道路及其借鉴意义

发达国家工业化的道路有经验，也有教训。无论是经验还是教训，对于正在进行工业化的发展中国家，尤其是国内的次发达地区，有很大的借鉴意义。

发达国家工业化最值得重视的经验，就是要不断进行制度创新和技术创新。制度创新，既包括在进行工业化时尚受到计划经济体制束缚的国家有必要及时突破计划经济体制，更包括在工业化过程中有必要根据形势的变化而对工业管理体制和企业体制进行调整。

发达国家工业化的最大教训有两个：

一个教训是，到工业化后期才较多地关注社会公平问题，因此，某些国家在工业化初期和工业化中期，社会长期动荡不安。也就是说，它们直到社会矛盾十分尖锐的情形下才把注意力移到了社会公平问题，从时间上来说晚了许多年。

另一个教训是，从工业化初期到工业化中期，它们较少关注环境污染问题，一般也是到工业化后期才把环境保护放在重要位置上，从时间上来说，同样是晚了许多年。

后起的发展中国家，包括发展中国家的次发达地区要汲取发达国家工业化过程中的上述教训，不能等到工业化后期才关注和设法解决工业化过程中出现的类似问题。它们应当较早地关注社会公平问题，让低收入家庭享受到发展的成果，让城乡社会保障制度逐渐实现，同时应当较早地并且较妥善地关注生态，保护环境，治理环境，走可持续发展的道路。

发达国家工业化过程中的环境污染问题，是伴随着工业化进程而出现的。尤其是重化工业的建立和发展，使环境污染越来越严重。为了防止环境污染，发展中国家在经济发展过程中必须把环境保护问题放在重要位置来考虑。但发展中国家，尤其是像中国这样有13亿人口的发展中国家，能不能在工业化过程中绕开重化工阶段呢？能不能不经过重化工阶段而直接进入信息产业阶段呢？小国也许可以这样做，但中国是绕不开重化工阶段的。

中国作为一个拥有13亿人口的发展中国家，应当有自己的强大的工业基础，有自己的钢铁工业、石油化工工业、机械工业等，作为工业化完成标志的、先进的成套装备制造业正是建立在强大的工业基础之上的。不能设想我们对钢铁、石油化工产品、机器设备的需求要大大依赖于进口，而且世界上也没有哪一个国家能供给我们如此庞大的需求。这是我们不能不考虑到的问题。于是提出了“重化工阶段无法绕过，但技术可以跳跃式前进”的命题。次发达地区同样需要考虑这一问题。

再说，有些次发达地区有丰富的矿产资源，如石油、天然气、煤矿或其他矿藏，难道就不能开采，不能利用？如果一律不开采、不利用，次发达地区岂不是只能发展农林牧业？可见，技术跳跃式前进问题同地区可持续发展问题是结合在一起的，关键在于走什么样的工业化道路。

2. 技术跳跃式前进的必要性和可行性

在技术方面，次发达地区不必同当年发达地区的工业化一样，不能亦步亦趋。对次发达地区来说，技术的跳跃式前进是必要的，也是刻不容缓的。

这是因为，一方面，只有采取从现阶段来说是先进的技术，才能使环境污染尽可能减少，尽可能得到控制，使环境尽早得到治理，资源消耗降到尽可能低的程度，这样就可以使本地区的重化工业发展对环境和资源的负面影响尽可能减少，使重化工业化的发展与居民生活质量的提高协调一致；另一方面，从市场竞争的角度来看，技术的跳跃式前进将使得新建立的和经过技术改造的重化工业的产品有较大的市场竞争力，并相应地建成一批配套的、有助于本地区持续发展的工业和服务业企业，从而既保障本地区的产品有持续的竞争力，又保障本地区的发展能持续进行下去。从这两方面可以看出，不实现技术的跳跃式前进，即使次发达地区投资于重化工业，那里的重化工业也是没有前途的，因为次发达地区不但不能因重化工业的投资与发展而得到实惠，反而会因此受害，如生态破坏、环境污染，以及在资源趋于枯竭时本地区又陷入困境。

在现阶段，次发达地区的技术跳跃式前进是可行的。

第一，在技术发展方面，国内在某些领域已经处于世界前列，可以为技术的跳跃式前进提供新的技术和设备；同时，在某些领域内，即使国内的技术水平还低于国际先进水平，但可以从国外引进技术和设备。这意味着，事先必须有周到的规划，有充分的论证，并有严格的监督检查制度，而绝不能只图发展，等发展以后再考虑环境治理问题。

第二，阻碍技术跳跃式前进的制度障碍正在通过深化改革来消除。制度障碍主要是：①行业垄断；②资源定价制度的不合理；③投融资体制的不完善；④提供资源的次发达地区受益偏少。

在深化改革的过程中可以预见，行业垄断将逐渐被打破，民营企业的领域准入问题将会真正得到解决，公平竞争格局将形成，这将迫使企业采取新技术，购进新设备。资源定价制度也将在改革中走向市场化，不利于采用新技术的、偏低的资源定价制度将被合理的资源定价制度所代替。投融业体制的改革和完善，则将为企业采用新技术和购进新设备提供资金的保证。至于提供资源的次发达地区的受益比例，也会因改革的深化而趋于合理。这些都表明次发达地区的技术跳跃式前进是可以实现的。

3. *走循环经济之路*

与技术跳跃式前进相应的，是在当前的中国必须大力发展循环经济。这不仅是为了克服发展重化工业所带来的环境污染问题而必须走的道路，更是为了中国经济的可持续发展而必须坚持的政策。

走循环经济之路无论对于国内的发达地区还是对于次发达地区都是必要的。

走循环经济之路，首先要实现资源的高效利用，包括节约资源、寻找可替代品，对共生伴生矿产资源要充分开发利用等。

走循环经济之路，要尽可能延长产品寿命、推迟报废期限，并且要用可以长期使用的物品代替一次性产品。

走循环经济之路，要在资源开发利用的过程中尽可能减少废水、废气、废渣的排放量，实现清洁生产。

走循环经济之路，要尽可能将废物转化为资源。废水、废气、废渣中有可被利用的资源，要设法回收。

最后，走循环经济之路，还要将实在无法再利用的废物实行无害化处理。

由此可见，发展循环经济从另一个角度来说，是以往经济发展模式的重大突破和创新，这也是次发达地区发挥后发性优势的必要条件。

（原载北京大学贫困地区发展研究院编：《中国贫困地区可持续发展战略》，经济科学出版社，2009 年 7 月版）

中国债券资本市场：制度演化的内在矛盾是债券资本市场发展的驱动力①

——评高坚“内生交换经济学理论”创新及意义

高坚同学和我相交已经30年了。当时他是中国政法大学的前身北京政法学院的第一届硕士研究生。他的导师欧阳本先教授是湖南人，北京大学法律系毕业，比我高三届，在北京大学学习时就和我熟悉。高坚同学选择的硕士论文题是美国的反托拉斯立法。欧阳本先教授感到这个题目涉及经济学理论和经济史，并非他本人之所长，便请我代他具体指导这位研究生，我同意了。从那时起，高坚同学就经常到北京大学经济系听课，还常来我家中细谈。我那时住在北京大学蔚秀园教工宿舍，才50平方米面积，很窄小。他来到我家，就坐在床边，同我讨论经济学和美国经济史方面的问题。他的论文写得很好，答辩通过了。我想，这可能是他以后长期研究经济学的开始吧。不久，他考取了财政部财政科学研究所的博士生，师从许毅教授，获得经济学博士学位。

高坚同学学习十分刻苦、认真。他不仅勤于思考，而且敢

① 本文是厉以宁教授为高坚博士所著《中国债券资本市场》（中文版）一书所作的序。该书已由经济科学出版社2009年出版。高坚，博士生导师，现任国家开发银行副行长、中非发展基金董事长。曾任财政部国债司司长、条法司司长等职。

于探索。他的英文专著 *Debt Capital Markets in China* 出版后，专门来到我家中，送给我看。我对这个题材很感兴趣，因为近些年我一直关注着中国资本市场问题。后来，他又告诉我，他在这本英文专著的基础上进行了较大的修改，写成中文稿，题为《中国债券资本市场》，把他在财政部和银行系统从业经验和研究成果作了一个总结，把自己的心得体会写在书中。这是他 1982 年进入财政部工作后长期研究的果实。他希望中文书稿出版时，由我写一篇序言。由于我们之间既有师生之谊，又是多年知交，亦师亦友，撰写序言，义不容辞。

在高坚同学看来，中国债券市场的发展取决于四大支柱：

第一，市场制度的形成和发展。机构投资者和市场中介的出现和发展是债券市场发展的重要基础和必要条件。

第二，政府机构的适当角色。政府不仅要加强对债券市场的监管，而且也要提供支持和鼓励债券市场发展的政策。

第三，创新的理论培育。由市场参与者发起的产品、市场工具和制度创新是债券市场发展的主要推动力。

第四，以技术进步为基础的市场基础设施。债券登记、托管、结算等市场基础设施必须建立在现代科学技术的基础之上。

在市场制度形成和发展基础上成长起来的中国债券市场具有自己的特点。高坚同学由此思考并整理成较系统的理论观点，即把英文版中的理论部分调整为“内生交换经济学理论”，构成中文版的第一部分，即全书的理论框架。我以为，这也是全书中最值得注意的部分。我的这篇序言，主要想就他提出的论点进行一些评述。

按照本书第一章所给的定义，内生交换经济学是“制度设计的一种社会经济科学”，[①] 建立这一理论的出发点是考虑到“经济学必须建立在社会学命题的基础之上，这些社会学命题关注于人类交换（人类交换是社会学的基本范畴）”。[②] 因此，“内生交换经济学的目的是通过一个内生驱动的演化过程中的社会交换、社会经济交换及经济交换来实现经济发展”。[③] 各种交换中，“经济交换主要通过市场手段实现，而社会交换和社会经济交换主要通过非市场手段实现”。[④] 这样，正如书中所指出的：“内生交换经济学强调制度演化背后的驱动力量的内部性质。”[⑤]

循着这一思路，高坚同学把新制度的形成过程分为两个阶段：

第一阶段是将制度的资产转化成比较优势，“这种转化只有一定条件下才能进行，为转化所支付的价格是外生交易成本”。[⑥]

第二阶段是“通过与交易对手间的比较优势互换，将比较优势转化成竞争优势。这一阶段发生的成本是内生交易成本”。[⑦]

两个阶段存在两类交易成本：外生交易成本和内生交易成本。外生交易成本是指与改善制度的资产或与减轻约束相关的成本，比如通过规避法律和监管要求、通过合法避税来减轻约束或有意规避其他法律约束。内生交易成本是指在实现制度的

---

① 高坚：《中国债券资本市场》（中文版），经济科学出版社 2009 年版，第 17、43、38、53、64、74 页。

② 同上，第 13 页。

③ 同上。

④ 同上。

⑤ 同上。

⑥ 同上，第 28 页。

⑦ 同上。

比较优势时所发生的成本，比如与交易对手的谈判成本、信息成本或用于寻找机会的成本。由于一切交易成本都不可能等于零，所以交易双方都力求使交易成本下降。而技术进步无疑是降低交易成本的主要途径。除技术进步以外，还可以通过交换（信息交换，以减少信息的不对称性）、规避（通过整合以减少交易，达到降低交易成本的目的）、对冲（即在某类交易成本与另一类交易成本负相关时，使两类交易成本相互抵消）。

根据诺斯和青木昌彦二人的不同解释，交换或者是一种游戏规则（诺斯），或者是一种博弈（青木昌彦），于是引申出一级交换和二级交换概念。在高坚同学的这本书中有这样的说明，诺斯和青木昌彦所给的两种定义，并非相互排斥，而是互为补充："内生交换经济学将游戏规则定义为一级交换，博弈是二级交换。一级交换和二级交换都是制度发挥功能不可或缺的组成要素。一级交换用于降低外生交易成本，二级交换用于降低内生交易成本。"① 也可以换一种说法："如果只有博弈，我们就说市场只限于二级交换；如果既有博弈又有游戏规则即一级交换，我们就说市场是完整的。因此可以合理地认为不完美的市场源于不完整的制度或源于一级交换的缺失。"②

以上就是有关内生交换经济学的理论框架。那么，这些分析对于中国的经济转型有什么启示？对中国宏观经济政策的制定有什么帮助？对中国的金融改革有什么意义呢？我感到，这些可能是本书最能引起人们兴趣之所在。

首先，谈谈内生交换经济学分析对中国经济转型的启示。

本书指出，转型经济中的制度变迁有两个不同的发展阶段：一是外生发展阶段，它类似于前面提到的一级交换；二是

---

① 《中国债券资本市场》（中文版）第17、43、38、53、64、74页。
② 同上。

内生发展阶段，它类似于前面提到的二级交换。由于中国的经济转型是在由中央计划指令体制向市场制度转变的过程中实现的，所以不能只倾向于将政府经济政策视作外生变量，而根据内生交换经济学理论，制度建设更为重要，从而一级交换也更为重要。也就是说，在中国现实情况下，"政府经济政策是通过一级经济交换（即通过政府与商业部门间的比较优势交换）内生决定的"。[①] 这里所说的一级经济交换，既"可以通过市场实现，也可以通过其他交换模式比如对话实现"。[②]

从这些分析中可以清楚地了解到，中国的经济转型很难置一级交换于不顾而仅仅（或主要）从二级交换着手，理由正在于中国经济开始转型时，甚至改革已进行到一定程度时，中国的二级交换条件仍是不健全的。高坚同学的观点和我在《非均衡的中国经济》一书（经济日报出版社1990年版）的论述是吻合的，因为我在该书中一直强调中国经济属于第二类非均衡经济（即市场不完善而又缺少市场主体条件下的非均衡），不应当突出价格信号或价格杠杆的支配作用，不应当把价格放开作为经济体制改革的主线或突破口，而必须把产权改革和产权制度建设作为改革的主线，只有重新塑造社会主义经济的微观经济，才能有真正意义上的政府与企业之间的博弈（也就是青木昌彦所强调的二级交换）。

其次，让我们再考察一下内生交换经济学分析对中国宏观经济政策的制定有什么帮助。

高坚同学从内生交换经济学理论出发，结合中国的国情，提出了他的设计：政府的宏观经济政策应当服务于经济的平稳运行和社会公平的实现。这同他对一级交换和二级交换的分析

① 《中国债券资本市场》（中文版）第50页。

② 同上。

有密切的关系。在他看来，由于一级交换是基础性的，“一级经济交换的功能是为二级经济交换设定规则并保证交换的公平性”①，因此，“作为一级经济交换的一种产品，宏观经济政策衍生于一级经济交换的平等原则。”②

这一段分析很重要。如果中国宏观经济政策的制定不顾一级交换而只是着力于二级交换的调节，那就会忽视交换的公平性；同样的道理，如果中国宏观经济政策的制定仅仅停留在一级交换的规则的建立而忽视二级交换的过程以及由此引发的诸多问题，那就既不利于效率的增长，同时也使得一级交换确立的公平性原则难以落到实处。一个明显的例证就是宏观经济政策应当促进资源的优化配置，而资源的优化配置同一级交换和二级交换都有关，因此为了保证资源优化配置的实现，宏观经济政策的调节就应当一级交换和二级交换并重。

以产权改革为主线的中国经济体制改革所遵循的是渐进式改革原则。渐进式改革的特征是先通过试点，不断总结经验，分期分批推开，从而公平与效率兼顾。而不像把价格改革即价格放开作为主线那样，易于导致经济失衡加剧和社会动荡不安。在渐进式改革过程中，宏观经济政策更应当着重市场的制度建设，而不宜单纯考虑二级交换中的博弈行为。

最后谈谈内生交换经济学分析对中国金融改革的意义。

正如高坚同学在本文中所强调的：“由于金融系统本质上是一种制度安排，并且一级经济交换的不足之处正在制度发展方面，因此早期的金融市场改革进展相对缓慢。”③ 这是可以理解的：假定企业（包括金融企业）还没有成为市场主体，

---

① 《中国债券资本市场》（中文版）第49页。

② 同上。

③ 同上，第17、43、38、53、64、74页。

政府依旧是凭借指令来安排金融资源配置的主管，那么制度建设只可能缓慢推进甚至停滞不前，金融体制改革也就不可能有所突破。说得更具体些，在经济转型的发展中国家，金融抑制是常见的现象。从政府的角度来看，政府认为要实现工业化，就需要使金融部门从属于工业部门，使金融部门成为国家工业化方案的资金提供者，因此，“政府的当务之急是使金融资源尽可能便宜，尽可能方便使用，低利率，金融工具的匮乏以及欠发达的资本市场永远都是金融抑制的副产品。”① 这样，不仅耽误了金融部门本身的改革，而且也使国有企业的改革滞后。试问，有低利率可以利用，有银行这一保证指令性资金供给的源泉，国有企业有什么必要进行改革呢?

本书依据金融内生交换理论对金融的影响，进一步指出：关键在于制度建设。而制度建设的前提则是金融体制改革。金融体制改革的进程决定了金融作用的发挥程度。“金融是一种制度安排，设计这种制度安排的目的，是为了获取最具有扩张性的价值增值，而这种价值增值的获取是通过旨在降低内生交易成本的激励机制来实现的。”② 约束机制的建立无疑是金融体制改革的要求，但激励机制的建立可能是金融体制改革更重要的要求。对工业化过程的资金供给而言，只有通过金融体制改革，才能使资本市场迅速成长，并承担越来越多的通过市场融资而使工业化获得资金供给的任务。理由无非是这样三点：一是由资金供给的行政手段转向资金供给的市场手段；二是由于资金的供给逐渐从以银行为主要来源转向以资本市场为主要来源；三是交易成本的变化，即从较多的外生交易成本变为较多的内生交易成本。资金供给本身也反映了效率与公平兼顾的

---

① 《中国债券资本市场》（中文版）第 17、43、38、53、64、74 页。

② 同上。

原则；更有效率了，也更公平了。

从对上述三个问题的解答，我认为高坚同学的这本书的确在英文本的基础上有很大的提高和充实。交易成本理论是建立在新古典经济学的均衡理论基础之上的，尽管新古典经济学的早期研究者并未使用交易成本这一术语，但由于交易成本来自所有权或产权的转移，新制度学派提出了这一概念。在新制度学派看来，在完全集中决策的计划经济中，实际上并不存在交易成本，而只存在管理成本；或者，交易成本在计划经济中是不完整的。而从另一个侧面来看，从计划经济体制向市场经济体制的转变，也可以说是从交易成本的缺位或不完整到交易成本这一空白被逐渐填补的过程。高坚同学在理论上的创新之处，就在于立足于中国的改革与发展实际，对交易成本理论作了进一步阐述，以及对一级交换和二级交换、外生交易成本和内生交易成本作了深入的分析。他把改革的推进分成外生发展阶段和内生发展阶段两个阶段，再进而对中国经济体制改革和金融改革的过程加以评论。这些都是前人较少涉及的。

经济学论点的提出，总与实践的检验有一段差距。这就是我们常说的经济学验证的滞后。全面的验证可能有更大的滞后期。但至少本书中阐释的中国债券市场的将近20年的改革史已经可以为内生交换经济学的基本论点作了部分的验证。这已经很令我高兴了。因此，我特地为本书写下这篇序言。

（原载《财政研究》2009年第8期）

60年回顾和当前的改革

回顾中国60年历程，我们经历了三次大的突破：1949年新中国建国之后社会制度的更替，1979年后社会主义市场经济体制的建立，2003年以后经济增长模式的转变。今天我们正处于第三次突破的历史进程中。

中国的三次突破

第一次突破是1949年的制度更替。1949年以前中国长期是半封建半殖民地制度，到1949年中华人民共和国建立，我们很快就进入社会主义阶段，并最后建成社会主义计划经济体制。这是一种制度替代另一种制度，社会主义制度替代半封建半殖民地的社会制度。

第二次突破是1979年开始的体制转换。1978年底十一届三中全会以后我们在体制上开始转换，从社会主义计划经济体制转到社会主义市场经济体制。这30年我们基本上已经过渡到市场经济这条道路上。改革尚未完成，今后还要继续在健全、完善社会主义市场经济体制方面努力。

第三次突破是2003年以后经济增长模式的转变。在此以前，我国的制度和体制已经确定。2003年我们开始转变经济增长模式。从前的增长模式是速度型的而不是效益型的，是粗放型的而不是集约型的。传统的发展观支持和支撑了以往的经济增长。2003 年以后我们逐步要做到以科学发展观来指导。科学发展观和传统发展观的区别可以从四个方面来说：

第一个区别：传统的发展观重物轻人：重物质生产，而对人并不是非常重视；科学发展观把“以人为本”作为原则和指导思想。

第二个区别：传统发展观重生产轻生活；科学发展观关注民生问题，致力于提高经济增长质量。

第三个区别：传统发展观把 GDP 看成是最重要的，甚至是唯一的，不管是粗放型还是速度型，反正是经济增长率上去就行；科学发展观认为 GDP 是重要的，但决不是唯一的，因为经济增长是基础，必须要搞，但是不能以 GDP 为主，而应该重视经济增长的质量。

第四个区别：传统发展观不重视可持续发展，在某种意义上讲。这种速度型的发展就是掠夺型的，就是把资源尽量地用；科学发展重视的是经济和社会可持续发展，重视节能减排、保护生态，走循环经济的道路，强调这样才能做到社会的可持续发展。科学发展要树立这样的信念——环境不是我们这一代所独有的，而是我们跟子孙后代所共有的；资源也不是我们这一代所独享的，而是我们跟子孙后代共享的。我们必须走循环经济道路。

循环经济至少有四个特征：

第一个特征：要充分利用资源，不能浪费资源。比如一个铜矿，里面可能有各种伴生的矿，不能只开采铜而其他都不要，必须要综合利用和充分利用资源。

第二个特征：尽量减少废水、废气、废渣的排放。

第三个特征：要从已经排放的这些废水、废气、废渣中回收可以利用的物质。比如废水中还有很多东西可以提炼，废气中还有很多东西可以回收，废渣也不完全是废物，比如煤矸石就可以用作建筑材料或者燃料。

第四个特征：实在无法利用的就应当做无害化处理，比如深埋等等，不能乱丢。我们要保护生态，保护子孙后代的健康。

现在我们正面临一个挑战，即环保的概念有所延伸和发展。这也是当前经济增长方式转变中要注意的问题。以往我们的环保着重的是有没有毒，比如产品中是不是含有农药，产品是否安全、可靠，或者废水排出去以后是不是有危害人的健康的东西，环境是否清洁、安全。近年来环保标准已经改变，即使没有毒的东西也不能胡乱排放。二氧化碳没有毒，但可是会影响到人类的未来，关系到人类的生存。所以在这种情况之下，就要实行低碳经济，碳排放分存量和增量两个方面，我们工业化起步比较晚，历年排放二氧化碳的量加起来不多，可是在增量方面我们总排放很大。这是国际谈判的重要指标。他们都说我们现在排放的多，可是我们过去排得少，存量少。但是如果不注意，增量就会慢慢地变成存量。假如不注意这个问题，也许将来某一天世界其他国家就会抵制中国产品的出口，他们会说我们的产品不符合低碳经济的标准。这就涉及到我们的增长方式必须转换。现在还没有大突破，但是方向已经定了，我们正在进行增长方式的改变。

这就是对60年的简单总结。

一分为二地看计划经济

从1949年我们开始陆陆续续推行计划经济，到1979年体制转轨刚好是30年。我们应该怎么评价实行了30年之久的计划经济呢?

首先得承认，这是历史所造成的。1949年中华人民共和国成立，当时西方发达国家对中国是抵制的，不跟我们来往，所以我们主要跟苏联阵营和部分第三世界国家来往。我们当时可以学习的，并且跟中国能够联系上的、对中国有帮助的，就是苏联十月革命以后建立的计划经济体制。在当时受到封锁的历史条件下，我们很自然地向苏联学习。

此外，当时我们从国民党那里接过来的是一个烂摊子。国民党时期私营经济是不发达的，国民党主要的大矿山、钢铁公司、铁路都是官僚资本的，也就是国营的。大矿和大钢铁企业都归国民党的资源委员会管。我们把这个摊子接收过来，当时不能设想卖掉这些国有企业，因为外边人不会来投资，中国的私营企业又都很弱，当时也没有考虑过这个问题，当然只有学苏联搞国有化。这是历史原因造成的。

对计划经济时代，我们要一分为二地评价。在当时这既是必须的，也是必然的。我们只有走这条路，同时它也为我们工业基础的奠定起了作用。苏联援助的150多个项目都是国有企业，这对我们以后的工业发展奠定了一定的基础，应该予以肯定。但是也应该看到，计划经济体制存在问题，主要是效率比较低，也没有真的解决公平问题。

在革命胜利以前，社会主义者的著作大都在宣传资本主义有各种毛病，都认为计划经济能够解决资本主义的两大问题，将来革命胜利了一定要实行计划经济。

一是短缺问题。凡是建立社会主义的国家，都是生产力还不发达的国家，并不是如马克思当年所讲的在发达的资本主义基础上建立社会主义。比如十月革命的俄国是西方帝国主义国家当中最不发达的一个国家；中国就不用说了，半封建半殖民地社会。在这种情况下，只有通过计划经济组织全国的生产，安排各种原材料的分配，在短期内使经济上去，解决短缺问题。

二是资本主义社会不平等问题。通过计划经济能够把重要的生产都组织起来，原材料经过配置，最后产品也得到公正分配，贫富差别就可以缩小，于是公平问题就能够解决。

但后来的实践证明，这两个设想是不切实际的。为什么？

首先，实践证明计划经济不能解决短缺问题。

第一，要解决短缺问题，就必须调动生产者的积极性，可是在计划体制下企业没有积极性。因为计划体制下的企业不是真正的市场主体，不过是行政机关的附属物；个人在平均主义分配模式下也没有积极性。没有生产者的积极性怎么能够使产量大幅度上升，解决短缺问题呢？

第二，增加供给，就是要增加有效供给。有效供给必须建立在市场基础上，要满足市场需求。而计划体制是排斥市场的，完全是根据计划实行的。增加的供给中有一部分是无效供给，生产了就进仓库被积压起来。无效供给不仅解决不了短缺问题，反而使短缺更加严重，因为资源被浪费了。

第三，增加供给，就必须增加投资。投资应该是有效投资，生产出来以后能够提高生产力，能够满足市场需要，然而计划体制下很多投资是无效投资，因为这种投资不承担风险，躺在国家身上吃大锅饭，所以很多投资迟迟不能形成生产力。这样浪费了资源，使资源短缺更严重。

第四，计划体制是一个封闭的体制，在封闭体制之下不能实现资源的转换；而市场体制是一个开放的体制，可以实现资源转换。例如，瑞士是一个小国和山国，资源很贫乏，可是瑞士不短缺，因为它实现了资源的转换，利用很好的旅游资源取得外汇，购买它所需要的任何东西。日本是一个资源不足的国家，要铁，铁没有，要石油，石油没有，煤也不多，可是日本不短缺，因为第二次世界大战以后的日本依靠自己的高科技换回自己所需要的东西。而计划体制下的前苏联尽管地大物博、资源很丰富，可是个封闭体制，短缺很严重。

根据以上四点，当初设想计划体制能够解决短缺问题，不符合实际。凡是实行计划经济的国家没有一个国家是不短缺的。这就说明历史事实否定计划经济体制能解决短缺问题。

其次，认为计划经济能解决公平问题，这同样不符合实际。也从四个方面来分析：

第一，什么叫最大的公平？共同富裕是最大的公平。计划体制下连短缺都不能解决，这怎么能达到共同富裕呢？贫穷不是社会主义，如果贫困很普遍，就不能够实现最大的公平。

第二，机会均等是公平。什么叫机会公平？运动场上大家站在同一条起跑线上，谁有多大本事就跑多快。也就是说出发点是相同的，差别是竞赛能力造成的结果。而计划体制下不是这样，比如跑 100 米，有些企业和人在起跑线上，有些得到照顾在起跑线之前 60 米，有些受到排斥，在起跑线之后 40 米，还有些不让参加比赛，这公平吗？三四十年前的年轻人，难道成绩好就能够上大学吗？即使他成绩好，可能由于各种原因被剥夺了机会，大家不能站在同一条起跑线上。1977 年以后恢复高考，让一切有资格来参加考试的人都在一条起跑线上，这就是公平。

第三，生产要素的充分流动是公平。今天社会上有很多农民企业家，这些农民企业家从哪来的？过去怎么都默默无闻？过去不可能有成绩，因为生产要素不让流动，他被束缚在生产队里，不能自由流动，不能到城里来找工作，更谈不到自己创业。而改革开放以后，走向市场经济，农村中的能人有发挥自己长处的地方，经过多年的努力有了一定成就。生产要素不让流动是极不公平的表现，计划体制下就是这样。

第四，计划体制下最大的权力是分配的权力，分配的权力就掌握在那些机构和负责人的手里。比如说当年到农村插过队的，队里有好几十个知青，上面来了10个招工指标，给谁啊？完全由当地的领导说了算。送礼、走后门就是从这个时候盛行的。所以说分配权力的滥用是极不公平的表现。

因此，前苏联从成立到解体，计划经济实行70年，依然是一个既无效率又不公平的国家。

我们对计划经济体制应该有一个清醒的认识，既要承认当时的历史必然，肯定它起过的作用，同时又必须做到体制转换。

体制改革有利于社会主义制度的延续

一个社会可能有两种或者更多的体制。比如，西欧的封建社会是一个刚性的体制，贵族是贵族，农奴是农奴，贵族世世代代是贵族，农奴世世代代是农奴，没有人身自由。这个看起来好像挺硬的体制，实际上就跟一个铁锅一样，禁不起砸，一掉在地上就碎了。在西欧封建社会的刚性体制下，每个庄园都能够自给自足吗？不能，因为很多东西它没有，庄园不一定能生产好的武器，不一定有好的马匹，不靠海边没有盐，必须到市场去购买，而且没有钱，因为你生产粮食别人也生产粮食，你生产葡萄酒别人也生产葡萄酒，你生产橄榄油别人也生产橄榄油，你有什么东西好卖？所以说没法捞钱。大农场主就想办法怎么把钱捞回来去买东西。有一个办法，就是让那些有手工技巧的农奴，别在田里干活，到外面去，会做鞋的做鞋，会织布的织布，赚了钱以后回来交地租就行了。有一批农奴就离开了庄园，聚集到集市上，形成了城市。最早的市民都是农奴。城市一旦建立就要争取自己的独立地位，就要自治，于是逃亡农奴就往城市里跑，城市聚集就越来越多。这样，西欧封建社会就出现城市这一新的力量，城市市民就是最早的市场经济主体。城市慢慢壮大起来，资本主义社会就代替了封建社会。

中国情况就不一样，在魏晋南北朝时也是典型的刚性体制，上面豪门望族，下面一般老百姓，做官的都在上面。但是从唐朝以后就开始转变，比如科举制度，家里再穷，只要科举考取了就可以做官。如果官员的儿子没办法再考取，虽然家里或许有钱，但是他不再是官。欧洲的庄园是领主制，不能分散，一分散，领土势必就减少，就会被别的庄园吞并，因此欧洲的土地是一子继承制，或者大儿子，或者最小的儿子，很多国家是传给长子，但也有一些国家是传给幼子，因为幼子是最弱的，哥哥们到外边去闯吧。古代中国的土地是分家制度，如果做官赚了3000亩地，5个儿子一分，一人600亩；儿子的5个儿子又一分，一人120亩。再往下分、再往下分就变成贫农了。社会在不断流动。经过中晚唐五代200年过渡，中国封建社会体制从宋朝开始转变，已经变成一个弹性体制的封建社会，以科举制度为基础，做官不能世袭，商人可以买地，社会可以不断流动。接下来，从北宋9世纪开始到20世纪初，中国封建社会延长了1000年。假设不是鸦片战争，外来强大力量对封建社会加以摧毁，中国封建社会可能还要延续一段时间。

这表明，西欧的封建社会刚性体制不改，很快就出现城市，结果是市民阶级推翻了封建制度；中国的封建制度在体制上改了，结果中国封建社会就延续下来。不改体制丢掉制度；改了体制，制度就保存下来了。西欧的封建社会刚性机制不改，资本主义就出来了；中国的封建社会到宋朝最后变成了弹性体制的封建社会，封建社会还是封建社会，制度不变，但却延续了将近一千年。

同样，如果社会主义制度不改体制，计划经济体制再继续保留下去，可能就会遭遇前苏联那样的状况。中国体制改了，社会主义还是社会主义，但是体制和制度做了调整，这样中国的社会主义就可以延续下去。

经济改革的开头“三板斧”

在中国的社会主义制度下进行体制改革，从哪里着手呢？中国的经济改革是怎样开始的？

计划体制很牢固，中国的改革应该说是从计划经济链条的最薄弱环节突破的。计划经济最薄弱的环节在农村。农村跟城市不一样，城市的生产是国家管制的，生活是国家包下来的，比如城里人只要愿意工作，服从分配，哪怕种树、修路、打扫卫生，30 多块钱一个月工资就有了。生活上也是，再怎么物质短缺，有粮票、油票、鸡蛋票、肉票，一个月 3 两油也好，5 两油也好，反正都有。但农村就不一样，农村生产是管制的，生活则不包，所以 1959 年到 1961 年，饿死的都是农民。因为生活不包、生产管制，粮食都收走了，最后没有吃的。而城里人只有营养不良、浮肿、生病死的，没有活活饿死的。所以在农村，被逼得没办法了，安徽凤阳小岗村 18 户农民在油灯下签了协议，搞大包干，这就是后来的承包制度。中国的农村改革就开始了。

农村改革开始，几年之后农贸市场什么东西都有了，农村的劳动力也富余出来。富余出来的劳动力于是想办法到城里找下脚料，自己靠村里的劳动力生产，到上海大城市找退休工人来指导，乡镇企业开始兴起。1980 年代初，火车、长途车上到处都看得到推销员提着包，带着样品找地方推销，于是在计划体制外出现了一个乡镇企业产品的市场。

接着在靠近香港的深圳建立经济特区，按市场规则运行，高楼一栋栋起来，短短几年内深圳全变样。在市场经济下我们的经济发展一样可以高速度，内地的速度不低于香港。

从家庭承包制的推广，乡镇企业的兴起，到经济特区的建立，这就是中国改革开放初期进行的三项重要改革。这好像是给平静的水面丢下三个石头，从此中国经济激起层层波浪，再也不可能倒退回去了。

企业改革是经济改革的关键

从 1984 年开始，农村改革了，乡镇企业兴起了，经济特区也建立了。这时人们盯着城市怎么改。

两种改革思路就开始出现。一派认为，要改价格。跟穿衣服一样，第一个扣子扣错了。所有下面的扣子全错了。第一个扣子在哪里？就是价格。因此放开价格就行了。当时国外专家以西德为范例，也推崇这种办法。第二次世界大战前，西德经济很强，可是战后西德被英、美、法占领，物价飞涨、物品短缺、黑市猖獗、失业严重，怎么办？西德在美国的帮助之下进行改革，把物价全部放开。果然西德经济就乱了，但是经过几年之后的恢复，20 世纪 50 年代中后期就开始复苏。外国专家就建议，西德能这么改，中国为什么不能这么改。

当时国务院准备采纳这个方案，各种方案都在酝酿怎么放开价格。在这个紧要关头，1986 年 4 月底，北京大学在办公楼礼堂举办五四科学讨论会，由我做了一场报告。这场报告叫做“改革的基本思路”，人山人海，我的座位后面全是人，窗子上都是人。我的报告第一段话就是讲，中国经济改革的失败可能就是由于价格改革的失败，中国经济改革的成功必须依靠所有制改革的成功。改所有制就是要改企业，从企业改起。那场报告反响热烈，外面报道中国出现了另一种改革思路，就是改所有制。

那年夏天，我带几个学生到哈尔滨去讲学，讲完之后本来是黑龙江有一些招待活动。但是课刚讲完，大家就要准备第二天坐火车的行装，因为北京来电话催我连夜回北京，谈谈为什么不主张改价格。当时我的汇报是这么说的：

第一条，西德是个私有制经济的社会，企业都是私营企业，把价格放开企业就会自我调整，优胜劣汰，经过这关，西德经济就可以发展。但是中国不行，中国是公有制，企业都是国有企业，国有企业放价格要听上面的，结果亏损还是国家赔。所以条件不一样。

第二条，西德是在美国援助下搞的改革。当时有马歇尔计划，物价上涨之后，通过进口面包、面粉、黄油、汽油，就可以一下子平下来。中国的改革不可能寄希望于哪个西方发达国家，它们不可能大量地援助我们。我当时感觉这两个理由很充分了，但是似乎没有打动听我汇报的领导，于是就提出了第三条。

第三条，根据马克思主义辩证唯物主义的原理，内因是变化的根据，外因是变化的条件。放开价格是改善环境，改革的内因是企业改革；不改企业，价格怎么能起作用。这时候领导觉得有道理了。

第四条，根据马克思主义政治经济学原理，生产第一性，流通第二性，生产决定流通，流通反作用于生产。中国的价格改革是流通领域的改革，而关键是生产领域的改革。不改企业，不改生产领域怎么能行。

价格改革总算暂停，方向转到了企业改革，推行股份制。可是股份制的推行波折很多，有重重阻碍，几次受到批判。1992 年邓小平南巡讲话，说市场西方国家有，我们一样可以有，不好将来再关嘛；股份制西方有，我们一样可以有嘛。于是开始做试验。到十五大，中央正式提出股份制是公有制的一种实现形式。

因此，价格改革不是整个改革的出发点，价格全部放开是改革的最终成果，到现在还要继续改，比如有些资源价格要放开。但是企业改革必须是关键。企业改革，就是要重新塑造社会主义经济的微观经济基础。这样我们对中国改革就可以有新的了解。

中国经济“刹车容易启动难”

当前中国经济改革和发展需要注意如下几个问题：

第一点，当前的经济回升的基础还没有巩固，宏观经济政策最近也不必急于变动。

回升基础不牢固主要有三个方面的原因：

一是目前的经济回暖靠投资带动，而投资带动的只是中间需求，并不是最终需求。投资所需求的是用来再进一步生产的原材料，而最终需求是民间的消费。

二是投资中又以政府投资为主。政府投资对民间投资有挤出效应，政府投资多了反而把民间投资向外挤了。应该是政府投资带动民间投资，不能挤它，而要带动它。

三是某些指标到2009年7月底看来还不理想（8月份指标刚刚出来）。其中有三个重要指标不理想。第一个指标，港口的集装箱吞吐量虽然比年初要好，但没有恢复到过去，这主要是因为对外贸易我们无法决定，它受到欧美国家复苏缓慢的影响。第二个指标，公路上货柜车的通行量不如以前，这表明国内各省之间的运输没有恢复到以前。第三个指标，厂房的闲置率还比较高。这主要是我们在广东调查所得出的看法。过去港澳台的投资撤走了，厂房马上就被租用，因为新盖厂房慢，买现成厂房要快一些；但是现在不同，投资撤走了，厂房长期闲置在那。这就表明外资来投资的愿望不如以前，所以说基础是不巩固的。

但是目前更重要的是结构问题。现在流动性偏大，不是量的问题，而是结构问题。要注意两方面的问题：

一要注意让信贷的量真正进到实体经济，而不能停留在虚拟经济当中。我们在外面调查遇到的情况是，很多大企业不想借钱，可是还要借给它，因为银行有任务。结果钱没有进入到实体经济，而是进入股市楼市，还在虚拟经济中。

二是中小企业的贷款难问题。这一点到7月底8月初还没有被重视起来，因为中国中小企业范围太广，雇3000人以下的都叫中小企业，雇10个人的也是中小企业，这么大一个档次，全国99%是中小企业，大企业很少。我们去调查，他们告诉我，中小企业贷款有的给了，给的是中等偏上企业。中等的、中等偏下的、小企业很难贷到款。我们在广东省跟那些企业家谈，平时流动资金还是需要的，小企业贷不到钱怎么过？因为我是教授，他们讲话比较随便，说你不知道，我们只能全借高利贷，高利贷利息很高，政府也不管。我们到公安局反映，他们说这些借贷是双方自愿的，是签了协议的，这是我们不管的；除非砍了手指，把谁家的儿子、女儿绑架了，那我们就管。

这方面需要改革。今年全国政协会上有一个委员曾提出，要细分中小企业，中等就是中等，小就是小，别混在一起说中小企业。小企业中还要分出微型企业，就是雇一二十个人以下的或者自己单干的最小的企业。大银行对大企业，中等银行对中等企业，小银行对小企业和微型企业，指标细分。现在含混地讲中小企业，结果得到贷款的全是中等偏上企业。

最近，围绕宏观经济政策（积极的财政政策和适度宽松的货币政策）究竟要不要变这一问题，学术界有两种观点。第一种观点认为应该变，因为重点应该转到防止通货膨胀的反弹。假如在这种情况下通货膨胀又来了，就应趁早防着；现在货币政策再这样适度宽松是不行的，要开始调整。但另外一方意见认为，现在不宜变动，因为通货膨胀现在还没有迹象，消费品价格现在是平稳的，生产资料价格是个别的产品有所上升。

考虑到经济回升的基础还不巩固，特别是存在结构性问题，宏观经济政策暂时还需要继续不变。但是这不等于不可以微调。可以进行微调，在有些方面适当地调。也不是说一直不变，而是要再观望一下。

中国经济的特点是怕冷不怕热，稍微热一点没有太大关系，但是一冷以后，什么问题都出来了，比如就业问题之类的。中国经济跟一部汽车一样，刹车容易，起步难，你让它刹车，一踩刹车马上就停了，但是启动很难，发动半天也不起来。

原因何在？刹车的主导权在政府，政府把财政闸门一关，货币阀门一关，马上就刹住了；但是经济的启动需要民间消费、民间投资的带动；民间不消费、不投资，只观望，一点办法也没有。如果对前景没有信心，三年不买衣服、不换电器、不换家具，日子照样过。我个人的看法是，今年（2009 年）第四季度再看看，如果需要调整，明年（2010 年）再调整。

解决就业问题要靠民营企业

第二点，就业始终是中国最大的问题。

经济学中有一条规律，叫做经济增长和就业增长的不对称性。这是美国经济学家奥肯提出来的，称为“奥肯定律”。经济开始滑坡，就业并不会立刻滑坡，就业滑坡是滞后的。因为经济滑坡了企业不会裁员，要观望一段，现在把人都裁了，万一接到订单以后怎么办。如果过一段实在没有订单，就业率就下来了。但经济复苏后，就业率也不会立刻起来。因为企业会先使用现有人力，发挥他们的潜力，不急于招人；等潜力发挥得差不多了再开始进人。所以经济增长周期和就业周期是不对称的。而且由于技术在进步，人均资本的装备率在提高，对工人技术水平的要求比以前也更高，每一次经济增长所需要增加的劳动量并不很多。我们一定要懂得这个规律。

我们还要懂得，中国就业有自己的国情和特点。去年 11 月，国际金融危机已经发生。我在西欧跟那边的经济学家开座谈会，他们就提出一个问题：西欧国家年增长率保持在 2% ~ 3% 就心满意足了，不会发生就业问题，因为退休的工人下去了，岗位空出来了，新达到就业年龄的工人就填补上去。西欧如果发生就业问题，那不是本国工人的就业问题，而是北非来的移民的就业问题。他们还说，增长率跌到 6% 你们就慌了，我们觉得 6% 挺好，那么高，你们中国为什么非要保持经济增长率 9% ~10% 才行呢？

我的回答是，你们的工业化已经有 200 多年，农村多余劳动力都释放完了，农业人口比例很少，而且都是有家庭农场和住房的小农，生活过得还可以。另外，城乡社会福利的待遇也是一样的，农村的社会保障跟城里一样，他们干嘛要进城？

中国不一样，中国城镇化率只有 45%，农村人口 55%，实际上，农村户口的人数比这还要高，因为农民工进城以后还是农村户口。1980 年代中期或以后出生的新生代农民工跟老的农民工不一样。1980 年代中期出来打工的一些农民工，文化水平不高，初中或者小学毕业，但是打工目标非常明确，在外面挣了钱回家盖房子、讨老婆，是要叶落归根的。新一代农民工根本就不想回农村，他不是为了收入，主要是因为农村跟城市居民的待遇相差太大，他们要留在城里，取得跟城市人一样的待遇。如果中国的城镇化每年提高一个百分点，意味着 30 年以后我们才达到 75%。一个百分点意味着 1000 多万人（包括老人和孩子）要进城，其中，青壮年要在城市找工作，有那么多工作岗位吗？新生代的农民工要取得跟城市人一样的待遇，孩子要在城里上学，住房、医疗、社会保障都跟城里人一样，所以这个压力比单纯的青壮年就业压力大。

这个问题怎么解决？国家投资修公路、修铁路，解决了一部分就业，可是不能解决现在的农民就业问题。让那些回乡农民去修公路吗？他在外头干了十来年，30 岁到 40 岁，习惯了城市生活，在工厂里有了一定的技术，修公路他是不去的。修公路是另一批人，18 岁到 20 岁的，男的。何况，修公路又能增加多少人呢？

现在如果放宽政策，让小企业、微型企业能够融到资，公平准入问题解决，就将会吸收大量劳动力。全国的个体户两三千万，日子好一点，每个个体户找一个亲戚来做帮手，每一个小企业增加几个学徒帮工，就可以解决几千万人的就业。就业问题不是靠国家自己投资解决的，主要靠政策。把融资政策解决了，个体户税负减轻一点，正常情况下工作有保证，马上就业就会增加。

农民工回乡以后，如果田租出去了，租约没有到期不能把田收回，一般人也不愿意务农了，怎么办？创业吧。在县城住，在镇上住，自己出一点钱，有一点积蓄，亲戚朋友帮助一点，再给他一点小额贷款，几万块就够了。开个小店，办个小作坊，就可以维持下来。比如，在沿海服装厂工作过的，开个裁缝店没问题；在沿海鞋厂工作过的，开一个卖鞋、修鞋的小店也没问题。或者在村里办一个养鸡场、养猪场，也可以解决自己的就业，但也得有贷款。

当前林权制度改革是一个大事情，林权制度改革可以说相当于1979年的农村联产承包责任制。1979年农田承包了，山林没有动。当时刚改革开放，人们担心政策说变就变，今天赶快砍树，砍完以后再种；如果过几年再砍，就可能什么都得不到了。林权承包（包山到户）一直拖到前几年才开始试点。2008年中央才有政策规定。中国的耕地18亿亩，中国的集体山林25亿亩，一家可以包好几百亩。现在到福建、江西、湖南去看看，那里林权制度改革走在前面，情况都变了。因为林权承包讲的是70年不变，中央文件写着呢，所以现在大量地种树，爷爷种树让孙子辈砍。湖南种的是油茶树，果子可以炼油，那个油是茶油，比橄榄油的营养价值还好。农民又增加收入，又满足市场的需求，而且生态效益大。所以整个都变了，林下经济发展起来，养鸡、种蘑菇、种药材，有竹子的地方编织一些东西，热火朝天地搞。林区需要多少劳动力啊，这是解决就业问题的一个大办法。所以福建、江西从沿海一带回来的农民很多都上山了，而且说到我们这儿来吧，别回重庆，别回四川了。这种情况对中国就业是有好处的。

大学毕业生就业怎么解决，当然现在有各种力法。全国政协开会，有委员介绍服务业外包的经验，这是中国劳动力能够充分发挥才能的地方。西安一个博士毕业生，开个企业，专门替美国人的仓库搞值班。因为中国的白天是美国的夜晚，美国仓库要有人看门，在美国夜晚上班工资要高很多，成本太高，就找中国人看。中国人不用去美国，全部通过电脑网络，很多电视探头，上班就坐在电脑前面，直接有电话通美国当地的警察局，说这里有几个可疑的人出现，在第几个探头下照到了，哪里冒烟了、失火了，赶快来查。这个工作，大学毕业生一训练就行了。

国内有的城市有一家公司专门跟日本人做网络诊所。日本人相信中医中药，可是到中国来看一次病太贵，这样就可以在网上看病。那边透视、血液检查报告、CT、核磁共振图片出来了，在中国诊断，网上开药和邮购。服务业外包可以干的事情挺多，大学生不用怕没地方就业。中国人一般是勤奋、肯干，而且用工成本比外国低。

中国就业问题应该得到充分重视。现在全国新增劳动力的75%，是民营经济吸收的。解决就业问题最大的基础还在民营企业，这一点一定要注意。

发展转型和自主创新

第三个问题，经济发展方式的转型，从粗放型变成集约型，从速度型变成效益型。

现在美国应对国际金融危机，把经济转型放在重要地位。为了将来在市场有更大的竞争力，连美国都在积极转型，我们一定要重视这一点。经济转型一定要花时间、花精力、要投资。大家都有这个愿望，我们的经济最好是V字型的走向，滑下来就立刻上去。

但是，这做不到，因为这不由我们自己决定，而是受到欧美国家市场复苏影响的。它们复苏慢，我们哪能一下就上去呢？而且一下来就上去也没有什么好处；没完成转型，上去有什么好处？还是跟过去一样，将来又会发生那个问题，旧病又会重犯。所以宁肯上去慢一点，变成U字型的，在下面待的时间长一点再上去。这样可以在U字下面这个阶段进行经济转型。美国都正在转型，我们再不转型，在国际市场中能有多大竞争力呢？

经济转型的主体是企业，而不是政府。规划、指导、服务，这是政府的作用。

下一轮经济我们突破口在哪里？很多自然科学家、工程方面的专家、经济方面的专家在政协几次讨论，一般认为有四个突破口：

第一个突破口就是新能源。新能源会带动整个运输行业的全部改造。他们设想小汽车用电池，不管什么电池，太阳能电池也好，风电电池也好，还是其他什么锂电池、氢电池，就是要把汽油省下来，或者至少一半用汽油一半用电池。他们还设想，将来这个电瓶一定要体积小，体积太大不行，一下班或者一回家，汽车一停就充电去了，第二天就可以继续开。

第二个，新材料。在这方面我们有很多意想不到，比如中国的建筑材料，形状可能全部都变了，有智能控制的新材料，冬天保暖、夏天凉快。还有装备制造业的新设备换用新材料。

第三个，生物科技。生物科技的影响面很大，医疗、卫生当然是一个方面，食品也是一个方面，包括将来吃的蔬菜、牛羊猪鸡鸭肉，可能都在生物科技上又安全、又营养。

第四个，环保产业。环保问题越来越重要，环保产业能带动整个经济的改造。

新能源、新材料、生物科技，加上环保产业，是我们要选择将来经济转型的突破口。

第四个问题，自主创新。大家都谈自主创新，实际上在过去长期对自主创新重视不够，这点一定要充分注意。全国政协会议上提到的两个例子很突出。

第一个例子，上世纪末，中国彩电在世界上占领前面的位置，但是传统显象管式的彩电很快被液晶的、平板的彩电所替代，而日本在液晶、平板彩电方面领先。这样自从液晶、平板彩电出来，我们就落后了，现在正在改呢。当初我们疏忽了这一点。

第二个例子，也是上世纪 90 年代末，我们的照相机居世界前列，可是我们也是忽略了自主技术创新，没想到几年以后，数码照像机代替了传统的光学照相机，日本、韩国在数码技术方面走在我们前头。现在的数码相机，不是日本的，就是韩国的，有哪个是中国出产的？没有。世界领先地位被占领了，世界市场被占领了。所以我们要吸取这个教训，在自主创新上一定要加快。

自主创新问题对于品牌来说也是至关重要的。大家都已经认识到，品牌是靠自主创新来支撑的，没有自主创新的品牌不可能维持多久。有人觉得自主创新跟我没多大关系，我是劳动密集型企业，自主创新是科技型企业、资本密集型企业要做的。不对，劳动密集型企业同样要自主创新。

这次我们去广东调研，做玩具的，传统产业；做服装的，传统产业；做鞋的，传统产业。有的企业说我在设计上创新，先有创意再有创新，这样我就能够占领市场；还有的企业说，我做玩具在原材料选择上有突破，我就能打开市场；还有人说，我在环保方面有突破，你们对环保的重视不如我们，我的产品就好销；我营销方式有创新，我内部管理有创新，等等。所以说即使是劳动密集型企业，也要重视创新问题。因为没有自主创新，品牌就创造不了；有了品牌也难以保持。

最后一个问题，培育新型的企业家队伍。

时代在变，整个世界在前进。作为一个企业家，如果停留在过去认识的基础上，那就不能适应当前的要求。应该注意到怎样才能不断跟上时代，做一个新型企业家。

新型企业家首先要认识到，企业做精是最重要的。小而精也是精，做精是第一。先不谈做大、做强，先做精。做精可大可小，小有小的好处，大有大的好处，但在精的基础上，做精就做强了，做稳就做大了。很多企业发展很快，一下子就垮了，为什么呢？大而不固有什么用，所以做精、做强、做稳、做大，这是最重要的。“小富靠勤奋，中富靠机遇，大富靠智慧”，这三句话对每个企业家都很重要。只要站得高、看得远，思路是新的，那就能够大富。

最后讲一个故事。树上停了一只鸽子，树下躺了一条蝎子。蝎子抬头跟鸽子说话，我想过河去，可是我没办法，你驮我一段路飞过河吧。鸽子说可以驮，可是你别扎，你扎我，咱俩都掉下来死了。蝎子说，你要命，我也一样要命的，不会扎你的。于是鸽子就下来，蝎子就爬到它背上。飞到半空中，蝎子扎了鸽子一下，鸽子就掉下来了。鸽子说，叫你别扎我，你看我俩都得死。蝎子说对不起，对不起，这是惯性，扎惯了。

所以以后蝎子再要鸽子驮它过河，两个同时都说，我们是同命运、共生死的，这样就能平安地飞到对岸。我们很多地方政府不知道民营企业如果垮了，对地方政府首先是不利的，地方政府税收减少了，失业增加了。但是地方政府管惯了，就要管你。所以说应该学鸽子跟蝎子的故事，咱们都是同命运的，咱们共同把地方经济搞好。

（原载《中国经济》2009 年 10 月）

建设生态文明：人类社会发展的新模式

一、人类对环境看法的转变

从人类社会发展模式的演变来看，起初都是只重视从自然界索取资源（资源索取），而不重视环境保护。这不仅是一个认识问题，而主要是一个关系到人类生存的问题：当初，不向自然界索取更多的资源，人类无法生存；后来，不重视环境保护，人类同样无法生存。

工业化以前，长时期内人类的生存环境总的说来是良好的。工业化以后，逐步出现生态破坏问题。

从人类社会发展模式的演变方面看，工业化开始以后，人类社会首先重视的是向自然界索取资源，即资源的供给。燃料的紧张就是一例。浅层煤矿都已采掘完了，为了炼铁和居民生活的需要，便大肆砍伐森林。直到抽水机的动力问题解决了，才挖掘深层的煤矿。后来，随着科技进步，又有了石油的大规模开采、天然气的使用和核能的开发。这都是资源的索取。

工业化过程中，工厂日益增多，工厂排放的废气、废水、废渣也越来越多。但当初这些并未引起社会的重视。人们关心的仍是资源的不足，如冶炼能力的不足、淡水供给的不足和机械装备的不足，于是尽可能多索取资源。最早关心环境保护的人士所注意的，主要是工厂附近贫民区的恶劣居住条件、街道卫生和城市的清洁用水等问题，因为这导致了贫民区死亡率高、流行病蔓延等情况的发生。

进入20世纪以后，尤其是到了20世纪中期，接连出现了河流鱼类死亡、田间野鸟死亡、工厂附近居民患病，以及开发沼泽地（索取更多的土地资源）引起的生态破坏等事件，专家们对环境问题严重性的揭露引起了社会的普遍警觉。社会上越来越多的人认识到，如果再年复一年地使环境恶化，使生态遭到破坏，不用说后代子孙无法再在这块土地上生存下去，甚至连这一代人的生存都存在问题。

于是从20世纪70年代起，环境保护成为各国共同关心的问题。环境治理也被各国政府提上了议事日程。

二、政府的两难选择

政府一直面临着两难选择：既要有持续经济增长，又要有好的生存环境。怎样协调持续经济增长同良好生存环境之间的关系，长期以来成为政府关心的重点；政府对环境的态度正是在这种背景下逐渐转变的。

政府，不管处于哪一种制度之下，也不管政府采取何种组织形式，在社会各界呼吁加强环境保护的背景下，政府实际上总是处于两难境地，一方面要保持经济的持续增长，另一方面又要维持良好的生存环境。然而，造成生态变化的直接责任者主要不是政府，而是在建设和生产过程中破坏环境、滥采资源以及排放废气、废水、废渣的企业，包括那些生产出有损于生态的产品的企业（如汽车、农药、化肥、纸张的制造商）。在政府看来，如果关闭这些企业，不仅使用这些产品的客户和消费者会感到不便，而且国民经济更会遭到巨大损失（如产值减少、失业人数上升、税收下降)；如果听之任之，那么生态继续恶化，后果极其严重，同样会引起社会动荡不安。政府必须兼顾经济增长和环境保护。再说，即使政府禁止新建会造成污染的企业，关闭已建的被列为污染源的企业，但已经造成的生态破坏如何恢复呢？已经污染的环境如何治理呢？这些都需要政府有大量人力、物力、财力投入，而在国民经济下滑的状态下，财政能负担这一切费用么？加之，沙漠化、石漠化之类事件的发生，一般是找不到具体的责任人的，能让哪些企业赔偿损失或支付具体的治理费用？

这样，政府唯有采取协调持续经济增长和保持良好生态环境之间关系的措施，即采取分期分批地治理环境的政策，目标是明确的，但发展模式的转变只可能逐步推进。政府必须有所作为，但又不可操之过急。于是便出现“先污染再治理”的模式和“边污染边治理”的模式。尽管这两种模式都优于以前长时期内存在着“对污染和治理都不闻不问”的做法。但都遭到社会有识之士的反对。在这个过程中，鉴于社会的压力，政府才逐渐转向“先规定废气废水废碴排放标准，再批准开工建设和生产”的做法。政府态度的转变是前提。但政府也认识到，在环境保护和治理中，任何操之过急的做法都会造成后遗症，反而会妨碍污染的治理和生态的恢复。然而政府最终仍是艰难地在两难中作出“环保一票否决”的选择。

三、技术与制度并重

在保持人与自然和谐的基础上发展经济，科学技术进步和制度、体制的完善二者缺一不可，并且二者是相辅相成的。人类社会发展模式的转变，既离不开科学技术的进步，也离不开制度、体制的完善。二者相比，制度、体制的完善可能比新技术新装备的引进更加重要。

这样就逐渐形成了人类社会发展的新模式。它不同于人类社会发展的传统模式。数千年来所盛行的传统发展模式是一种单纯向自然界索取的模式，也就是着重于资源索取的模式，结果造成人与自然界之间关系失衡并且使失衡日益加剧。这通常在贫困地区的扶贫开发过程中表现得更突出。传统的贫困地区发展模式依然没有摆脱索取资源的老路和结果，尽管贫困地区的经济增长率上去了，但资源被掠夺性地开采，生态遭到破坏，贫困地区并未因此真正走上致富之路，滞留在贫困地区的人们的生活质量反而下降。

生态问题虽然在工业化以前就已存在，但由于那时经济增长率低，经济增长（主要是农业、畜牧业和手工业增长）对环境的破坏还不严重，所以人与自然界之间关系还不那么紧张。工业化开始后，特别是进入工业化中期以后，人对自然界的索取急剧加大了，工业发展造成生态破坏，农业由于化肥、农药的广泛使用也给生态造成了巨大破坏，还有，居民因使用工业品（如汽车、化工产品等）同样给生态带来破坏。这样就迫使社会发展模式发生转变，即由单纯向自然界索取资源的传统模式转向新的模式。

新模式是一种保持人与自然和谐，并在这种和谐的基础上发展社会经济的模式。或者，简要地说，新模式是一种促进社会经济可持续发展的模式。如上所述，为了转向这种发展模式，科学技术进步和制度、体制的完善是必不可少的。唯有依靠科学技术的进步，才能在人与自然和谐的基础上，逐渐用绿色能源、绿色原材料来改造现有的工业企业，发展新的产业部门，保证国民经济的持续增长。唯有依靠制度、体制的完善，才能逐步形成企业自觉地遵循节约能源、保护环境的原则而进行生产的机制，以达到人与自然趋于和谐的目标。

新模式需要从三个环节上着手推进：一是建设过程，即在工业企业建设期间就应当有严格的环境保护方面的规定；二是生产过程，即在工业企业生产过程中必须严格执行节能减排、保护环境的规定；三是产品销售和使用过程，即在这些过程中防止破坏环境和浪费资源。因此市场决不是万能的，政府的监督管理决不能放松。

四、公众参与的必要性

建设生态文明，离不开公众的参与，公众不仅要有知情权、监督权，还要积极投身于环境治理、资源节约、生态教育等工作中，这样才能保证社会发展模式的有效转变。

要实现从传统的社会模式向新的发展模式的转变，要建设以人与自然的和谐为目标的生态文明，公众的参与是非常重要的。

第一，没有公众的参与，环境保护和社会发展模式的转变只可能停留于政府和学术界层面上，而不可能形成一种社会共识、一种公共目标。有了公众的参与，环境保护和发展模式的转变就成为全社会的一致行动了。例如，对工业企业排放废水、废气、废渣的行为监督，家庭生活废品的回收，环境的绿化，对野生动物的保护和濒危物种的拯救，环境卫生，等等，只有在公众参与之下才能取得更好的成效。

第二，公众参与也是对政府是否尽到保护环境和治理环境责任的有效监督。在生态文明建设中，公众应有知情权、监督权。政府换届时，对到届的政府官员在任期内的环境保护和环境治理的政绩的评价，以及对新一届政府在这方面的承诺，包括以后履现承诺的情况，公众参与起着有力的监督作用。

第三，对一切已经造成或可能造成生态破坏的企业及其领导人而言，公众的监督同样是有效的。保护环境是企业应尽的社会责任，企业违背了这一社会责任，在公众的抵制下，企业不仅会失去市场，甚至会遭到比政府处罚更大的经济损失。

第四，在生态文明建设中，居民生活方式也应随着社会发展模式的转变而转变。例如，在住房的购买方面，居民倾向于节约能源和位于环境较好地区的住房；在汽车消费方面，居民倾向于选择耗能少、排放量低和以新能源为动力的车型；在饮食方面，居民倾向于健康、安全的食品，拒绝食用国家保护动物；在生活用水方面，居民坚持节约用水；等等。由此可见，如果居民生活方式不改变，生态文明建设不容易取得成效。这就再一次说明公众参与的意义。

在这里尤其需要强调的是，消费同样体现了生态文明的建设。关于生产过程中对生态文明建设的忽视所造成的危害，人们现在认识得比较清楚了，然而消费方式的不当同样会造成对环境的损害，却是人们至今仍易于忽视的。因此，生态文明建设要从自身做起，从家庭做起。比如说，资源节约、废品回收、饮食习惯合理化等，同每一个家庭的生活方式改进有关，不合理的家庭生活方式的转变，是一件有益于社会的大事。

五、经济低碳化的途径

我国应当有实行经济低碳化的对策。这不仅需要从科学技术方面采取措施，更要兼用行政手段和市场手段。

今后，国际社会会越来越关注二氧化碳的排放，经济低碳化将是人类生产和消费活动的方向，也是各个国家进一步发展要遵循的道路。近年来，我国在这方面投入了不少人力、物力、财力，在经济低碳化的工作取得了明显的成绩。现阶段我们面临的问题是：如何适应国际社会的经济低碳化的要求，使我们在走经济低碳化道路的过程中，既能保证经济的平稳增长，又能不断缓解就业压力，让更多的人得到就业机会？这是一个难题，因为按照经济低碳化的要求，有必要关闭一批小煤窑、小钢厂、小火电厂、小水泥厂、小造纸厂、小化工厂等等，势必会引起相当多数量的工人下岗、失业，还会使一些地方政府的财政收入减少。在上述这些被关闭的小厂矿中工作的，大部分是农民工，他们的下岗、失业，又会使农民收入下降，使农村本来就较低的购买力又进一步减少。这些无论对经济的增长还是社会的稳定都会产生消极的影响。

那么，应对经济低碳化的途径究竟何在？我们怎样才能既实现经济的低碳化，又保证经济的平稳增长和就业的扩大？这是一个有待于学术界继续探讨的课题。在这里，我想谈谈个人的几点看法。

第一，在工艺设计、新产品设计方面希望有较大的突破。以往在这些设计过程中主要考虑的有毒的废水、废气、废渣的排放及其处置问题，而没有注意二氧化碳的排放量和如何使之减少。现在，在设计的创新中不仅要使产品新颖、实用、安全可靠，还要节约资源、减少污染。也就是说，如果把减少二氧化碳排放早就考虑在内，不仅有利经济的低碳化，而且这本身就是扩大市场和促进增长的途径。

第二，抓紧新能源和新材料的研究开发。新能源和新材料的市场前景是非常广阔的。以新能源逐步代替煤炭和石油，以新材料代替原来在生产过程中可能排放较多二氧化碳的旧材料，都有助于减轻环境承受的压力。而且，通过新能源的推广使用将会使汽车行业得到技术改造，通过新材料的推广使用将会使制造业设备更新，使房地产业和建筑业发生材料革命，都能带动经济的增长。

第三，大力发展环保产业。环保产业有狭义和广义之分。狭义的环保产业主要指环保设备、仪器、各种监测手段以及净化环境的各种物品的制造业，也包括运用环保设备等从事净化环境、恢复受破坏的环境的有关行业。环保产业前景乐观，因为社会对环保产业产品的需求是扩大的，社会对环保产业产品的需求是扩大的，社会对环境治理的期望值是上升的。而从广大的环保产业角度来看，绿化造林，土壤改良，治沙，治石漠化，净化江河湖泊和海岸滩涂，资源回收和利用都包括在环保产业之内。这些工作的进展是有助于经济增长和社会发展的。

第四，运用资本市场推进经济的低碳化。发展环保产业，实行循环经济，走经济低碳化的道路，都是需要持续投入的。庞大的资金来自何处？政府投入的资金毕竟有限，而且财政拨款不可能直接投入广大企业用于更新设备和研究开发等项目。运用资本市场将是企业技术改造的筹资方式之一。这对所有的企业在技术改造方面都有促进作用。特别是对那些从事低排放技术和资源回收技术研究开发、设备制造的企业来说，它们在这方面越有成效，通过资本市场所筹得的资金就越多，发展前景就越好，从而会鼓励更多的企业走这条路。

应当针对低碳化的实施情况采取有差别的税收措施。

比如说，在资源的采掘、原材料的投入生产过程中的排除，对可能引起污染的产品制造，以及废品回收方面要针对不同情况，或者给予不同制度的优惠，或者施以不同程度的处罚。

从以上的分析可以看出，只要措施得当，走向经济的低碳化不一定会导致经济增长率下滑，也不一定会造成大批工人下岗失业。关键在于如何发现和利用实行经济低碳化过程中涌现出来的商业机会。即以关闭、重组、改造一批污染严重、资源消耗率高、经济效益差的小厂来说，未尝不可能涌现新的商机，使就业岗位在结构调整中增加。从长远看，经济的低碳化意味着新的增长点的形成，意味着新的市场将呈现在企业面前。

（2009 年 11 月 21 日在北京大学光华管理学院关于绿色发展课题研讨会上的发言）

走向城乡一体化：建国60年城乡体制的变革

我从小生活和学习都在城市中，对农村情况是不了解的。我第一次下农村是在1955年4~5月，当时我是北京大学经济系四年级的学生，全班去北京市海淀区肖家河参加农业合作化实习。学生被分配到各个自然村，分散住在农民家中。主要任务是进行农民家访，宣讲党的农业合作化政策，并向农民解释合作化的意义。在农村中看到的是土地改革以后农民生活安定，一心投入生产的情况。

接着到了1958年，北京大学的一部分教职员作为下放干部，下放到门头沟区（当时称京西矿区），经济系、法律系、生物系教职员的下放地点是西斋堂村。这正是大跃进的年代，我们每天清早就上工地，修引水渠，从1月份干到4月份，天天如此。5月份起，转到农田里干活。到了8月份，全国掀起了人民公社化的高潮，西斋堂村也不例外。村里办起了公共食堂，我被调到公共食堂担任会计。冬天，我又被调到新组成的公社文艺宣传队任编剧，创作了不少小品、快板，宣传人民公社的好处，到各乡巡回演出。1959年1月回到北京大学。今天回想起来，这一年下放农村，虽然对农村的情况有些了解，但所了解的只是浮面的东西。比如说，就在1958年，由于户口制度分为城市户口和农村户口，城乡之间的人口流动受到严格限制，城乡二元结构制度化了。这将对今后中国农村居民和农业发展存在什么样的影响，当时我是完全不了解的。

从 1964 年 10 月起到 1966 年 6 月初，北京大学师生分两批到农村参加社会主义教育运动，两批我都参加了。第一批是在湖北荆州江陵滩桥公社，第二批是在北京朝阳区高碑店公社。紧接着，发生了“文化大革命”，在这期间，我也在海淀区六郎庄、玉泉山等农村参加劳动。到了 1969 年，北京大学教职员下放到江西南昌县鲤鱼洲农场劳动。我是第一批下放的，在鄱阳湖边的茅屋内一住就是两年。在这段时间内，我到过附近的农村，也看到时常有逃荒的农民到北大农场来讨饭。我见到的逃荒的农民都衣不蔽体。鄱阳湖边，冬天很冷，而这些农民却穿着单衣，光着脚穿着草鞋。我想，鄱阳湖畔本是鱼米之乡啊，建国已经 20 年了，农民为什么还如此穷困呢？这是一个沉思的年代，眼见耳闻，使我不禁想到，是不是我们的经济体制存在问题，否则怎么解释这些现象呢？在大学里书本上所学到的经济学理论为什么解释不了眼前看到的这一切呢？我的经济观点的转变，正是从这时开始的。

从江西回到北京是 1971 年秋天。此后几年，我大部分时间仍在北京市郊区各县和河北省的农村参加劳动，参加“开门办学”，所看到的仍然是农民缺衣少食的穷苦生活。我对时局感到困惑：经济已衰落，失业激增，农民逃荒，社会矛盾正在激化，预感到不久可能发生社会大动荡。1976 年春季，我和北京大学一些师生在北京市大兴县农场“开门办学”，到 1976 年 10 月粉碎了“四人帮”，下乡办学的北京大学师生全部返校。接着不久，邓小平同志复出，主持工作，改革的呼声日益高涨。1978 年 12 月中共十一届三中全会召开了，从此中国转入了改革开放新阶段，我也就从这时起，把研究中国经济体制改革作为自己的主要研究课题。

20 世纪 80 年代内，我的大部分时间用于国有企业体制的改革方面。这段时间内，我虽然到过一些省市进行调研，但对于农村问题，我没有进行深入研究，因为我认为国有企业体制改革问题是当时最需要解决的。我还认为，农村家庭承包制既已推广，乡镇企业也已兴起，这一基本格局短期内不可能有大的变动，所以对农业和农村问题，可以稍后再来考察。

到了 20 世纪 90 年代，农村家庭承包制之下，大量农民工外出，引发了一系列新问题。例如，农村青壮年劳动力外出之后，土地有撂荒现象；农民工进城后，家属也进城了，于是又出现子女无法在城市就学问题；而且每逢春节，火车为什么这样拥挤，同农民工回乡探亲有很大关系。由此激起了我对城乡二元体制和城乡一体化的思考。再说，“农民工”这个称呼是不合理的：工人就是工人，农民就是农民，从未听说过什么“农民工”。从清朝末年到民国时期，中国第一批近代工厂先后在上海、天津、广州等地出现，最早的产业工人来自何处？不正是来自大城市周边的农村么？他们在乡下是农民，以种地为生，一进城做工，就成为工人了，他们工作安定下来，可以把妻子儿女接进城去。为什么现在有了“农民工”呢？这是城乡二元体制的产物：“身份”是农民，职业是工人，“农民工”享受不了城市居民的待遇。上述这些问题在 20 世纪 90 年代都明显地暴露出来了。

2003 年，我担任了中央智力支边协调小组毕节试验区专家顾问组组长，以后几年，我每年都要带一些专家到毕节进行考察，帮助当地脱贫。在扶贫过程中，我发现最重要的问题依然是体制改革、机制转换，即把以前的“输血机制”改变为“造血机制”。如果不从体制、机制上着力，不把城乡二元体制改革作为今后改革的重点，农民始终难以摆脱困境；如果不推进城乡一体化，农民就无法与城市居民一样享受改革和发展的成果。基于这种认识，我个人的研究重心就转移到农村问题上来。

回顾从1949年到现在，有关城乡体制的变革过程，可以划分为三个阶段：

第一阶段，从1949年到1978年。这是城乡二元体制逐渐形成和日益巩固的阶段。城乡二元结构的制度化，从1950年土地改革以后就已开始，这是同建立社会主义计划体制相配合的。到1958年，随着人民公社制度的确立和户籍制度的城乡分割，城乡二元体制终于形成。城乡之间生产要素的流动受到极大限制，城市化进展得十分缓慢。在权利方面，农民实际上处于"二等公民"的位置。

第二阶段，从1979年到2002年。这是城乡二元体制虽然略有松动但基本上依然存在的阶段。改革开放之初，农村推行了家庭承包制，调动了农民承包经营的积极性。但这只不过是城乡二元体制略有松动而已。城乡二元体制的极端形式——人民公社制度——虽然退出了历史舞台，但农民依然受到社会流动的限制。农民仍然难以享受改革和发展的成果。

第三阶段，2003年以后。这是着手改革城乡二元体制并逐步推进城乡一体化的阶段。在科学发展观的指引下，农村的土地流转启动了，农业的规模经营有了很大的发展，城市化的速度也加快了。在统筹城乡发展和改革这个新课题上，理论上有创新，实践上有突破。城乡一体化已成为新一轮改革的重点。[①]

---

① 柳晓森、张烁：《城乡二元体制：中国下一轮改革重点》，载《人民日报》，2008年9月3日。

2008 年，正值纪念中国改革开放 30 周年之际，我写了《论城乡二元体制改革》一文，对实现城乡一体化问题进行探讨。在这篇论文里，有这样几段话扼要地反映了我的基本观点①：

“城乡二元结构自古就有。从宋朝算起，至今已有一千年以上的历史。但当时尽管有城乡二元结构，却没有城乡二元体制。城乡二元体制是 20 世纪 50 年代后期才建立的。”

“从 20 世纪 50 年代后期起，由于计划经济体制的确立，户籍分为城市户籍和农村户籍，城乡二元体制形成了，城乡也就被割裂开来了。从这时开始，城市和农村都成为封闭性的单位，生产要素的流动受到十分严格的限制。”

“计划经济体制实际上有两个重要支柱：一是政企不分、产权不明的国有企业体制，二是城乡分割、限制城乡生产要素流动的城乡二元体制。这两个支柱支撑着整个计划经济体制的存在和运转。”

“从社会协调的角度来看，必须做到统筹发展，包括城乡发展的统筹、区域发展、经济和社会的统筹、国内发展和对外开放的统筹、人与自然和谐发展的统筹。所有这些都同城市二元体制的改革有关。”

“由于城乡二元体制的改革将导致农民收入的增加和农民生活方式的变化，以及由于社会最低生活保障的基本建立而导致社会低收入家庭后顾之忧的逐渐消除，必定引起内需的大突破。全世界最大的待开发的市场在哪里？就在中国的农村。”

这篇论文发表之后，在 2008 年春和 2009 年春的一年时间内，我又先后在广东、湖南、贵州、重庆、河北、吉林、内

① 厉以宁：《论城乡二元体制改革》，载《北京大学学报（哲学社会科学版）》，2008 年 3 月，第 5、6、11 页。

蒙、天津八个省（市、区）继续围绕这个问题进行更广泛的调研。下面就是在调研八个省（市、区）的基础上写成的。

一、进一步解放思想，朝着城乡一体化的目标前进

改革开放30年成就举世瞩目，逐步破除了传统计划经济体制，改革了传统的国有企业体制，初步建立了社会主义市场经济体制，经济社会发展迅速，综合国力大大提高，广大农村也发生了深刻变化。这是一个巨大的飞跃。但在从计划经济体制转向社会主义市场经济体制的过程中，还有一个大的问题尚未解决，就是对几十年来形成的城乡二元体制的改革相对滞后，甚至可以说这30年来，基本上没有触动城乡二元体制，因为农村家庭承包制是在维持城乡二元体制的前提下推行的。结果，导致城乡发展不协调，城乡差距呈扩大趋势。城乡二元体制改革的滞后，增加了全面建设小康社会、实现共同富裕、构建和谐社会的难度，为此必须加大城乡统筹的力度。[①] 统筹城乡发展最重要的任务就是改革城乡二元体制，这是中国下一轮改革发展的重点，也是一场伟大的社会变革，为此需要付出巨大的努力和艰辛。

曾经流行于学术界部分人士中间的一种看法是：改革开放30年了，农业方面已经取得了不少成绩，使我国早已脱离了凭票证供应生活必需品的年代；目前，农村的改革不妨暂且搁置一下，发展更加重要。比如说，对农民，财政上多给一些，少取一些；金融上，放宽一些，多贷一些；让农村的生产生活条件再改善一些，这样反而更加有利于农民生活水平的提高。这种看法如果出现在80年代后期，那是可以理解的，而且就

① 孙津：《城乡统筹是一种综合性要素统筹的创新》，载《中国发展》，2008年12月，第59~61页。

当时的情况而言，这种看法有一定道理，因为农村土地承包刚推广，不能急于再改革。但从 20 世纪 80 年代后期到现在已经 20 年了。再不着手破除城乡二元体制，不仅阻碍农业的发展和农民收入的提高，而且还会使城乡收入差距继续扩大，使工农收入差距继续扩大，使广大“农民工”不得不徘徊在城乡之间①，这就违背了“以人为本”的原则，不符合构建和谐社会的理念。让农民充分享受改革开放的成果，不是靠增加政府投入或放宽信贷就能解决的。只有不失时机地进行城乡二元体制改革，让农民和城市居民享有同等的权利，拥有同等的机会，才是下一阶段改革的重点。

中国的改革开放从来都是以思想解放领路。回顾 30 年前，1978 年 5 月起，不正是历时半年之久的“实践是检验真理的唯一标准”的大讨论为中共十一届三中全会的召开做了思想上的准备么？也就是说，中国特色社会主义道路和市场经济体制的成功探索，首先是从一场思想解放运动开始的。当前，打破城乡分割分治的二元体制，形成城乡发展一体化新格局，也必须进一步解放思想、实事求是。学术界必须开展前瞻性理论研究和理论创新，在理论上率先突破，摆脱一切束缚城乡二元体制问题解决的思想桎梏，在全社会营造改革城乡二元体制的氛围；必须在政策、法律、制度、文化等诸多方面进行有利于推进城乡一体化的变革，尽快扭转城乡差距扩大趋势；必须勇于探索实践，统筹城乡试验区要大胆改革试验，开辟一条新路。

具体地说，在城乡二元体制改革过程中，有必要就以下三个问题消除误解：

---

① 中国社科院“农民工返乡机制研究”课题组：《徘徊在城乡之间的中国农民工》，载《光明日报》，2009 年 4 月 9 日。

第一，城乡二元体制改革将大大促进社会的稳定，而不会导致社会的不稳定。

关于这一点，一种误解是：农民已经习惯于一家一户的承包经营了，他们之中不少人不愿意离开本乡本土。即使离开本地到城市中打工，但叶落要归根，在外面挣些钱是要带回家来盖新房、娶妻生子的。他们习惯了农村的生活，何必改革城乡二元体制，反而使他们心里不踏实呢？何况农民一旦大批进入城内，生活方式一变更，城市生活设施建设又跟不上，反而会引起他们不满，有些人又想回到乡下去，社会不就不稳了吗？有这种看法，多半是不了解实际情况。要知道，在城乡二元体制改革过程中，农民是不是迁进城市，要根据本人意愿而定；外出打工的农民是不是愿意回乡，也由本人决定。体制的改革只是提供了更多的机会供农民选择，而不是排除农民的选择。从社会稳定还是不稳定的角度来看，关键在于农民（不管是进城的还是留在农村的）的利益是不是增加了。如果农民的近期利益和长期利益都能通过城乡二元体制改革而增加，那么社会将迈向稳定而不会导致动荡。

第二，城乡二元体制改革将推动城市经济的改革和发展，而不会因加重城市的负担而阻碍城市经济的发展，也不会阻碍城市经济改革的深化。

在这方面，一种误解是：城市经济的改革和发展毕竟是最重要的，而在现阶段着手城乡二元体制改革，很可能会加重城市的负担，这样，不仅城市经济的改革和发展受阻，而且农村经济的改革和发展也会相应地受连累。不如目前暂时把城乡二元体制的改革搁置一下，一心加快城市经济的改革和发展，等到城市的经济实力增强了，城市就有较多的力量来帮助农村的发展。西方发达国家一般是在工业化后期政府才把农村发展放在重要位置上的，中国目前仍处于工业化中期，何必这样急于去做本来可以推迟一些才做的事情呢？其实，这种看法并不正确。问题在于：在西方发达国家工业化初期，城乡二元结构是存在的，但在那里并没有形成城乡二元体制，因此也就不需要进行城乡二元体制改革。它们之所以在工业化后期着力于发展农村经济，是适应稳定社会的需要。中国的情况与它们不同。在城乡二元体制下，中国的工业化在长时期内是以牺牲农民利益为代价的。如今已到了城市回馈农村的时候了。提高农民收入，让农民充分享受改革发展的成果将大大促进内需的增长，这对于城市经济的进一步发展是绝对有利的。因此，城乡二元体制的改革只会推动城市经济的改革与发展，而不会变成城市经济改革与发展的阻力。

第三，城乡二元体制改革不是要消灭农村和农民，也不是要把农村变成城镇，把农民改变为工人，而主要是使农村和城市的差别大大缩小，使农民充分享有改革开放的成果，在社会方面享受同样的待遇。

关于这个问题，一种误解是：城市就是城市，农村就是农村；工人就是工人，农民就是农民，进行城乡二元改革以后，农村就会逐渐不存在了，农民也就逐渐消失了，这样，岂不是用消灭农村和农民的方法来强制性缩小城乡差别吗？这对中国经济是祸还是福，还不得而知！需要指出的是：城市和农村的差别不会因城乡二元体制的破除而消失，工人与农民在职业或社会劳动分工方面的区别也不会因城乡二元体制的改革而消失，这些差别的消失也许要经过许多年的生产力发展才会出现。改革城乡二元体制所需要消除的，是对城乡之间生产要素流动的人为障碍，以及两种户籍之下工人和农民的不平等待遇，从而就能缩小城乡之间的差距。这一切是可以做到的，而且对国民经济发展只会产生积极的影响。

二、农村产权制度改革势在必行，尤其是宅基地管理制度更需要改革

当前，要发展农村经济，增加农民收入，面临的问题之一是农村金融服务严重滞后，而农村金融发展之所以迟缓，则又归因于城乡二元体制的存在，归因于现行农村产权制度的制约。

农民目前同产权无缘。对承包的土地，没有产权；对宅基地，没有产权；甚至对宅基地上的住房，尽管住房是自己花钱盖的，但由于对宅基地没有产权，所以农民对宅基地上的住房也没有产权，连房产证都没有，这确实是不合理的。由于宅基地及其上面建造的住房没有产权，只有使用权，所以他们既无法出售，也不能抵押，从而制约了农民土地权益的实现。这不仅不利于农民致富和农村经济发展，而且不利于农村劳动力转移，严重阻碍城镇化进程。

现阶段我国法律对农民的土地（包括承包的土地和宅基地）的权利保护实际上是不明晰、不到位的，这个问题急需解决。[①] 对于城市化，世界上已经有正反两方面的经验和教训。西欧一些国家在工业化、城市化过程中，城市内没有出现“贫民窟”现象，主要原因就在于农村土地和农民住房可以根据农民意愿进行流转和抵押，农民通过土地和农村住房的流转或抵押，可以得到一笔资金，这有助于他们进城务工、创业、定居，并成为城市居民。

宅基地和宅基地上建成的农民住房，理应是农民的重要财

---

① 孙荣飞：《“土地管理法”修订：推进农村集体土地财产权制度变革或破题》，载《第一财经日报》，2008年6月24日。

产，应当鼓励支持各地探索宅基地和农民住宅流转和抵押的办法，保护和实现农民对宅基地和农民住宅的应有权益。农村宅基地和农民住房的实际使用已经使农民对宅基地和农民住房的使用权变成了事实上的长期权利。针对这一客观事实，在法律上应予以确认，赋予农民对宅基地和农民住房的产权，这对保障农民土地权益、搞活农村经济和金融具有特殊重要意义。而且，如何处理宅基地问题必须充分尊重农民的权利和他们的意愿，不能使农民的利益受到损害。① 今后法制建设的方向就是赋予农民与城市居民同等的产权落实和产权保护。为了实现城乡一体化，建议适时修订《物权法》、《土地管理法》等法律和相关法规，通过宅基地和农民住房的产权制度的改革可以大大激活农村经济和农村金融。当前应积极探索宅基地及其上面农民建造的住宅抵押的有效途径，总结一些地方将宅基地及其上面建造的住宅抵押给信用社或其他农村金融机构进行融资等做法，大力开展农村宅基地及其上面建造的住宅抵押试点。再就是要积极实现宅基地及其上面建造的住宅的可转让性，至少可以让统筹城乡发展改革试验区的经验逐步推广。

在推行宅基地管理制度改革时，一些人在思想上仍有所顾虑，主要有四种：

第一，认为宅基地对农民来说，是庭园经济，宅基地周边的土地是精耕细作的菜园、果园，生产率很高，农民的现金收入不少是来自庭园经济的，如果农民把它置换出去了，不仅是较大的损失，而且还断了外出农民的退路，因为万一农民在外面经营得不好，收入不多，连退路都没有了，岂不是会引发新的问题？

---

① 贾杰华、陈文雅：《宅基地换房的执行隐患》，载《投资者报》，2009 年 3 月 16 日。

其实，这种顾虑是可以打消的。绝大多数农民并不是先置换自己的宅基地再外出工作，而往往是先外出工作，等到在外面有了一定的安排，经济上比较有基础了，再回乡把家属接走，再处理自己的宅基地。对他们而言，是否置换宅基地，是近期利益和长期利益反复比较而做出的选择。农民在这方面的行为是理性的。当然，在这个过程中也不能否认偶然事件的出现，例如家中主要劳动力在外面工作时遇到了重大工伤事故，该怎么办？这就告诉人们，要有保险意识；有了保险，损失会减轻些，也不至于陷入绝境。

第二，认为宅基地的置换可能只适合城市郊区的农民，而不适合偏远地区的农民，更不适合山区的农民。再以宅基地及其上面的房屋来说，可能只有城市郊区的才能抵押出去，偏远地区的，尤其是山区的宅基地怎么抵押？谁愿意接受？加之，那里的农民住房多数是简陋的、破旧的，没有人愿意要。抵押岂不就成了一句空话？

应当承认，这种情况是存在的。但不能因为有这种情况，宅基地的置换工作就应停顿下来。如果停顿下来，等山区农民富裕了，山区农民住房都换成了新楼，再着手宅基地置换工作，那要等到何年何月？其实，当初实行农村家庭承包的时候，也并不是一下子就铺开的，一切由农民自行作出选择，有些地方先推广，有些地方后推广，还有些地方选择了家庭承包以外的其他经营方式。宅基地的置换或抵押，也是这样。条件合适的先推行，条件不合适的，可以推迟，等条件成熟时再推行也不算晚。不要把早推行、晚推行看成是“觉悟”高低的反映，实事求是原则是最重要的。不实事求是，反而会误事。

第三，认为宅基地的置换可能只适合就近进城务工或创业的农民，而不适合远赴千里以外去务工或创业的农民，对这些远赴千里以外的农民来说，宅基地置换给谁？比如说，不少农民长期在珠三角各县市工作，老家在贵州西部农村，宅基地置换给谁？

这种顾虑是有道理的，但可以设法解决，关键在于寻找出解决问题的办法。宅基地置换工作应当有一个程序，按程序去做，问题可以得到解决。如果农民在本县（市）城镇安家，问题比较简单。如果农民在省内的另一个县（市）安家，省内也可以统筹解决。如果农民到跨省的某个县（市）安家，那么应当按如下程序去做，还是可以解决的：首先，准备到外省去安家而需要置换宅基地的农民提出申请，先经本地县（市）政府同意，然后向准备迁往的外省的县（市）政府提出申请，经同意后，于是，该农民将宅基地交给本地县（市）政府处理，得到一笔相应的补偿费，由该县（市）政府有关部门转到所要迁往的外省的县（市）政府的有关部门。这样，对三方都是合理的：对农民来说，达到了转移的目的，并在所迁往的县（市）生活和住房有了着落；对农民原籍所在的县（市）来说，由于得到了农民所交出的宅基地，可以用它们置换为相应的城市建设用地，因此尽管付出一笔补偿费，也是合理的；而对于农民所要迁往的外省的县（市）来说，得到了一笔补偿费，用来安置迁入的农民，在经济上没有损失。可见，只要合理统筹，问题仍是可以解决的。

第四，认为宅基地的抵押存在着两种风险，一是农民为此承受的风险，二是金融机构为此承受的风险。如何防范这两种风险，是在宅基地管理制度改革中不得不面临的问题。假定还没有找到合适的防范这两种风险的可靠的措施，还是谨慎为宜。

应当承认，这两种风险确实是存在的，因此必须有可靠的防范措施，但这并不等于说由于担心出现风险就放弃了宅基地抵押的做法，而是要事先找出可以防范风险以及化解的措施。当初，全国人大常委会制定《中华人民共和国担保法》时就考虑到宅基地是农民生活必需的，所以排除了宅基地以及承包土地抵押的做法。[①] 但根据实践的经验，关键仍在于有没有妥善的防风险措施。

如何防范农民因宅基地抵押而出现的风险？一方面，接受农民宅基地抵押的金融机构必须是符合条件并经过审查批准的有资格从事农民宅基地和农民住房抵押业务的金融机构，以免农民上当受骗；另一方面，当农民把宅基地和自己的住房抵押出去后，可以贷得一笔款项，用于生产经营，亏蚀了怎么办？农民岂不是从此失去了宅基地和住房？因此，大力开展农村保险业务是可以减少风险的途径之一。例如，农民用这笔贷款自主创业办了养殖场，开了作坊或外出务工，遇到洪水、火灾、地震、瘟疫等，或者发生了车祸、工伤，如果已经上了保险，就可以得到赔偿，从而减少损失。

从事宅基地抵押业务的金融机构如何防范风险？这里的风险主要是指还贷率低而金融机构又难以处理作为抵押品的宅基地和农民住房，因而陷入资金困境。为了防范和减少这种风险，可以采取以下措施：即使农民以宅基地和住房作为抵押，金融机构仍应对抵押人的信用状况和还债能力进行调查；如果采取农民信用互保方式来发放农民宅基地和住房的抵押贷款，那就更好了。总之，风险总会存在，但可以尽量减少它。

此外，据我们在一些地方的调查，有些农户在农村的住房不止一套。在这种情况下，多余一套的住房为什么不能抵押出

---

① 《土地承包权宅基地不能抵押》，载《人民日报》，2008 年 10 月 24 日。

去？再说，在有的村里，农民的住房有时是三层楼或四层楼，在这种情况下，农民的住房可以抵押一半。即使将来还不起贷款，自己还留下一半住房，可以居住。这有什么不妥？

三、农业适度规模经营呼唤完善农村土地承包制，加快实现农民承包地的流转

随着新时期农村形势的发展，现行的农村家庭承包制已有一些不适应的地方。问题主要是把土地等生产要素分散在一家一户，制约了土地规模经营和土地使用效率，影响对土地加大投入的积极性，进而影响农业生产率的提高和农民收入的上升。加之，在农民有可能进城务工的情况下，不少农村青壮年劳动力外出务工，家庭承包的耕地或者撂荒，生产资料闲置，或者只剩下老弱劳动力耕种，使土地使用效率大大降低。这在耕地流转有限的广大农村形成了极不合理的状况。因此，农业适度规模经营是发展现代农业、提高农业生产力的内在要求。没有规模经营，不能有效地利用土地资源，农业生产效率就很难提高。当前土地承包办法急需根据情况的变化调整完善，急需科学合理地配置土地资源，鼓励各地探索土地承包权的多种有效流转方式。①

这里，先对转包、出租和土地入股三种主要的土地流转形式作进一步分析。这是因为这三种土地流转形式较为普遍，它们都适用于一定地区，也都具有一些特点。

以转包形式进行承包地流转的方式在一些粮食产区是适用的。在一些粮食产区，外出务工的农民把所承包的土地转包给本地或外地的种植能手。一个种植能手如果包下了十几户农民

---

① 国家行政学院法学部课题组：《成都市农村集体土地流转案例调研与评析》，载国家行政学院科研部：《政府管理参考》，2008 年第 4 期，第 1 ~ 6 页。

的承包地以后，只雇几个工人，采取机械化生产，就能取得高产并有利润可得。这对种植能手和外出务工农民都有利。在湖南调查所得到的资料表明：单个农民承包十几亩稻田，收入很低，只够糊口。如果种植能手通过转包形式，承包了200亩以上的稻田，采用机械化作业，雇几个工人，一年生产两季，收获40万斤稻谷，除了柴油、农机折旧和维修、化肥、农药等开支，再加上雇工工资和承包者自己的相当于工资的收入而外，还可以有较多的盈余。而把土地转包出去的农民，进城后的务工或经商收入，也超过了自己种地的收入。

以出租形式流转承包地的方式在一些地方也比较流行。承包地或者出租给种植能手，或者出租给果品或蔬菜企业，或者出租给养殖场种饲料，租金数额通过协商解决。原来的土地承包者有些外出安心务工，有些并不外出，而在土地租出后给租方做工，按月取得工资收入。在广东徐闻县调查的资料表现，当地的菠萝种植园正是在广大农民出租土地的基础上发展起来的。

在目前农村的土地流转中，有3/4的耕地是以转包和出租形式流转的。①

以入股形式进行承包地流转的方式（即农民把承包地作为股份加入农民专业合作社）在一些已经组成农民专业合作社的地区，可能更有推广的价值。农民入股后受聘为农业工人，每月有工资收入，年终还有股利收入。② 但是，如果农民把承包地直接入股到大公司，可能带来三个问题：第一，在农民专业合作社中，农民作为股东是有发言权的，而在大公司

---

① 引自《财经》杂志，2009年第2期，第62页。

② 刘维涛：《探索中国农村新一轮改革方向》，载《人民日报》，2008年9月3日。

中，农民作为股东则失去了发言权。第二，农民专业合作社是农民自己的经济组织，在公司经营不善时，农民们可以商量如何渡过难关，而大公司一旦亏本，农民要求退股（退还所承包的土地）的愿望很难实现，于是会引起社会动荡。第三，如果大公司把农民入股的承包地抵押出去，把资金投往外省，农民在不知情的情况下，等于把土地交给了大公司任意使用，这样也会引起农民不满。因此，农民把承包地入股于农民专业合作社是较好的选择。以前曾经流行过“公司＋农户”的土地入股模式。在重庆一些区县调查，这种“公司＋农户”模式已经发展为“大公司＋小公司＋农户”的模式。大公司是指大型的龙头企业，小公司是指农民专业合作社。农民把承包的土地入股于农民专业合作社。这样，不仅农民放心，而且便于监督土地的使用状况。农民专业合作社（小公司）与龙头企业（大公司）之间则以供应生产资料和农产品运销或加工方式订立合同，建立市场供求关系。

还有的地方正在试验新的土地流转形式。例如土地信用合作社的模式。“从经营宗旨来看，（土地信用）合作社不以利润最大化为目的，而是以促进土地承包经营权有序流转和规模经营、实现农民生产和生活方式转变为途径服务于‘三农’。”[①] 在经济效益上看，“土地信用合作社降低了土地承包经营权流转的成本，并通过其良好的示范效应，不仅培育了本地的贷地需求，而且吸引了其他地区的贷地需求，体现了土地承包经营权流转制度的成功创新对农业产业化积极的作用。”[②] 此外，有的市县也在试验农民把承包土地存入农村信用社，并

---

① 程志强：《对我国土地信用合作社实践的思考：以宁夏平罗为例》，载《管理世界》，2008 年第 11 期，第 2 页。

② 同上，第 8 页。

收取利息的做法。当地农民把这样的农村信用社称做“小银行”。农民外出务工就放心了。农民之所以欢迎这种土地流转形式，是出于以下考虑：第一，风险小，因为农村信用合作社被认为是可靠的，不像土地出租后的租地者（无论是个人租地还是企业租地）都有较大的风险。第二，土地出租收益稳妥并且按时交付，不至于拖延、欠交或打白条。第三，灵活方便，距农民住地较近，并可随时查询。在有的地方，如果农民想收回承包土地，可以提前通知农村信用社，农村信用社届时归还，但不一定归还原来那块地，而是面积相当的另外一块耕地。

另据调查，重庆正在探索建立的农村土地交易市场是实现土地流转的新尝试。通过“地票”（“地票”就是用地指标的凭证）交易，将农民自愿放弃的宅基地进行整理并复垦成耕地，并以“地票”形式挂牌出售给需要耕地占补平衡指标的城里用地单位，因此这个市场能够较好地沟通城市与农村建设用地指标的联系，实现农民的土地权益。从这个意义上说，“地票”交易意味着土地指标流转的程序化和公开化，既可以解决宅基地的流转问题，又可以增加城市建设指标，同时不使耕地减少。国务院规定的 18 亿亩耕地的红线不会被突破。[①] 在这方面，建议对重庆设立的农村土地交易市场进行调查研究，及时总结经验。如果这个市场能规范、发展、推广，将有利于城市资金、技术等市场要素有效导入农村，同时，要探索除宅基地以外，农民承包的土地是不是有希望进入农村土地交易市场，形成承包土地流转的另一种新形式。

在这里，一个有待于说明的问题是：承包地的流转同宅基

---

① 《全国土地利用总体规划纲要（2006～2020 年）》，载《人民日报》，2008 年 10 月 24 日。

地的流转可分可合，究竟是“分”更好些，还是“合”更好些？这里所说的“分”，是指承包地的流转和宅基地的流转可以分开进行：有些农民只流转承包地而保留宅基地，也有些农民只流转宅基地而保留承包地，但交给熟人代管代耕。这里所说的“合”，是指承包地和宅基地合在一起流转，如承包地入股了，宅基地置换了，农民外迁了。

应该说，承包地的流转要比宅基地的流转容易些，而且农民如果外出务工，可能先考虑承包地的流转，后考虑宅基地流转，因为农民本人外出在先，家属外迁在后，农民很少一开始就携带家属一起外出务工的。还有，如果外出务工的农民认为外出务工毕竟是暂时的，等有了积蓄后要回本村创业、盖新房，那么他们就更不会在外出时就流转宅基地。这表明，承包地流转和宅基地流转以分开进行为宜。当然，这并不排除一部分农民愿意把承包地和宅基地合在一起流转。比如说，这些农民有亲属在城里，在亲属的帮助下，工作和住宿实现都有安排，那么他们就不一定先流转承包地，再流转宅基地了。

四、大力倡导、鼓励、支持农民创业，以创业带动就业

在城乡一体化调查中，我曾把浙江和重庆两地的情况作了比较。浙江的情况比重庆要好。这不仅是由于自然条件和地理区位不同，也不仅是由于两地的历史情况不同，更重要的原因在于农民创业积极性不一样，农民创业的环境有差别。浙江统筹城乡之所以搞得比较好，主要原因在于转移出来经商开店的农民多了，也就是自行创业的农民多了，仅温州一个地区就有400万个民营企业老板，其中有小老板，也有大企业的投资者、经营者。而重庆市共有400万农民外出打工，由此就可以看出差距。

转移的农民并非只有进城打工这一条途径。更为稳定、有效而又十分重要的途径恰恰是农民创业，并由此进入非农产业领域。尽管农民创业也有一定的投资风险，但打工不也有一定风险吗？农民创业的好处：一、自身脱贫致富、全家脱贫致富。二、带动更多农民就业，这一方面是由于创业后的农民可以雇一些农民作为雇工，另一方面在于发挥示范作用。三、有利于发展小城镇和县域经济，因为创业农民所开设的店铺、作坊主要设在县城和镇上。四、繁荣农村经济，这主要指创业的农民为了扩大规模，往往招聘本乡本村的农民前去打工，他们在本乡本土收购原材料，以及用赚得的钱在家乡建房、修路等等。五、农民工回乡创业有利于传播城市文明观念，改变农民生活方式，助推城乡一体化进程。

在一些地方，一些优秀的青年农民经过多年进城打工，在城里学到了本领，开阔了视野，积累了一定资金，有着回乡创业的愿望。调查中发现，从湖南乘汽车到广西，沿着国道走，公路两边的小饭馆、小旅店、小商铺、小作坊，几乎都是到广东打工后返乡农民开的，生意都比较红火。

农民创业需要政府扶植，但目前对农民创业尚缺乏相关政策扶持体系，导致目前农民回乡创业的比例还很小。

当前，我们应当充分重视农民创业对推进城乡一体化的重要作用。要出台进一步扶持农民创业的政策，如手续便捷的小额担保贷款，加大对创业者的贴息补助；允许农民以宅基地以及上面建造的住宅作为抵押获取贷款；对农民创业和农民工返乡创业初期实行减免税政策；大力开展创业培训，树立榜样、宣传典型，鼓励外出务工人员回乡创业等等。

根据现代经济学理论，在创业和经营过程中，物质资本、人力资本和社会资本三者是缺一不可的。物质资本是指投资于厂房、设备和原料方面的资本，这可以通过各种不同渠道筹集到。人力资本是指体现于创业者和经营者身上的知识、技能、经验和智慧，虽然他们因人而异，但人力资本通过个人的努力和个人的实践是可以逐渐积累的。社会资本是指对社会网络、人际关系和相互信任的利用而产生的一种巨大力量，它体现于各种社会关系方面。它是无形的，却可以转化为推动创业的巨大力量。农民在创业和经营时最缺少的往往是社会资本。有些农民，处于偏僻山区，同外界交往极少，信息缺乏，又没有亲戚朋友在外面工作，他们几乎不可能有什么可以利用的社会资本。但这也不是一成不变的，社会资本可以增加，关键在于如何增加社会资本，如何利用社会资本。比如说，本县、本乡、本村的人在外地务工、经商、创业的人多了，对于准备到那里去工作的人来说，就是可利用的社会资本。同乡会、校友会、同学会，不管是有形还是无形的，同样是一种社会资本。农民自己组织起来的各种专业协会，也是社会资本。还有，沿海城市同中西部城市结成帮扶关系后，对其中任何一方，都是可利用的社会资本。有了社会资本，农民创业就会比较顺利一些。

农民创业，对于城乡二元体制改革来说，一个更有深远意义的效应是农民的创业积极性被激发出来了。这是蕴藏在民间的一股巨大的力量，多年以来由于受到城乡二元体制的束缚，这股力量一直是受压抑的。外出务工，只是使这股力量的一小部分得以发挥出来。当然，农民外出务工也可能为此后的自行创业作准备，但务工毕竟不等于自行创业。自行创业之初，不论规模大小，但都体现出农民把投资者、经营者甚至劳动者这几种身份全集于一身了。他们必须熟悉市场，关心市场，改善经营管理，引进服务，并且自己承担风险，这是同受雇的身份不一样的。换句话说，只有进行了城乡二元体制改革，才能真正把广大农民解放出来，成为市场经济中的活跃分子。农民自身有了更大的活力，市场也就增添了更多的活力。创业的农民人数越多，城乡二元体制改革就越顺利。

对农民的创业还应当有更深入的理解。农民创业不仅仅表现为农民在城镇创业，即农民到城镇开店、开作坊、甚至办企业，而且也可能表现为农民在农村创业，例如农民把自己的承包地当作市场经济中的家庭农场、家庭养殖场来经营，或者农民利用自己的房屋和庭园办成“农家乐”形式的农村家庭旅馆和家庭饭店，或者农民在乡间从事家庭手工业品的生产和经营，甚至农民个人投资或集体投资在农村办企业，等等。要知道，在城乡二元体制之下，农民的积极性是受到极大限制的，即使他们在承包地上种植各种作物，或者家里养猪养鸡，但都没有把这些看成是一种“创业”，他们也没有创业的积极性，他们只不过以此作为一种谋生的手段，聊以糊口而已。当初，农村实行家庭承包制以后，为什么农业、畜牧业产量会大幅提高，短短几年之内农贸市场上鸡鸭鱼肉全都有了，全有赖于农民积极性的提高。目前，可以预料，通过城乡二元体制改革，农民的创业积极性更会迸发出来。加之，农村中总有一些能人，他们先行一步，会使承包地和庭园经济中的创业取得更大成效，于是就产生了示范效应。这样，即使他们不进城，就在承包地上，在自己的住房和庭园中，他们照样会大有作为。同市场的联系越多、越密切，他们创业的热情就越高，他们的精神状态也会发生很大的变化。这对国民经济的发展，对农民自身收入水平的提高，以及对农村面貌的更新，必将产生深远的影响。

五、将统筹城乡综合配套改革作为国家战略，大力支持试验区大胆闯、大胆试

改革需要巨大的勇气和努力，需要宽松的舆论和政策环境，现阶段重庆、成都是统筹城乡发展的试验区，它们可以在体制、机制方面先行先试，错了不要紧，总结经验教训就行。改革是需要付出代价的，不然怎么叫做“探路”?[①] 30 年前，改革开放的路子正是首先通过建立经济特区的方式闯出来的，经济特区的榜样力量无穷。重庆、成都两个统筹城乡发展的试验区，同样会在这方面充当“探路”的角色，起着示范作用。重庆、成都两个试验区通过改革，在试验区实现了“三个集中”，即工业向工业集中区集中，土地向规模经营集中，农民向集中居住区集中。“三个集中”的动向引起了全国关心城乡一体化的人们的注意。[②] 这表明，促进城乡一体化的工作在全国具有典型代表性和示范性。全国各省市都希望两地及时总结经验教训，为全国的城乡一体化改革探路、引路。

试验区先行先试，是中国改革开放 30 年的宝贵经验。回顾从 1978 年到现在，哪一项重大改革不是先试点，再总结，再推广的？假定改革的试验同现行法律有一定的抵触，那也不要紧，可以先在少数地方试行，等到条件成熟了，再修改法律或制定新的法律。不妨举农村改革中的两个例子。一个例子是 20 世纪 70 年代末到 80 年代初，在安徽凤阳小岗村开始的农村家庭承包，从法律上不仅没有依据，而且，如果死扣法律条文，则家庭承包制显然是不合法的。因为农村家庭承包更改了

---

① 刘维涛:《探索中国农村新一轮改革方向》，载《人民日报》，2008 年 9 月 3 日。

② 刘裕国:《成都城乡一体化夯实发展基础》，载《人民日报》，2009 年 3 月 29 日。

人民公社制度下土地统一经营的做法，重则可以扣上“图谋资本主义复辟”的帽子。20世纪60年代初，在当时发生大饥荒的环境中，不是有些地方曾经试行着家庭承包制么？但结果是悲剧性的：有些人被抓了，家庭承包的做法被废除了，甚至有的带头人弄得家破人亡。但1979年以后却不同于过去，因为召开了中共十一届三中全会，安徽凤阳小岗村自发的农村家庭承包制试验被推广了，全国普遍推行了农村家庭承包制的做法。另一个例子是20世纪80年代前期，乡镇企业兴起后，乡镇企业为了购置原材料和推销自己的产品，派出了不少采购员、推销员，跑遍全国，在计划经济体制之下形成了一个“计划外市场”。在当时，这也是不合法的，并且可能被扣上一项罪名：投机倒把罪。但大批乡镇企业并没有就此停步。他们继续采购，继续推销，继续招人聘人，继续扩大生产。这样，乡镇企业终于逐渐发展壮大。这就说明，改革是在不断试验，不断总结中一步步前进的。因此，对重庆、成都的城乡一体化试验，要充分支持，充分信任，相信这些试验会为中国城乡二元体制的改革探出一条新路。

当然，中国的国土面积这么大，农民人数这么多，而且各地经济和社会的发展又如此不平衡，所以不要设想城乡二元体制改革可以很快就完成。农村家庭承包制推行30年了，在这段时间内，中共中央和国务院研究过多少次，出台了多少个重要文件，才开始转到城乡二元体制改革的轨道上来，而且这一改革至今仍在试验阶段。当然，也许用不到30年的时间，但至少也得花上20年：到2028年，也就是到了中国改革开放50年的时候，城乡二元体制改革才能被认为取得了决定性的胜利，估计到那个时候，城乡体制已经一元化了。

估计城镇化的速度在这20年内会加快，中国与美国的国情不同，把农村人口的比例降到像美国那样的4%～5%，是不现实的。但能不能降到25%～30%呢？也就是说，城镇人口要占70%～75%。看来，这还是有可能的。到那时，户籍是统一的，社会的职业分工是必要的，人们之间只有居住地点的不同和职业分工的不同，权利是平等的，机会也是平等的。这就是城乡一体化的真正含义。曾经存在过的城乡二元体制于是就将成为中国历史上的一段插曲。①

六、城乡一体化改革中最困难的问题是就业问题以及失业失地农民的社会保障问题

那么，城乡一体化改革进程中，最困难的环节究竟在哪里呢？不在于承包土地的流转，不在于宅基地的置换，也不在于从二元户籍制度转为一元户籍制度，而在于以下这个大问题：这么多的农村人口陆续进城居住，城市中有这么多工作岗位吗？如果城市就业不足，进城的农民中，不少人将成为无业者，这样就会影响城市的稳定和发展。而且，已经进城的农民如果在城里长期找不到工作，他们只得返回农村，但在农村还有土地可耕种吗？土地对农民来说，既是收入的来源，又是社会保障的依托。假定连农村的承包地都失去了，他们回乡后又怎么生活？下面，从三方面对此进行分析。

第一，在城乡二元体制改革过程中，必须保持较高的经济增长率。

从世界各国的情况可以了解到，在任何一个国家，新的工作岗位总是在经济增长中涌现的。尽管存在经济增长与就业增长的不对称性，即就业增长总是滞后于经济增长，但经济增长

---

① 李晨：《宅基地流转的重庆试验》，载《北京青年报》，2008年11月3日；周春林：《宅基地流转的成都突破》，载《北京青年报》，2008年11月2日。

导致就业增长却是不容置疑的。然而现阶段中国就业问题具有复杂性和长期性。比如说，在西欧国家，一般只要年经济增长率保持在2%～3%，就业市场基本上是稳定的，不会出现多大的就业问题，中国经济增长率要保持在9%～10%以上才不会产生失业严重化的现象；如果经济增长率降到7%以下，失业问题就会相当突出。原因何在呢?

1. 西欧国家多年来人口增长率很低，每年新退休一批工人，腾出工作岗位，可以由达到就业年龄的年轻劳动力补上空缺。这样，即使经济增长率较低，失业问题不会严重。在那些国家，构成失业队伍的主要成员是国外移民中的求职者。不仅如此，西欧国家的工业化开始较早，在长达二百多年的工业化过程中，农村劳动力的释放已差不多了，现在不会有很多农民想进城打工，来自国内农村的就业压力明显减少。

2. 更重要的是，中国与西欧国家在体制上的一个巨大区别，就是西欧国家早已不存在城乡二元体制，而中国至今仍存在城乡二元体制。在城乡二元体制下，城乡由于体制不同而割裂开来，城乡在社会经济生活方面存在着因体制不同而造成的巨大差异。如果存在着传统的计划体制，城乡人力流动受到严重限制，那么不管农村中的劳动力多么想到城市中来工作，也难以如愿。但从20世纪80年代以后，随着中国改革开放的进展，尽管城乡二元体制未被取消，但城乡之间的人力流动却放松了，于是就出现农民进城浪潮。农民进城，不仅是为了增加收入，而且还为了在城市生活，得到与城市居民一样的待遇，而且只要在城里找到的职业比较稳定，就把家属接进城市。这样，农村劳动力的供给就是源源不断的，而城市对劳动力的需求却是有限的，就业压力难以缓解。加之，农民在中国人口中的比重大、数量多，一些外出务工的农村劳动力在城市中找到了工作，就会吸引更多的同乡进城，所以就业压力的存在肯定是长期的。西欧国家则没有这样的情况，因为那里不存在城乡二元体制。

3. 由于中国依然处于从计划体制向市场经济体制过渡的阶段，国有企业在国民经济中仍占有举足轻重的地位，民营企业是在20世纪80年代以后陆续发展起来的。在企业规模方面，国有企业主要是特大型和大型的，它们的技术装备好，资本雄厚，甚至在某些行业成为垄断性企业，但国有企业属于资本密集型和技术密集型企业，吸纳的劳动力，尤其是一般劳动力是有限的。民营企业绝大多数是中小企业，其中很多是劳动密集型企业，吸纳的劳动力多。但是，民营企业在许多方面（如税收、融资、政府采购等）尚未受到公平待遇，在经济中处于弱势。一旦经济发生动荡，首先受到冲击的是民营企业。这样更会加剧劳动力市场供大于求的状况。而在西欧国家，虽然也有国有企业，但数量不多，在经济中起作用的主要是私营企业，只要经济有所增长（哪怕经济增长率只有2%～3%），只要人均GDP增加了，私营企业，包括大量小企业，就会进一步发展，增雇劳动力。

4. 中国是一个耕地面积有限，人均耕地面积很小的大国。据统计，中国现有2.27亿农户承包了耕地，每户平均承包经营的耕地只有5.36亩。[①] 农民耕地不足，自20世纪80年代以来，不断有农民外出务工、经商。另据统计，中国现有9.5亿农村户籍人口，除了中小学生和老人，约有5.3亿劳动年龄人口。[②] 其中，3.2亿劳动力真正从事农业（包括林、牧、渔业），余下的2.1亿劳动力中，统称为“广义农民工”。广义

---

① 引自《财经》杂志，2009年第2期，第62页。

② 同上。

农民工中包括两部分人。一部分是离土不离乡的，在乡镇企业工作的职工，约8000万人；其余1.3亿人是外出就业的农民工，他们被称为“狭义农民工”。[①] 可见，今后如果不从农村继续分流出去大批劳动力，在农村生育率较高的条件下，人均耕地会更少。为了提高农业的单位面积产量，走规模化经营的道路和农业集约化的道路是大势所趋。但据2006年资料显示，全国（除西藏外）耕地流动面积只有5551万亩，仅占家庭承包经营耕地面积的4.57%。[②] 加快耕地流转势在必行。而土地流转的后果之一是在农业中实际从事生产的劳动力数量会下降，于是又会推动农民进城务工。这种情况在西欧国家是不存在的，因为那里的农民人数已经不多了，农民有自己的家庭农场，面积适中，需要家庭成员全力经营，才能得到好收成，他们不急于进城，也不愿意丢掉土地去做工。

5. 第二次世界大战结束以后的几十年间，西欧国家的社会保障制度已逐渐完善，无论城市居民还是农民都能享受到较好的社会保障待遇。进城的农民同城市居民一样，有相同的社会保障待遇。即使他们所在的企业倒闭了，他们失业了，由于有了社会保障，他们一般不会返回农村。中国的情况与之不同。长期以来，“城乡二元分割制度是农民工无法获得同等社会保障的根本原因”。[③] 现在，中国的城乡社会保障改革刚刚起步，至今仍处在初始阶段，因此，失业的农民工只好返回农村；如果农村的承包土地已经流转出去而又没有相应的社会保障待遇，他们便成为无地无业无社会保障的“三无”农民。

---

① 引自《财经》杂志，2009年第2期，第62页。

② 同上。

③ 中国科学院“农民工返乡机制研究”课题组：《徘徊在城乡之间的中国农民工》，载《光明日报》，2009年4月9日。

这是最令人担忧之处。

6. 再从产业结构看，中国的就业压力大与产业结构中第三产业较小有关。西欧国家从工业化开始，经历了200多年，最终形成了这样的产业结构，即在GDP中，第一产业通常只占百分之几，第二产业占到20%多，第三产业则占到70%以上。服务业成为最大的产业，它吸收了大量就业者，包括自行创业的中小型服务业企业的业主们。而中国至今仍然处于工业化中期，第三产业发展较缓慢，大约只占GDP的40%左右。第二产业则仍是劳动力力求进入的主要行业。因此，中国服务业发展的滞后是就业压力形成的一个重要原因。需要探讨的是：为什么中国的服务业发展较缓慢？可以从城市化速度慢和城乡居民大多数收入偏低来分析。由于城市化速度慢，农民人数多，而且农民的收入偏少，因此对服务业产品的需求只可能缓慢增加。那么，为什么城市化进展迟缓呢？为什么农民收入偏少呢？这又同城乡二元体制的存在有直接的关系。由此可以作出判断：产业结构问题在现阶段的中国是同城乡二元体制的存在联系在一起的，离开了体制原因，说明不了产业结构问题。

总之，在中国城乡二元体制改革中，经济必须保持高速增长，这是由中国的国情决定的。在中国，高经济增长率和城乡二元体制之间存在着特殊的关系，即没有高经济增长率，就业压力将一直是巨大的；而就业问题难以缓解，城乡一体化的进程必然会放慢。只有城乡二元体制改革取得了重大进展，城乡一体化逐步实现了，农村居民和城市居民在权利上趋于平等了，农村人口外出的压力减轻了，经济增长也就不一定需要那么高的速度了。

第二，在城乡二元体制改革过程中，必须切实有效地实现经济转型。

前面已经提到，在城乡二元体制改革过程中，中国需要高经济增长率，才能缓解就业问题。但我们也应该看到，持续的高经济增长率会带来很大的风险。这些风险是：

1. 只顾速度，不问效益，资源消耗率居高不下，环境遭到破坏的趋势未能扭转，必定影响经济和社会的持续发展。

2. 持续的高经济增长率，往往同投资过大联系在一起。投资需求过大，要素价格持续上升，由此将引发通货膨胀。

3. 为了促进经济增长，而忽略产业升级和产业结构调整，很可能引发某些行业产能过剩，由此导致经济发生巨大的波动和下滑，从而需要再度加大投资，刺激经济。

4. 在上述情况下，银行放贷中坏账的比例将上升，这是金融风险增长的反应。

可以断言，有必要在经济增长的同时实现经济转型。如果没有经济的转型，经济不可能实现又好又快的增长，不可能实现提高经济增长质量这一目标。

经济转型一词有两层含义。

由于经济转型始终与结构调整、产业升级紧密地联系在一起，所以经济转型的第一层含义是：抓紧时间实现产业结构和产品结构的调整，以及产业的升级，鼓励企业自主创新，把提高经济增长的质量放在首位。经济转型的第二层含义是：抓紧时间实现就业结构或劳动力结构的调增，以及劳动力素质的升级，使技术人员、研发人员的比重上升，使熟练技工的比重上升，利用目前这段时间开展职业技术培训工作，以迎接新阶段的到来。

只有实现了这两层含义的经济转型，中国才能成为名副其实的经济强国、工业强国，才能既是世界的制造中心，又是世界的创造中心。同时，也只有实现这两层含义的经济转型，城乡二元体制的改革和城乡一体化的蓝图才有可能早日成为事实。道理是很清楚的，因为这时的经济增长才是又好又快的经济增长，能提供更多的就业岗位，并且不至于引发经济的剧烈波动，使人们的收入稳步上升。也就是说，我们所说的经济增长能够带动更多人的就业，不是单纯依靠 GDP 的增加就能使就业岗位不断增多，而是指在 GDP 增长的基础上，人们的收入能稳步上升，人们的消费结构能不断调整，从而导致产业结构发生变化，导致第三产业在 GDP 中的比例不断加大，这样才能吸收更多的人就业。从 GDP 增长到就业增长之间，有三个重要环节，即人均收入增长、消费结构变化和第三产业在 GDP 中的比例扩大，从而形成“GDP 增长→人均收入增长→消费结构变化→第三产业在 GDP 中比例扩大→就业增长→GDP 持续增长……”。

具体地说，一定要认真落实科学发展观，重视经济增长的质量，而不能片面追求经济增长速度，即不能片面讲“快”而盲目攀比经济增长率。为此，根据中国当前经济增长的特点，应当着力于优化结构、提高效益、节能降耗和治理环境。发展能够快一些就快一些，但这样的高速度应当在经济转型中实现，应当使人民的生活质量得到切实提高。工业化初期曾经采取的粗放型增长方式应当摒弃，粗放型增长方式是不符合可持续发展的。

为了实现第二层含义的经济转型，有必要加紧人才的培养，实行新的人才战略。这也是推进城乡一体化的需要。总的来说，在人才培养方面，必须尊重知识，尊重科学，尊重人才，尊重创新，提高全社会的创新意识。只有倡导创新精神，完善创新机制，才能激发全社会的创新活力，使人才脱颖而出。同时要加大倡导全社会敢于创新，勇于竞争和宽容失败的精神。不宽容失败，就不可能有真正的创新。为此，教育改革、教学内容和教育方式的改革是必要的。今后应当注意创新能力的培养，推进素质教育，培养学生的独立思考能力，鼓励学生参加社会实践和创新实践，这样才能涌现一大批有创新精神的人才。

要知道，农村中蕴藏着大批人才，他们在过去很长的时间内之所以没有涌现出来，主要是由于受到城乡二元体制的束缚，这不仅是由于他们生活在城乡分割的条件下，没有受到良好的教育，更重要的是没有发挥自己才能的环境，他们的积极性受到挫伤。试看，当初开始推行农村家庭承包制之时，尽管城乡二元体制依然存在，但毕竟稍有松动。这样，从广大农村不就涌现出一些能人和农民企业家？今后，如果消除了城乡二元体制，走上城乡一体化的道路，大环境改变了，蕴藏于农村中的创新人才就会大量涌现。[①] 城乡一体化之后的小城镇建设和新农村建设，需要多少敢于创新和创业的人才，他们来自何处？不正是来自广大农村，来自涌入城镇的农民之中吗？

第三，在城乡二元体制改革过程中，必须让失去土地的农民有稳定的个人社会保障账户。

在城乡二元体制改革过程中，不要形成一批“三无农民”，即无业无地，又无社会保障的农民。关于进城的农民或留在农村的农民，可以分为以下几种情况：

一种情况是：无论是留在农村还是进城务工或经商的农民，他们把承包的土地转包了，出租了，或入股了。这种情况下，他们不能被认为已经失去了承包的土地。

---

① 刘阳生：《建立城乡统筹的就业支持体系，促进城乡之间劳动力的合理流动》，载《中国发展》，2008 年 12 月，第 62 ~ 65 页。

另一种情况是：如果他们通过宅基地的置换而进城工作或居住，并由此得到了城市户口、城市住房和城市低保，他们也不能被认为已经失去了宅基地。[①]

再有一种情况是：由于各种原因，农民的承包地或宅基地被征用了或被收购了，如为了修公路、修铁路、修机场、建工厂、修水库、建城市住宅区，农民失去了自己的土地，但也得到一笔补偿费。在这里，姑且不谈补偿费的多和少，不谈补偿制度的标准是否合理，也不谈补偿费发放到农民手中时是否被人贪污了一部分，而只讨论农民把领到的补偿费花完了，又没有合适的工作，或者当了一段时间农民工又失业了，后者经营的小商店、小作坊亏损了，关闭了，那该怎么办？这样不就成了真正的无业、无地、无社会保障的“三无农民”？

为了防止这种情况的发生，应当在征用或收购农民的承包地或宅基地时，让失去土地的农民建立稳定的个人社会保障账户，个人账户中的社会保障资金由三部分组成。一是政府从土地转让所得的资金中划拨一部分进入农民个人社会保障账户；二是得到了补偿费的农民从自己所领到的补偿费中划出一部分，进入个人社会保障账户；三是由得到土地的开发商、企业或建设单位交一笔钱，进入农民个人社会保障账户。这三部分资金都是强制性交纳的。农民有了个人社会保障账户中的保障，再遇上生活困难时就可以有所依靠了。

比较特殊的是以下两种情况：

第一种情况：经济形势较好，外出务工的农民把承包地出租给种粮大户，每年取得租金；到了经济形势较差时，外出务工的农民回乡了，他们无以为生，就向承租土地的种粮大户索

① 国家行政学院法学部课题组：《成都市农村集体土地流转案例调研与评析》，载国家行政学院科研部：《政府管理参考》，2008 年第 4 期，第 4 页。

取土地，否则他们就成了无业无地农民了。在这种情况下，有的种粮大户就办起了农民专业合作社和粮食加工企业，既保住了农业的规模经营，又让租地给他的农民稳定下来，有了工作和收入。这种情况被称为“种粮大户的转型”。①

第二种情况：农民在把承包地入股到企业之后，虽然不能被认为是失去了土地，但如果以后企业倒闭、破产了，农民不仅失去了土地入股后本来可以按年领取的红利收入，而且连原来的承包地也丢掉了，这不是“失地”又是什么？关于这个问题，前面已经提出，根据重庆试验区的经验，农民应当把承包地入股到农民专业合作社（小公司），而不要把承包地入股到龙头企业（大公司）。然而，农民专业合作社既然作为市场主体，仍会有投资风险和经营风险，一旦这种农民专业合作社经营不善，或投资失误，亏损累累、倒闭、破产了，那又该怎么办？这是一个迄今尚未找出有效对策的难题。常言说“不怕一万，只怕万一”，在探讨土地流转中农民把承包地入股这一形式时，不能不防止可能发生的农民失地风险。

一种可供选择的对策是：试行土地入股保险制度。这正如居民到银行存款一样，如果银行倒闭了，居民存款岂不是血本无归了？于是就有了银行存款保险制度，由保险公司为居民存款保险，以减少个人存款户的损失。可以试行的土地入股保险制度是指：在一些城市设立由国家控股的专营农民土地入股的保险公司，或在现有的国家控股的保险公司下面设立专营农民土地入股保险业务的子公司。农民专业合作社在吸收农民承包地入股后，就在保险公司上保险，定期交纳保险费，如果万一因市场风险而导致农民专业合作社倒闭了，保险公司给土地入

① 杜安娜、何涛：《农民返乡要地，种粮大户转型》，载《广州日报》，2009年2月24日。

股的农民以一定的补偿，以减少他们的损失。平时，保险公司可以对农民专业合作社的经营监督、帮助，防止出现巨额亏损等情况。

总之，改革是需要“探路”的，改革总是在试验中积累经验的。我相信，通过实践、实践、再实践，城乡一体化必定能顺利推进。

（原载《北京大学学报（哲学社会科学版）》2009 年第 6 期）

资产泡沫和投资冲动

——国际金融危机后的思考

一、资产泡沫怪圈的形成和破灭

2008年发生于美国并迅速波及全世界的国际金融危机，表明近些年在西方的市场经济国家中存在着这样一种资产泡沫怪圈，这就是：

为了刺激经济，实行低利率，引起信贷膨胀；在信贷膨胀的条件下，形成了投资热和消费热，集中体现于资产的炒作，造成了资产泡沫；资产泡沫的形成一方面继续推动投资热和消费热，另一方面使资金链不断延伸，影响到经济生活的各个角落。

但是，资金链越是延伸，薄弱环节就越多，资金链断裂的可能性也就越大。一旦银行和其他信贷机构出了问题，放出去的贷款未能如期收回，整个资金链就断裂了，这样就会导致因资产炒作而卷入债权债务的银行和企业发生债务危机，甚至倒闭、破产，实体经济必然受累，失业人数剧增。

这时，为了挽救陷于困难中的经济，政府不得不采取救市的做法，扩大财政支出，于是财政赤字又增多了。通过财政支出的扩大以及与此有关的低利率政策，又为下一轮的信贷膨胀准备条件，资产泡沫在平息一段时间之后又会再度形成。

如此循环不已，就出现了所谓的资产泡沫怪圈。

了解了西方的市场经济国家中存在的这种资产泡沫怪圈的来龙去脉之后，我们对美国的次贷危机、雷曼兄弟银行倒闭，以及冰岛危机，甚至迪拜危机的原因就会有比较清楚的认识。

要知道，资产泡沫怪圈的形成并非短期的事情，而是多年的信贷膨胀以及由此引起的资产炒作积累而成的。资产泡沫怪圈破灭之后，到真正的经济复苏，决不是一朝一夕之功。政府的救市虽有些作用，但不是短期就有显著成效的，因为这同投资者和消费者的信心是否恢复到过去的水平有关，也同就业状况是否改善，民间购买力是否增长有关。只有民间的需求，即个人消费需求，才是最终需求，投资热所推动的需求仍然是中间需求。

可以作出如下的判断，2008 年国际金融危机，到 2009 年年末，虽然已经触底，但近期还只是缓慢地回升，要说危机已经消失，似乎为时过早。而且余波未平，资金链中下一个断裂口究竟在哪里，影响有多大，还不清楚。2010 年，不管怎么说，至少不会成为走向繁荣的年份，顶多说是逐步走出危机阴影的年份。

二、投资冲动所产生的另一种怪圈

中国是一个转型发展中国家。在转型发展阶段，地方政府对 GDP 增长的积极性大于中央政府，地方政府对经济结构调整的兴趣小于中央政府。由此产生了中国经济中的怪圈，可以称之为投资冲动怪圈。具体地说，它是这样的：

地方政府为了增加财政收入和缓解就业压力，竭力争取项目，增加投资，促使经济增长，于是投资膨胀，信贷量也随之扩大；这样一来，不仅全国范围的投资量剧增，而且造成信贷规模急剧扩大。然后，产能过剩现象就会出现，通货膨胀也随之而来。在内需未能相应扩大的条件下，出口带动经济的作用便越来越明显。通货膨胀和产能过剩并存状况使中央政府不得不转而采取紧缩政策。经济增长下滑了，就业压力增大了，于是又转向刺激经济的做法。如此周而复始，形成投资冲动怪圈。

2008 年国际金融危机发生前，中国经济就陷入这种投资冲动的怪圈中。国际金融危机爆发并冲击中国经济时，首先反映于出口的剧降，影响到一批出口企业的生产和销售。出口企业通常是产业链条的最终一端，但产业链条上的其他企业，如向出口企业供应原材料、零配件和机器设备的企业，以及为出口企业服务的企业，无疑全都受到了影响。不少企业陷于困难。加之，产业链是靠资金链维持的。产业链断裂，迅速引起了资金链的断裂。流动性过大一下子表现为流动性不足了，因为每个企业为了自保，往往奉行“现金为王”的策略，即持有超正常现金储备，流动性不足正是由于货币流通速度大大放缓而引起的。流动性过大到流动性不足的转变，时间并不长，但却增加了宏观经济调控的困难。

在宏观经济调控中，起作用最大的是政府的巨额投资。2009 年第一季度中国经济开始见底，第二季度反弹，第三季度和第四季度继续回升。但问题在于：如果不破除“投资冲动怪圈”，即使经济增长率保持在 8% ~9% 之间，能不能摆脱这一怪圈呢？假定摆脱不了这一怪圈，中国经济的继续增长岂不是会重蹈覆辙吗？

因此，中国面临的问题同西方市场经济国家面临的问题有相似之处，即二者都有重蹈覆辙的担心。区别在于：中国需要摆脱的是“投资冲动怪圈”，西方市场经济国家需要摆脱的是“资产泡沫怪圈。”

三、摆脱这两种怪圈的途径何在

由于西方市场经济国家在国际金融危机发生前陷入“资产泡沫怪圈”中，所以金融业影响大，进而影响实体经济，影响就业。

由于中国在受国际金融危机冲击前陷入“投资冲动怪圈”中，再加上内需不足，过度依赖出口，所以一受国际市场萎缩的冲击，出口企业受影响大，进而影响金融业和整个实体经济，影响就业。

因此，在摆脱各自所陷入的怪圈方面，西方市场经济国家的对策和中国的对策不可能一样。当然，加强金融监督管理和完善市场制度是二者都需要做的，即使是发达的市场经济国家，市场制度仍需要进一步完善。

对西方市场经济国家来说，要摆脱“资产泡沫怪圈”，最重要的措施可能是政府职能的重新定位，即需要消除政府不干预经济运行这一传统教条的影响，更好把握政府在经济中的作用，不要只从事“事后介入”而放弃“事前介入”的职能。经济的预警机制是可以发挥较好作用的。“事前介入”比“事后介入”的代价较小而成效更大。

对中国来说，要摆脱“投资冲动怪圈”，最重要的是通过改革的深化，从体制上消除产生这一怪圈的可能性。这是因为：“投资冲动怪圈”的背后是体制问题。

与此有关的，主要有以下四方面的改革：

第一，投资决策体制的改革。

投资的决策体制目前是政府主导型的决策体制，应多转变为市场主导型的决策体制。关键在于：在投资决策方面，政府愿不愿意让权、放权、还权。

第二，行业垄断体制的改革。

行业垄断在中国往往带有行政垄断的色彩。这样就阻碍了结构的优化，阻碍了企业的公平竞争。而且也容易引起垄断性或半垄断性行业的产能过剩，以及关键性生产资料价格的上涨。

第三，资源价格体制的改革。

资源价格不合理，不仅阻碍了结构调整，而且会浪费资源。结果导致技术落后的企业不可能被淘汰，使得技术进步受阻碍。

第四，民营企业准入政策的落实。

“非公经济36条”尽管已公布好几年了，但民营企业的准入仍是尚未认真落实的难点。应当贯彻“非禁即入”的原则，即只要不是法律禁止的，民营企业都可以进入。至于进入的门槛，要根据行业不同而制定，门槛可以放低一些，这有助于竞争的开展。

（2009年12月29日在北京大学光华管理学院博士后年终聚会上的讲话）

厉以宁论文选

2010年

总量调控和结构性调控并重

——对中国货币政策的思考

一、货币政策总量调控的局限性

在宏观经济层面上，总需求和总供给的平衡一直是政府调控最为关心的。总需求由投资、消费和出口三项构成，因此，政府调控总是从总量分析的角度对投资、消费和出口进行调控。货币政策的调控通常就是一种总量调控，它的依据就是货币流量分析：货币流量多了，就采取减少货币流量的调控措施；货币流量少了，就采取增加货币流量的调控措施。货币政策中惯用的做法，无非是提高或降低存款准备金率，提高或降低银行利率，增加或减少公开市场业务，有时还直接调控信贷规模，如增加信贷总量或压缩信贷总量。货币政策调控之所以习惯于运用上述总量调控手段，因为货币流量分析的依据就是：在经济运行过程中，货币流量的多和少，增或减，将直接影响总需求，影响宏观经济全局。

货币政策的总量调控是有用的，但它的局限性同样不可忽视。货币政策总量调控的局限性主要反映于以下四个方面：

第一，宏观经济的基础是微观经济，而微观单位千差万别，各自的情况很不一样，货币政策的总量调控往往形成

"一刀切"的弊病，因此从总体上说，对宏观经济是有利有弊，而且"一刀切"所造成的弊病对于正处于经济转型阶段的中国经济而言，可能是严重的，甚至是弊大于利的。

第二，货币政策总量调控作用于总需求的扩大或压缩，而对于总供给的影响不明显。这是因为，对总供给的调控不可避免地会涉及产业结构调整、产品结构调整、地区经济结构调整、技术结构调整、劳动力结构调整、投资结构调整等问题，这样，货币政策总量调控的局限性十分清楚，因为既然它影响不了总供给的调整，又怎么可能有效地实现总需求和总供给的平衡呢？特别是对中长期的平衡和增长而言，结构调整极为重要，必须从总需求调控和总供给调控两方面着手，双管齐下，这才是有效的调控。

第三，要知道，迄今为止中国经济依然是非均衡经济。市场还不完善，资源供给有限，资源定价机制还在继续改革和有待于形成，再加上信息的不对称，使得货币政策总量调控不可能像在完全市场化的经济中那样发挥作用。沿海和内陆地区的差别，东部和中西部的差别，大城市和小城镇的差别，总量调控的效果是不一样的。货币政策总量调控不仅缩小不了地区间的差距，反而会扩大这种差距。

第四，即使在发达的市场经济国家，如美国，货币政策的总量调控有可能通过货币流量的减少而抑制通货膨胀，或者有可能通过货币流量的扩大而刺激总需求，从而减少失业，但一旦遇上了滞胀，即经济停滞、失业率上升与通货膨胀的并发，货币政策的总量调控就无能为力了。20 世纪 70 年代初美国发生的滞胀，使传统凯恩斯经济理论中关于调节总需求的宏观经济政策不起作用，就是明显的例证。如果中国今后发生了滞胀，或者，为了防止出现滞胀现象，看来货币政策的总量调控决不是有效的对策。

因此，货币政策的总量调控尽管有用，但必须同货币政策的结构性调控相配合，二者兼用，二者并重。

在宏观经济学中，作为政府调控的手段一般有四大政策，即财政政策、货币政策、价格政策和收入政策。除货币政策以外，其他三大政策都是强调结构性调控的。

财政政策：财政政策既是总量调控，又是结构性调控，而且更侧重于结构性调控。财政政策大体上包括财政收入政策和财政支出政策。以财政收入政策来说，总量调控是指对财政收入总量的调控、对税收总量的调控，但在具体执行过程中，必须有结构性调控与之配合，例如哪些税收应增，哪些税收应减，哪些税收不变；又如，就纳税人而言，哪些纳税人的税收负担宜加重，哪些纳税人的税收负担宜减轻，哪些纳税人的税收负担得保持现状为宜，这些都属于财政收入政策的结构性调控。再以财政支出政策来说，控制财政支出总量或增加财政支出总量，都属于总量调控，但总量调节必须落实到具体支出项目，才能使调控具有针对性，才能实现调控目标。什么支出应增，什么支出应减，什么支出不变，这些都是结构性的调控。可以说，财政政策从来都是总量调控和结构性调控并重的。

价格政策：调控总物价水平，以及调控物价水平同比增长百分比，都是价格政策的总量调控，但总量调控目标是通过结构性调控目标的制定而实现的。具体地说，生产资料价格水平和消费品价格水平各自适宜于保持在何种水平，这就是目标。生产资料价格中，有必要进行细化，石油、天然气、煤、电、建筑材料、钢材、有色金属等有影响的生产资料的价格，都应当根据市场供求状况来调控价格水平的波动。消费品价格中，同样有必要进行细化，粮食、食用油、畜产品、棉花等价格以及某些与人民生活密切相关的服务收费（如交通费用、通讯费用、医药费用、教育费用、房价和房租等），也都属于价格政策结构性调控的对象。所以价格政策同样需要兼用总量调控和结构性调控，在实际工作中，价格政策的制定和执行部门正是这么做的。

收入政策：对居民收入水平进行的调控是总量调控，但究竟如何实现调控目标，同样应当通过结构性调控。根据中国经济现状，有必要把城镇居民和农民的收入水平分开计算，并制定如何提高城镇居民收入和提高农民收入的措施，这就是结构性调控。再说，收入总量等于各种生产要素收入之和，而每一种生产要素所获得的收入及其所占比重，则是收入分配结构问题。如何提高劳动收入在收入总量中的比重，是收入政策结构性调控的任务，因此仅有总量调控是不够的。

然而货币政策与财政政策、价格政策、收入政策不同。货币政策调控建立在货币流量分析的基础上，向来都偏重于总量调控。不仅如此，货币流量分析作为一种总量分析方法，往往掩盖矛盾，制造假象，使人们对经济形势得出不正确的印象，进而导向错误的判断。

下面，让我们转入当前中国信贷量偏大问题的探讨。

二、当前中国信贷量的分析

自进入2009年第三季度以来，国内经济学界就有一种议论，即认为2009年前两个季度的信贷量偏多了，货币流量偏大了，货币政策应当及时进行调整，转向从紧。这种分析是从总量的角度作出的，其实并不符合中国的实际。

2009年前三个季度的统计数字表明：中国经济运行在第一季度已经触底，第二季度、第三季度连续回升，这是事实。

需要指出的是：中国经济目前回升的基础尚不巩固，主要反映于：

第一，经济回升主要依靠投资带动，消费在经济回升中起的作用较小，而出口起的作用更小。投资所造成的需求是中间需求，只有消费和出口造成的才是最终需求。

第二，在投资为主带动的经济回升中，所依靠的主要是政府投资，并且政府投资至今尚未起着政府投资为杠杆，启动民间投资的作用，甚至在一些地区和一些行业，政府投资对民间投资有挤出效应，甚至地方政府对民间投资设置障碍，进行排斥。这正是当前中国经济回升的基础不巩固的重要证据。

第三，即以政府投资来说，政府投资的主要去向是基础设施工程的建设。当然，政府向基础设施建设大量投资，对保证中国经济的长期增长是有积极意义的，铁路、高速铁路、公路、高速公路、飞机场、港口的建设等等，有助于增加中国经济持续增长的后劲。但是，要促进消费需求的增长，必须扩大就业。而基础设施建设的投资并不能增加很多就业机会。目前，要扩大中国的就业，必须推进民营经济的发展，扶植和帮助中小企业、劳动密集型企业，以及加速发展服务业。仅靠增加政府投资起不到这样的作用。

正由于中国经济回升的基础并不巩固，所以适度宽松的货币政策目前还不宜改变。那么，究竟应当怎样看待信贷量偏多这一事实呢？结构分析可能比总量分析更有用。也就是说，关于当前中国的信贷量更应当从信贷量结构的角度进行分析：

首先，要弄清楚在银行放出的信贷资金中，有多少真正进入了实体经济领域，又有多少停留在虚拟经济领域。如果本来应当进入实体经济领域但却进入虚拟经济领域的信贷资金占有信贷资金总量中的一定比例，那就应当采取针对性的措施，让它们及早转入实体经济领域，否则只会使股市、楼市产生泡沫。在这种情况下，单纯采取货币政策的总量调控，紧缩货币流量，是无助于问题的解决的。

其次，银行放出的信贷资金，究竟有多少真正惠及了中小企业、民营企业，尤其是民营小企业，也需要弄清楚。有的资料显示，银行用于信贷的资金中有一部分规定是贷给中小企业的，2009 年这部分资金的贷放已经完成任务。实际情况并非如此简单。在中国现阶段，全国企业总数的 99% 以上是中小企业，而且中小企业的覆盖面非常广泛，从雇工 3000 人的到雇工几个人的，全包括在中小企业范畴之内。据全国政协经济委员会民营经济调研组 2009 年 5 ~6 月份在广东省和辽宁省的调查，得到银行贷款的中小企业几乎全是中等偏上的企业，中等企业、中等偏下的企业很少得到贷款，至于数量众多的小企业根本得不到贷款，它们或者靠企业互助互济方式来解决流动资金短缺问题，或者干脆靠高利贷来渡过难关。因此，当前紧缩信贷总量无助于中小企业、民营企业融资问题的解决。

再次，银行放出的信贷中，即使有相当大的份额进入了实体经济领域，那也要进行结构分析，弄清楚其中有多少信贷资金进入了产能已经过剩的行业和产能即将过剩的行业，有多少信贷资金进入了属于短板的行业或急需信贷支持的新兴高技术行业。如果属于短板的行业或急需信贷支持的新兴高科技行业得不到贷款，而产能已经过剩或产能即将过剩的行业所得到的信贷资金较多，单纯的货币紧缩必定有害无利。

还应当指出，货币政策的转向是经济生活中的大事，它的副作用之一是改变人们对经济前景的预期，而人们预期的改变对经济运行造成的影响有时是难以预料的。

如所周知，对通货膨胀的预测、对市场供求状况的预测、以及对物价上涨的预测，同天气预报是不一样的。如果明天是休假日，人们都希望是个晴天，也都预测会是个晴天。但自然界有自己的运行规律，即使大家都预测会是晴天，明天该下雨还是下雨，天气不依人们的意愿或人们的预测而改变。而经济的预测并非如此。通货膨胀预期会导致通货膨胀的来临，至少会加速通货膨胀的来临。这是指：如果社会出现了通货膨胀的预期，一传十，十传百，百传千，大家都说通货膨胀快要来了，于是作为消费者的个人，以及作为供给方和需求方的企业，是会改变自己的消费行为和投资行为的。如果每户居民多储存一袋粮食，以防止粮食价格上涨，粮食价格真的会涨上去。如果企业预期钢材价格、煤炭价格会上涨，作为供给方，企业产生惜售心理，暂时减少出售，等待时机再出手，钢材、煤炭的市场供应量就少了；作为需求方，企业愿意多储备一些可能涨价的生产资料，于是钢材、煤炭的价格就涨上去了。可见，通货膨胀预期是会使通货膨胀提前来到的。

货币政策，无论是总量调控还是结构性调控，都贵在掌握时机，当断即断，不要总是议而不决。货币政策议而不决，反而会造成人们预期紊乱，从而改变自己的消费行为和投资行为，使经济的走向发生变化。而在总量调控与结构性调控二者的比较中可以发现，总量调控的变化对人们预期变化的影响更大，更直接，而结构性调控变化的影响多多少少要和缓一些，轻一些，也间接一些。这是货币政策决策部门需要考虑的。

三、针对当前中国信贷量偏大应当采取的结构性调控措施

根据以上的分析，信贷量偏大主要是信贷资金结构不合理问题，采取总量调控虽然也有一定作用，但结构不合理情况不会因总量调控而有明显的改善。所以在目前情况下，货币政策

的结构性调控会更有成效。可以采取的货币政策结构性调控措施如下：

第一，针对大量信贷资金并未进入实体经济领域，而是停留在虚拟经济领域的情况，可供采用的调控措施是实行信贷资金用途的追踪调查。凡是信贷资金用途与原定的资金用途不符合，必须限期收回。在某些情况下还可以处以罚款。这样，既能限制信贷资金流入股市、楼市，进行炒股、炒楼，又能收回贷款的一部分，甚至大部分。

第二，关于中小企业、民营企业难以融到资金的问题，可以有针对性地从以下四个方面着手解决：

1. 增设的民间资本为主的中小银行，包括地区性股份制商业银行、村镇银行等。银行有大中小之分，企业也有大中小之别，历来是：大银行对大企业，中等银行对中等企业，小银行对小企业，各类银行有自己的主要贷款对象。这样一来，中小银行的贷款对象明确了，中小企业也就容易得到贷款了。

2. 增设担保公司和担保基金。担保公司中的民营企业应当同国有担保公司处于平等地位，不应有差别待遇。地方政府应支持成立担保基金，可以多方筹集担保基金，便于中小企业、民营企业得到贷款。

3. 扩大抵押品的范围。在当前，有针对性的是容许企业的专利、知识产权和品牌作为抵押，这将有利于高新技术行业的中小企业、民营企业得到贷款。此外，根据全国政协经济委员会民营经济调研组 2009 年 5 ~6 月份的调查，在一些地方，大企业实行“零库存管理”，专由中小企业提供原材料和零配件。当大企业需要原材料和零配件时，电话通知供货的中小企业，要求 24 小时内送到，否则供方要支付赔偿金，甚至取消供货合同。于是，实行“零库存管理”的大公司成本降低了，而向它们供货的中小企业的库存加大了，占用的资金也增多了。不仅如此，大企业在收到供货方的原材料、零配件之后，通常三个月之后才付清货款，有的要6个月之后才付清货款。中小企业作为供货方的资金就更为紧张。解决这一难题的办法，就是容许以应收账款的单据作为贷款时的抵押。

4. 地下金融在引导和规范化后容许浮在面上，即由非正式的融资过渡为正式的融资。这对于小企业和个体工商户的帮助是很大的。至于地下金融在浮到面上以后究竟采取何种形式，可以由投资人自行选择。

此外，中小企业自身的财务制度也应当加紧建设和完善，账目要齐全，要按统一的标准记账。任何一家银行都不愿意贷款给财务制度不健全的中小企业。这不能单方面责怪银行和银行信贷人员。

第三，为了防止产能过剩行业和产能即将过剩的行业继续盲目扩张，银行应当严格按照国家产业政策发放贷款。如果发现企业把已经获得的贷款转移到产能已经过剩和产能即将过剩的生产线上，或打算新建产能已经过剩和产能即将过剩的分厂或车间，银行应收回贷款。这样就可制止企业的违规行为、盲目扩张行为。

除了上述三项有针对性的制止信贷量偏大的结构性调控措施外，中央银行通常采用的存款准备金率调整和利率调整的总量调控政策，也是可以结构性处理的。

先谈存款准备金率的调整。如果存款准备金率的调整幅度是全国统一的，那就是总量调控。这种总量调控可能有“一刀切”的弊端。如果使存款准备金率的调整幅度因地区而有所差别，那就体现了货币政策总量调控和结构性调控的兼用和配合。比如说，对中西部地区或中西部某些省（市、自治区）

和东部地区实行有差别的存款准备金率调整幅度，可能使中西部地区在信贷方面多得到一些照顾，而就全国范围而言则存款准备金率的调整仍可以收到控制货币流量的作用。

再谈利率政策的运用。差别利率政策是货币政策总量调控和结构性调控相结合的又一种形式。差别利率政策的差别，可以体现于地区的差别、行业的差别、企业规模的差别和企业技术水平的差别等方面。给经济次发达地区的适当照顾，有助于经济次发达地区更快发展。对新兴行业、短板行业给予适当照顾，将促进这些行业的成长。企业规模的差别，主要反映于企业分为特大型企业、大型企业、中等企业和小企业这样几类（有的专家建议从小企业中再分离出职工人数和资本金更少的微型企业，这种建议可以考虑），从而在利率方面也可以有适当的差别。至于企业技术水平的差别，则可以体现出政府对于采用新技术和致力于自主创新的企业的鼓励和支持。比如说，凡在采用新技术，节能减排方面有显著成效的企业在贷款方面可以得到利率的优惠；或者，有重大技术突破，在新能源、新材料、生物科技、环保等领域有巨大贡献的企业，也可以得到贷款利率优惠的照顾。

总之，货币政策的总量调控不一定是纯粹的总量调控，总量调控和结构性调控的兼用和配合，二者的并重，可以收到更好的效果。

四、关于流通性大小及其对中国经济影响的三个问题

流动性大小是近年来中国经济学界关心的问题之一。如何判断流动性大了或小了，经济学界有争论。至于流动性大和小究竟会对中国经济产生多大的影响，更是经济学界争论的焦点。在这里，我想就此谈一谈自己的看法。下面将讨论三个

问题。

（一）从2008年国际金融危机对中国经济的冲击可以看出，流动性偏大和流动性不足有时是并存的，而且是会迅速转化的。

根据我2008年第三季度在沿海一些城市的调查，发现流动性偏大的同时还存在流动性不足的情况，并且从流动性偏大转向流动性的不足异常迅速，几乎在很短的时间内一下子就从流动性偏大变成流动性不足了。怎么会发现这种现象呢？

2008年第三季度，正是国际金融危机对中国的影响显现的时期。到第二季度末，我们所获得的资料一直是流动性偏大；到第三季度初，听到越来越多的企业反映资金紧张；到第三季度末，几乎普遍听到企业诉苦，说银根太紧了，简直无法融到资金。调查结果表明，虽然当时受打击最大的是出口企业，但出口下降所影响的却是一条条产业链。即使出口产品产业链的最末一端是出口企业，但产业链上的其他企业则是为出口企业供应原材料、半成品、零配件和为它服务的企业，结果，整条产业链上的企业都受到了影响。产业链处于断裂状态，意味着平时正常运行的资金链也断裂了。

于是，“现金为王”的观念很快地扩散到很多企业。企业害怕资金链断裂会带来不利影响，它们就手持现金，不敢轻易出手。超正常的企业现金储备已成为企业应急手段。所以从中央银行的角度看，现金出笼的数量很大、流动性很大，而实际上真正在市面上流通的现金数量不多，企业普遍惊呼流动性不足。在这种情形下，2008年第二季度所采取的一连串削减流动性、抽紧银根的做法，除了给企业增添更大困难之外，能有什么积极效应？

从这里可以总结的一点经验教训是：要深入中国经济的实

际，了解中国经济运行的特点，不要迷恋于货币流量分析。

（二）名义利率、实际利率和企业信贷成本之间的关系是复杂的，这反映了中国经济运行中的又一个特点。

名义利率是指中央银行规定的贷款利率，也就是在中央银行信贷规模之内企业贷款时所支付的利率。相对于通货膨胀率而言，名义贷款利率是比较低的，哪家企业能够按名义利率获得贷款，无论从什么角度来看，这家企业都是合算的。问题恰恰在于：有多少企业能够得到信贷规模之内按名义利率支付的贷款？

实际利率是指借贷双方通过协商而议定的贷款利率，也就是市场决定的贷款利率。借贷双方议定的以这种利率实现的借贷，不在中央银行的信贷规模之内。实际利率高出名义利率若干个百分点。由于企业通常感到资金紧张，而信贷规模又有限，所以它们只好接受实际利率。

企业信贷成本是指企业为获得贷款而花费的成本，除了其中包括企业支付的利息（或者是按名义利率支付的利息，或者是按高于名义利率的实际利率支付的利息）而外，还要加上担保公司所收取的费用（如果企业贷款由担保公司担保的话）、质押贷款时质押品所丧失的流动性和由此带来的损失，以及企业为了得到贷款而支付的公关活动支出等等。可见，企业的信贷成本不仅高于名义贷款利率，而且高于实际贷款利率。

以上所分析的就是经济转型过程中中国经济的实际情况。在这方面中央银行的信贷规模起了重要作用。一方面，在信贷规模控制之下，如果信贷规模扩大了，实际利率同名义利率之间的差距就会缩小，相应地，企业信贷成本也会降低；反之，如果信贷规模削减了，名义利率可能升高，实际利率和信贷成本也都会随之升高。另一方面，信贷规模的扩大或缩小会影响通货膨胀率的升或降，进而对名义利率的调高或调低产生直接影响，结果又会使实际利率和企业信贷成本随之上升或下降。

由此看来，信贷规模控制在当前中国经济中的作用不可忽视。它影响着名义利率、实际利率和企业信贷成本的变动，影响着通货膨胀预期，影响着通货膨胀率的升降。然而，正如前面已经指出，中国经济正处于转型阶段，利率的市场化改革仍在进行之中，信贷规模控制依旧是必要的，目前还不可能听任信贷量自行扩大，但对于信贷规模控制的弊病也应心中有数。特别是运用信贷规模调控手段的过程中，不能只根据流动性的大还是小作出决策，因为流动性大小是参考指标，或决策依据之一，但并不是决策的唯一依据。金融决策部门必须考虑结构问题。在信贷规模控制时，兼用总量调控和结构性调控将会更有成效并减少副作用。这样，名义贷款利率、实际贷款利率和企业信贷成本也就会调整到比较合理的水平，它们之间的差距即使存在，但仍有可能趋于缩小而不致于扩大。

（三）货币流量分析对于弄清楚通货膨胀的成因是有一定帮助的，但那只是对总需求过大引起的通货膨胀原因有所说明。货币流量分析对于成本推进型或结构性通货膨胀的成因难以作出有效的解释。

成本推进型的通货膨胀的成因主要不在总需求方面，而在于成本的上升，包括劳动力成本的上升、土地成本的上升、原材料燃料价格的上升等。资源的有限所造成的成本上升和供给不足，不可避免地会导致价格的上涨，由此造成的通货膨胀被定义为成本推进型通货膨胀。在这种情形下，通过货币流量分析不能解释通货膨胀形成的主要原因。而且，面临着成本推进型通货膨胀，往往需要采取增加供给的措施，而增加供给往往又同增加投资有关。假定把这类通货膨胀归结为总需求过大引起的，所采取的主要是减少流动性，压缩信贷，削减投资等措施，那是治理不了这类通货膨胀的。假定这时采取的是价格政策（硬性限制成本的上升，即冻结物价水平），至多是临时性措施，肯定不能持久。假定这时采取的是收入政策（硬性限制工资收入的上升，即冻结工资水平，或硬性限制利润率的提高），很可能激起工资收入者群体的不满和投资者群体的不满，对经济的害处更大。20 世纪 70 年代初美国政府实行的价格管制和收入冻结等措施在治理成本推进型通货膨胀时的无效，证明了这一点。

结构性通货膨胀的成因主要在于产业结构、产品结构的失调，从而引起一部分关键产品需求过旺和另一部分关键产品供给不足。从这个意义上说，结构性通货膨胀兼有需求过旺和供给不足的性质。正由于结构性通货膨胀是由关键产品价格上升而带动起来的，所以压缩总需求的调控措施难以解决问题，而流动性大还是小的总量分析也无法指明有效对策之所在。结构性通货膨胀主要应采取货币政策总量调控和结构性调控相配合的措施来治理，同时还必须调整产业政策，以便抑制部分关键产品的需求过旺，增加部分关键产品的供给。这里必然涉及经济体制改革问题。这是因为，部分产品需求过旺很可能与投资决策的政府主导体制有关，而部分产品的供给不足则很可能与资源定价体制不合理和行业垄断体制的继续存在有关。

这就再一次证实了货币流量分析的局限性和货币政策总量调控的局限性。

（2010 年 1 月 15 日在北京大学光华管理学院研究生关于经济形势研讨会上的发言）

政府要为民营经济创造良好的环境

长期以来流行在社会上有三句话，无农不稳，无工不富，无商不活。这是根据我国以前长期的经验总结出来的，是有道理的。

根据最近十几年我国改革开放以来的情况，除了应该继续讲这三句话以外，还应该补充三句话。哪三句话呢？无民不稳，无民不富，无民不活。所以我下面讲三个问题。

一、无民不稳

无民不稳主要是指：如果没有民营经济，社会是不能稳定的。过去我们讲无农不稳是从农业在国民经济当中的地位讲的。如果农业衰落了，粮食不够会引起社会不稳。今天我们所讲的，就业问题始终是摆在我们面前重要的问题。没有民营经济，社会不能稳定，因为就业问题不能解决。

中国劳动力的供给是有中国的国情的。2008 年 11 月份，我到西欧访问。在西欧讲学的过程中，西欧经济学家不断问我们一个问题，在西欧经济每年增长 2% ~3%，我们的就业不会出问题。因为每年新到达就业年龄的人就已经填补了退休人的位置了，3% 的增长率我们就很高兴了，因为非洲来的移民也有工作做。而我们不懂中国为什么非要到 9% ~10% 的经济增长率？2008 年 11 月份，中国的经济增长率降到了 6 点几，你们为什么那么紧张，我们不能想象。6%，对于我们是求之不得的，你们 6% 还不能解决就业问题，怎么回事？

我说，我们跟你们是不一样的。你们工业化已经二百多年了，农村的劳动力都释放完了。今天的西欧农民只占全国人口的百分之几，他们有家庭农场，有自己的房子，生活条件跟城市一样，并且在社会福利保障方面也跟城市一样，他干吗要出来打工？来打工是他爷爷干的事情，是他曾祖父干的事情，他才不会来呢。

但是中国不一样，中国城镇化速度太慢，城乡二元体制长期存在。城镇化速度怎么慢？刚解放的时候城镇化人口只占 20%。建国 60 年了，我们的城市人口只增加到 45%。还有 55% 是农民。城乡二元体制不一样，他们随时准备从农村出来。

现在的农民工是新生代的农民工，新生代农民工和 80 年代出来的第一代农民工是不一样的。80 年代出来的人是壮汉，有力气，从事建筑业、修路、采矿，他们的根在农村。在外面赚钱了，要回家盖房子，讨老婆，生儿育女的。

新生代的农民工都是 85 年以后出生的一批人，他们根本心就不在农村了，他不仅是因为城市收入比较多才出来打工。更重要的是，他向往和城市一样的社会地位。因为城市有社会保障，我们干吗没有？我的孩子为什么不能到公立学校上学？我的家属也进城了，可是跟城里人看病什么都不一样。所以他要求充分享受和城市居民一样的改革开放成果，他不回农村。这个城市找不到工作，他就在其他城市里转。这种情况下，中国社会就业的压力很大。

怎么解决这个问题？解决这个问题必须靠发展民营经济。

因为民营经济提供了新工作岗位。民营经济把新增劳动力75%都吸收了。如果不靠民营经济解决就业问题的话，中国始终是个不安定的社会。所以说无民不稳，是有道理的。

二、无民不富

什么叫富？富当然首先跟经济发展有关系。如果国民经济不发展，就业问题不能解决，人怎么富？就业问题都没解决，还富什么？另外，国民经济发展了，收入会逐年上升。还不仅如此，什么是富？其中一定要认识到创业的重要性。创业致富。创业致富充分表明：每一个民营企业的投资者跟经营者都是在创业，每一个个体工商户都是在创业，甚至每一个农民都在创业。1979 年推广农村承包以后，农民的收入提高了。为什么？因为农贸市场开放了，几年之后那些紧缺的农产品，什么鸡鸭鱼肉，农贸市场都有了。他参加农贸市场就是在创业，他的产品是为市场生产的。

养殖大户，种植大户，这更是创业了。今天的民营企业中不少人，有的是过去几年毕业的大学生，他们自己创业了。一出校门就投到创业活动中去了。有些还是过去的打工仔，他们也创业了，因为就业到一定时期以后，他只要有了人脉，有了关系，他懂得了经营，几个朋友聚在一起，他就创业了。今天，很多人创业是跟自主创新结合在一起的。因为创新有专利，他就创业了。创业又带动了就业。

民营经济在这方面的特点是机制灵活，自负盈亏，他有积极性，为创业致富准备了很好的平台。从这里也可以看出，没有创业的精神是不会有创业的成绩的。对创业者来说，一定要善于发现机会，善于开拓市场，善于经营管理。这样的话，我们相信民营经济的发展中，创业者会越来越多。今后将会形成一个自主创新的高潮，也会形成一个自行创业的高潮。

三、无民不活

首先讲什么叫“活”。活，不仅是指市场的完善，市场有活力，而且还指有活力的市场跟机制是连在一起的。可以这么说，市场是个大的搅拌机，各种生产要素投进去以后，就在里面自行搅拌了，最后得到资源的有效配置。

市场是个大型搅拌机，动力来自什么地方？它跟真正的搅拌机是不一样的。真正的搅拌机都有一个外接电源。电源开关一开，搅拌机就转起来了。市场跟大型搅拌机的区别在于没有外接电源。它怎么转动？就靠参加市场的企业有没有活力。假定这些企业都是过去那些计划经济下的国有企业，没有活力，都是有病的企业，得了什么病？半身不遂了，老年痴呆了，怎么能把市场转动起来？

而在改革开放以后，无数民营企业进入了市场，它们机制灵活，市场这个搅拌机就转动起来了。这就是活。所以说我们对“活”应该有这样一种理解。

另外，我们知道，通货膨胀有两种形式。一种形式是隐蔽的通货膨胀，另一种形式是公开的通货膨胀。在计划体制下我们不是没有通货膨胀的，计划体制下的通货膨胀是隐蔽的通货膨胀。隐蔽的通货膨胀表面上物价没有上涨，但是有钱买不到东西。有钱买不到东西看起来好象没有通货膨胀，实际上是隐蔽通货膨胀。这时市场当然没有活力。

市场经济下的通货膨胀是公开的通货膨胀，有一种通货膨胀叫做结构性的通货膨胀。结构性通货膨胀是由于关键性的产品供给不足造成的。比如说国际输入型的通货膨胀，从商品流动性上分析，就是结构性通胀。国际石油涨价铁矿石涨价了，甚至国际粮价上涨，从而引起了国内物价上升，都是结构性的通货膨胀。

结构性通货膨胀靠什么解决？不是靠紧缩解决的，它是靠增加供给解决的。这样，民营经济又起了重要的作用。因为民营经济信息灵通，市场渠道宽敞，另外它有增加供给的积极性。消息灵，市场渠道通畅，又有积极性，这样就有基础了。应该更加鼓励民营企业，鼓励民营企业自主创新，鼓励更多的人创业，这就增加了供给。增加了供给有助于抑制结构性的通货膨胀。

所有这些我们都看得很清楚，无民不稳，无民不富，无民不活。这三句话是符合当前情况的。

我们应该得出一个什么样的结论？既然民营经济在国民经济发展中有重要的作用，所以，当前应该为民营经济参与公平竞争创造良好的环境，要清理不合理、不合时的政策法规。要降低创业的门槛，要实行“非禁即入”。政府在产品采购过程当中应该一视同仁。

我们要切实有效的解决民营企业、个体工商户的融资难问题。融资难问题对解决就业是最有好处的。兴建一条铁路，当然对长远经济增长是有必要的，但能解决多少人就业？办一个大型工厂，投资上百亿，能解决多少人就业？只要政策到位了，融资问题解决了。每一个个体工商户增加一两个帮手，把亲戚、朋友都弄来帮忙。每一个中小企业增加三五个工人。全国会增加几千万人，甚至上亿人的就业。

当然，建大工厂是重要的，因为我们需要一些有助于解决短缺问题的大工厂。我们也需要为长远发展准备后劲的高速铁路、高速公路。但解决就业问题必须靠民营经济，所以融资难问题必须解决。

中国的城镇化过程是蕴藏着无穷的商机的。我们一开始就谈到了城镇化问题，现在城镇化率是45%，每年提高一个百分点，30年以后我们可以到达75%。那时候全国人口大概是16亿。那就是4亿农民、12亿城市人口。那就是说，这些年内，每年都要有1000多万人进城，包括青壮年、他的家属、老人、孩子。进城就要盖住房，拓宽马路，办学校，办医院，办文化活动场所，建公共服务设施。全世界没有比这个更大的商机了。

中国城镇化会带动中国整个经济的向前发展。这种情况下，我们可以看到民营经济在城镇化过程中不仅是起了重要作用，而且要扶植民营经济的发展。没有民营经济就不可能实现城镇化。

（原载北京大学民营经济研究院编：《北京大学民营经济新年论坛：民营经济——复苏时期的改革与发展》，2010年1月23～24日）

企业如何抓住新一轮商业机会

既然中国经济率先复苏，我们就要趁其他国家的经济尚未复苏或尚未完全复苏之机，赶快调整结构。新一轮商业机会何在？就在于谁在调整结构方面领先。

调整结构谁领先，谁就能赢得机会

经历了2008年下半年以来国际金融危机的冲击，到2009年末，中国经济已经回暖，增长加快。世界其他国家与中国相比，经济的复苏比较慢，有的国家甚至仍有较大波动。在这种情况下，中国的企业应当对世界经济形势和国内经济形势有清醒的认识，否则难以抓住新一轮商业机会。

首先要认识到，只有抓紧调整结构，才能有持久的商业机会，并牢牢把握住机会。既然中国经济率先复苏，我们就要趁其他国家的经济尚未复苏或尚未完全复苏之机，赶快调整结构。新一轮商业机会何在？就在于谁在调整结构方面领先。我们千万不要因为自己的经济已率先复苏而放松，去重走老路，那样又会陷入“高增长，高通胀，产能过剩，然后不得不紧缩”的困境之中。

不加紧自主创新，就不可能掌握主导权

要调整结构，广大企业就必须走自主创新之路。西方主要

国家的企业，现在都把技术进步作为保住原有市场和开拓新市场的最重要手段。中国的企业也应当这样。要知道，产业升级和产品升级的基础就是自主创新。没有自主创新，就不可能在产品设计、原材料选择和制造工艺方面有新的突破，就无法以新产品吸引客户，开拓市场。说得更确切些，没有自主创新，就没有关键技术、核心技术，而关键技术、核心技术正是企业竞争力之所在。如果企业要开拓新市场并不断取得利润，关键技术、核心技术的掌握是最为重要的。

还应当认识到，没有自主创新，缺少关键技术、核心技术，就不可能掌握本行业的主导权。这里所说的行业主导权，用通俗的语言表述，就是“在本行业中我是老大，我说了算”。行业主导权不是靠行政权力赋予的，也不是靠行政垄断力量造成的，而是依靠企业在本行业中的技术优势取得的。技术优势形成的基础在于依靠自主创新掌握的关键技术、核心技术。

市场份额的保持和扩大，靠品牌。没有自主创新，就不会有品牌，而品牌又要靠持续的自主创新来维护。在激烈的国内外市场竞争中，品牌既是敲门砖，又是防波堤。有了敲门砖，才能打开新市场的大门。有了防波堤，才能保住现有的市场份额，不致被竞争对手抢占。

企业的大发展无不仰赖大智慧

中国企业还需要调整自己的发展战略，其中具有关键意义的是两大战略，一是人才战略，二是营销战略。

在人才战略方面，主要做好两项工作。一是充分发挥现有人才的潜力，调动他们的积极性，提高他们的向心力、凝聚力。一是积极引进人才。在这次全球金融危机过去后，国际上对尖端人才的争夺会越来越激烈，中国要在产业升级、产品升级和技术创新中走在前列，决不能放松人才的引进。国家要制订规划，制定适合当前形势的政策；企业要为引进的人才提供便于他们发挥所长的工作条件，提供生活保障。有了人才的支撑，企业不仅在自主创新上，还能在资本运作和经营管理上不断取得新的成绩。

在营销战略方面，企业一定要懂得，自主创新除了技术领域的创新而外，也包括营销的创新。由于营销工作与售后服务（有时还包括售前服务）通常结合在一起，所以营销创新和服务创新不可分。企业要保持原有市场和开拓新市场，营销战略也需要不断调整，不断适应消费者的要求。

常言说得好，“小富靠勤奋，中富靠机遇，大富靠智慧”。实际上，大富也要靠勤奋、靠机遇，只不过依靠智慧显得更突出。勤奋是一切企业成功的秘诀，商业机会不能错过，机会一失，难以再来。但古今中外，企业的大发展无不仰赖大智慧。希望所有的中国企业都能牢记这一点。

（原载上海《文汇报》2010 年 3 月 5 日）

以创业带动就业：集体林权制度改革的启示

近年来，集体林权制度改革在全国不少地方已经取得可喜的进展。根据已有的资料，可以了解到这一改革得到了农民的拥护，林区农民发展家庭林场、促进林下经济的增长，以及延伸林业产业链的积极性空前高涨，同时也为林区的创业带动就业的活动提供了许多经验。在这里，我想就集体林权制度改革对于以创业带动就业的启示谈谈自己的一些看法。

第一，每一个集体山林的承包者都是一个创业者，每一个家庭林场就是他们的创业园地。“承包期七十年不变”意味着林业产权的明确，这样，在投资主体清晰和收益归于投资主体的前提下，承包者的创业积极性迸发出来了。这是一切创业活动的必要条件。有了创业的积极性，无论是林业的发展还是林区农民收入的增长都有了可靠的保证。以创业带动就业的活动也就有了制度的保证。

第二，创业是需要资金注入的，包括启动资金的注入和今后持续投资的资金注入。除了农民自己的积蓄（包括外出务工的积蓄）和亲戚朋友的协助以外，主要靠金融机构的贷款。在集体林权改革中，根据政策规定，林地是可以抵押的，林地上的树木也可以用于抵押，这就使承包户具有抵押贷款的可行性。依靠贷款，他们可以添置机器设备和运输工具，可以购买树苗，以及发展林下经济，从而在发展生产的基础上增加收入。可见，融资问题的解决对于一切创业者来说都是不可缺少的。非林区的农户在自己的承包农田里，在自己宅基地周围的庭园中，不也是创业者吗？如果在融资方面给予更多的便利，不也能使他们增加收入吗？

第三，山林承包后所出现的林农积极性表明，林业生产的潜力很大，这种潜力因体制的改革而正在被发掘出来。全家上山，育林造林，扩大林下产品的生产规模，蘑菇、木耳、中药材、竹木编制品和养殖业产品的产量都增加了，劳动力显得不足，于是把外出打工的子弟招回来，回家一起创业。不少家庭林场还增雇了帮工。这表明，只要调动了农民创业的积极性，农户创业的积极性又推动了生产经营的发展，农村是可以容纳多余劳动力的，林区和平原都一样。

第四，产权明确，承包长期不变，融资问题又得到解决，这一切使得山林的承包者即创业者有了长期打算，他们不再目光短浅，而是考虑如何才能有持久的生财之道，把自己的家庭林场做强做大。我在湖南考察看到，他们种植油茶树，既能以质量好的茶油满足市场的需求，又能稳定地使收入增长，还有益于生态建设，使荒山绿化。这就是长期的经济效益和社会效益的结合。滥伐树木的现象消失了，山林防火救火的积极性大大提高，一旦有火情，全家上山，亲戚们都上山，因为他们认识到“这是我们家的财产”。这就是“财产关切度”迅速上升的表现。

第五，单个承包户的力量毕竟有限，林区的承包者从实践中懂得了这一点，他们根据政策规定，组建了不同形式的林农专业合作社，把个人创业、家庭创业同集体创业很好地结合起来，“寓个人创业于集体创业之中”。这些专业合作社是林农们自愿建立或自愿加入的。它们形式多样，有的是流通领域的，有的是生产领域的，有纵向一体化的（产业链的延伸），还有的是横向协作的（不同行业的协作）。从各地的实际情况看，就业人数随着各种形式的专业合作社业务的开展是逐渐增长的。但需要注意的是两方面的问题：一是专业合作社必须实行民主管理，每一个参加者都能行使自己的民主权利；二是账目和重大投资项目必须公开、透明，否则，这两方面出现了问题，都会挫伤农民的积极性，影响合作社的发展。

集体林权制度改革的上述经验，我想对于平原地区的农业发展是很有启发性的。平原地区农村中的每一个种植户、养殖户，不也是创业者吗？对他们来说，创业本身就解决了家庭成员的就业问题，创业还带动了更多的人就业。以前我曾多次说过的，就业是靠就业扩大的。这句话能否再发展为：就业也是靠创业扩大的？

（原载《绿色中国》2010 年 3 月上半月）

关于我国外汇储备安全问题的思考

一个国家的外汇储备如果出现安全问题，大体有两方面的原因：一是外汇收支连续出现赤字，以致外汇储备大幅度下降；二是所持有的外汇储备不断贬值，导致外汇储备的价值降低。所以，要保证国家外汇储备安全，必须从这两个方面着手，双管齐下。

一、关于防止外汇储备下降的问题

国际收支项目分为经常项目和资本项目，这两个项目同样重要。

1. 经常项目方面

在经常项目中，最重要的是贸易收支。国际贸易收支顺差还是逆差，与商品的出口竞争力有很大关系。如果企业缺乏出口竞争力，就会影响到国际贸易收支，使顺差减少，甚至变为逆差。在这次国际金融危机期间，美国和其他一些西方国家都把技术创新看成是危机过后本国能否在市场竞争中立足的一个最关键因素，所以不惜投入财力和人力，力求在技术创新上有较大突破。如果中国错过了这个机会，不抓紧自主创新，不抓紧产业升级和产品升级，将来是要后悔的。

同样，经常项目中的非贸易收支也很重要，比如旅游业就是增加外汇收入的重要产业，服务业同样可以带来外汇收入，服务外包更是新兴的增加外汇收入的渠道。在这些方面，我们还有很大的发展空间，一定不能错过机会。

根据科技界最近的探讨，今后国际上将在四个方面有重大技术突破：

第一，新能源。新能源可以减少我们对进口能源的依赖性，同时，还可以带动整个汽车行业的技术改造，对于以后的发展会起到很大的带动作用。2009 年，我国的汽车销量突破了 1000 万辆，如果新能源开发技术能够跟上的话，不但会继续扩大国内市场，而且会占领一部分国外市场。

第二，新材料。这同样是一个重要的领域。新材料的使用将带动装备制造业、房地产业和轻工业等全行业的技术改造，因此，新材料开发的前景非常好。

第三，生物科技。生物科技领域的重大突破不仅能够带动农业、畜牧业和水产业的发展，而且对于医药行业也会起到很大的推动作用，从而使这些产业的产品有更强的竞争力。

第四，环保产业。这一领域的技术一定会有重大突破，因为它不仅影响到出口竞争力，而且影响到能否可持续出口的问题。前不久我在欧洲跟当地的经济学家讨论时，他们一致认为现在的环保概念已经跟 20 年前完全不一样了。原来只要求产品本身和排放没有毒，比如说，提供给消费者的产品有安全保障，不会危害使用者的人身和财产安全，工厂排放的废水、废气不会影响到人类健康，不会影响农业、渔业、畜牧业和饮水，就算符合环保标准，但现在的要求大不相同，不仅关注这些因素，还关注生产过程中二氧化碳的排放量。虽然二氧化碳没有毒，但是对气候和人类生活会产生影响。假如南极和北极的冰全部融化，会给人类造成怎样的灾难？因此他们提出了新的观点：少消费就是环保，少用纸张就是环保，不用一次性筷子就是环保，节电就是环保，因为生产任何产品都要排放二氧化碳。从这个角度来讲，一个企业如果排放二氧化碳多了，那么，它所生产的产品就销售不出去，它也就会失去国际市场。

产业突破能使产品的竞争力增强，即使是劳动密集型行业也需要自主创新。我们在一些省市调查时，许多企业家依然认为自主创新是知识密集型和资本密集型行业的事情，与劳动密集型企业没有太大关系。他们甚至说，劳动密集型行业能有多少自主创新？我认为，劳动密集型行业的自主创新至少可以从以下五方面着手：一是设计创新。首先要有创意，设计才能创新。如生产服装、鞋靴和玩具，设计上的创新是最重要的。二是在原材料选择上可以有突破。一套时装、一双鞋靴、一件玩具，如果能选择一种新的更环保的原材料，一定会更受欢迎。三是节能。节能不仅可以降低成本，而且符合环保要求。四是营销方式创新。即使是劳动密集型行业和企业，在营销方式上同样可以有较大突破，实现创新。五是企业内部管理体制创新。对于民营企业来讲，家族经营制在企业达到一定规模之后就需要规范化，如果内部发生产权纠纷，就会极大地影响企业的整体效益。

由此可见，任何一个类型的企业都需要自主创新。自主创新能力是影响经常项目尤其是贸易收支项目的重要因素。

2. 资本项目方面

在资本项目方面，为了保证外汇储备不至于大幅度下降，要采取如下两个重要措施。

第一，要坚持改革开放，在国内创造更适于外资进入的投资环境。比如，要讲信用，要使投资环境更好，使基础设施更完善，使政策更具有持久性，等等。如果做得好，外资就会不断进入，而且不会发生大范围撤离的情况。

第二，为了在资本项目上不至于出现大的波动，要防止民间资本非正常性地大量外流。民间资本非正常地大量外流会影响外汇储备安全，因此，对民营经济的政策一定要有连续性。2005 年 2 月，国务院发布了《关于鼓励支持和引导个体私营等非公有制经济发展的若干意见》，即所谓的“非公经济 36 条”，但到目前为止，这 36 条还没有完全落实到位。民营企业家对于政策是很敏感的，如果他们发现政策倒退了，资本就很可能非正常地流出国境，就会影响到我国外汇储备安全。

二、关于防止外汇储备贬值的问题

外币的贬值会影响外汇储备，而某种外币贬值可能是该国国内经济波动的结果。那么，我们能做什么呢？我认为，主要可以在以下五个方面有所作为：

第一，优化外汇储备结构。任何一种硬通货（包括美元、欧元、英镑、瑞士法郎，有的时候还包括日元）在我国的外汇储备中占多大比重，要全盘考虑，对其中任何一种都不要偏重或偏轻。外汇储备币种的构成是历史形成的，不宜变动过快或调整幅度过大，但是应该做到心中有数，逐步进行调整，使之合理化和优化。

第二，外汇储备的范围应该扩大为外汇黄金储备。从目前情况来看，黄金有升值的趋势，所以要增加黄金储备，把它跟外汇储备放在一起，对我国将来保证外汇储备安全是有利的。在黄金价格稍有下跌的时候，应该抓紧时间多购黄金。

第三，要树立外汇资产储备的理念。目前我国的外汇储备是单纯由外币构成的，而实际上，从国家外汇储备安全的角度来讲，应该既有外币所构成的外汇储备，也有可以较快变现的外汇资产作为储备。外汇资产如果能够较快变现，那么效果会比外币更好。我国外汇资产在外汇储备中所占的比重不如日本。日本虽然由外币储备构成的外汇储备少，但是其外汇资产很多。所以，我们要想办法增加外汇资产，比如，在国外购买土地、矿山及好企业的股票，这些都是外汇资产。总之，增加外汇资产对我们是十分重要的，因为外汇资产的保值功能更为明显。

第四，利用外汇储备作为信贷资金对外贷款，可以带动产品出口、工程承包、劳务输出等。这样就可以利用外汇储备把国内经济带动起来。

第五，用活外汇储备。即使外汇储备是由外币构成的，也可以用活外币储备。把这么多的外币放在那里不用，本身就是一种损失，因为一方面是机会成本在增加，另一方面是外币在贬值，这样一来损失就更大了。所以，要用活外币储备，包括进口先进的设备、短缺的原材料和燃料，以及进行海外投资等。可以设想一下，如果外汇储备减少了，甚至外汇储备不多了，我们还能够进口这么多食用油吗？因为国内的食用油供不应求。如果要在国内生产出足够国人消耗的食用油，也许上亿亩的土地都不够。这上亿亩的土地从哪里来？没有这么多土地，怎么种大豆来生产这么多食用油？但如果我们用活外币储备，就可以到国外建农场，在那里种植、加工大豆并生产食用油，运回来的就是我们自己农场和加工企业生产的食用油。

只要做好上述五方面的工作，国家外汇储备就拥有了一定的抗风险能力。

此外，还有必要提出“藏汇于民”的问题。以上所谈的是国家外汇储备问题，而“藏汇于民”指的是民间外汇储备。如果把国内外汇储备分为国家外汇储备和民间外汇储备两个部分，那就更全面了。民间外汇储备又分为企业拥有的外汇和个人拥有的外汇两个部分。民间外汇储备同样能发挥稳定经济的作用。民间外汇储备由于机制灵活，分散持有，信息来源多样化，所以它们的抗风险能力比较强。外汇市场一有风吹草动，民间（无论是企业还是个人）总会随时采取对策，力求保值，避免意外损失。民间外汇储备越多，国家的金融安全也就越有保障。当然，民间持有较多的外汇，市场风险也会增大，这就要求政策引导和金融监管要到位。只要制度齐全和完善，“藏汇于民”无论从哪个角度来看，都是利多弊少的。

三、对外汇储备安全问题的进一步研究

当前关于国家外汇储备安全问题，还有五个重要的理论问题需要进一步探讨和研究。

第一个问题：在有管理的浮动汇率的条件下，人民币大幅升值、快速升值显然是不可取的，置市场机制于不顾，随意性地规定一个兑换比率，那就更不可取了。那么，人民币小幅升值、缓慢升值的利弊得失何在？应该认真地进行比较。经济学研究就是两害相权取其轻，两利相权取其重。由此需要探讨的是：如果人民币小幅升值、缓慢升值确实也会带来不利影响的话，那么，我们如何消除这些不利影响？什么样的对策才是有效的和可行的？

第二个问题：外汇储备的数量有没有上下限？“最优外汇储备量”是怎么得出来的？外汇储备占 GDP 多少是最优的？或者把外汇储备跟其他国民经济的指标连在一起计算更好些？这也需要进一步探讨。也许“最优外汇储备量”概念不一定可信和可靠，那么能不能建立符合新型发展中国家现状的、合理的外汇储备量标准呢？

第三个问题：外汇储备不仅是一个数量概念，还包括了质量概念。根据外汇储备数量的多少，设计出一种预警机制是比较容易的，比如说，外汇储备连续几个月降低多少就逼近或突破警戒线了，但是，外汇储备有没有质量指标？质量标准又是什么？怎样确定质量指标？又怎样把数量指标和质量指标结合在一起进行综合考察，以便将来建立一个有关外汇储备安全的预警机制？

第四个问题：要研究同我国联系较多的世界其他国家的币值变动趋势。既然外汇储备中外币的升值和贬值与我国的外汇储备安全有关，那么，我们就应当对其中同我国经济联系较多国家的币值变动趋势进行研究，包括近期分析和中长期分析。以美元、欧元和日元变动来说，就需要有专门的研究单位和研究人员来从事这项工作，并提出研究报告。这一研究对于我国准备进行海外投资和扩大外汇资产储备的比重同样是有重要参考价值的。

第五个问题：要加强对汇率决定理论的研究。传统的汇率决定理论（如国际收支说、购买力平价说、利率平价说等）显然已不足以解释当前的汇率决定问题。即使就西方的新汇率决定理论而言也是如此。西方较为流行的是以货币学派理论为基础的流动性汇率模型，但它过于强调货币供给的作用，偏重货币流量分析，并通常以商品市场价格具有充分弹性为前提。这究竟在多大程度上适应当前的汇率决定，尤其是在各国政府对本国货币供求有较大干预、世界性的贸易保护主义抬头以及某些关键性商品价格依然受到寡头垄断控制的条件下，它能否解释汇率决定和汇率变动的原因，是大可怀疑的。因此，我们有必要加强对汇率决定的理论研究。

（原载《中国流通经济》2010 年第 4 期）

当前宏观经济形势和山西发展战略的思考

上篇：关于当前宏观经济形势

一、通货膨胀问题

当前，大家对通货膨胀问题的关注是正常的。至于通货膨胀究竟是怎么形成的和应当怎样治理，学术界有不同看法，现在谈谈我对这个问题的认识。

通货膨胀通常有三种类型：第一种是需求拉动型，也就是总需求过大，生产资料价格上升带动一般价格上升；第二种是成本推进型，主要是原材料、燃料、农产品的短缺所引起的；第三种是国际输入型，由于源头在国外，中国又是需要进口的国家，石油价格上升、铁矿石价格上升、有色金属价格上升甚至农产品价格上升，都会影响中国经济。

对三种不同类型的通货膨胀，有不同的治理方法。宏观紧缩政策仅仅对第一种情况（即需求拉动型）是有用的，因为它由总需求过大引起，特别是由投资需求过大引起，因此采取宏观紧缩政策是有效的：财政闸门一关、信贷闸门一关，物价就下来了。但对于成本推进型的通货膨胀，宏观紧缩政策是没有用的，因为根源是原材料供应不足、农产品供应不足。在这种情况下，宏观紧缩政策不解决问题，需要有结构性的投资政策，短缺问题需要通过一定的投资、增加供给来解决。对于国际输入型的通货膨胀，紧缩政策有一点用，但用处不大，为什么？因为我们是需要进口的国家，比如说，国际石油价格上升，单纯紧缩管用吗？管一点用，因为可以借此压缩一下石油消耗，但中国仍然是需要大量进口石油的国家。铁矿石也一样。所以需要先把三种类型通货膨胀的原因了解清楚。

那么，当前中国的通货膨胀是哪个类型的？是综合型的，三种类型都有。我们必须进行综合治理，而不能单纯采取宏观紧缩政策，因为单纯采取宏观紧缩政策，并不能制止成本推进型通胀和国际输入型通胀引起的物价上涨。什么叫综合治理？就是采取总量调控和结构性调控并重的方针，让货币流通量逐渐回归到正常的水平。如果现在马上改成宏观紧缩政策，可能我们过去两年促使经济回升的努力会前功尽弃。

长期以来，对通货膨胀的治理主要是采取总量调控的办法，比如说，货币政策中的存款准备金率提高、利率提高、信贷规模控制，都是总量调控。总量调控有三个局限性。第一个局限性：宏观经济的基础是微观经济，微观单位千差万别，各地区、各行业、各企业都不一样，"一刀切"的办法并不利于真正治理通货膨胀；第二个局限性：资源供给是有限的，在资源有限供给的情况下，如果不采取增加有效供给的办法，而只采取总量调控的办法是解决不了问题的；第三个局限性：中国是一个发展不平衡的国家，各地区各行业差别都很大，同样是西部，也有陕西和西藏的差别，四川和青海的差别，这些差别都明显存在，所以应该采取结构性调控和总量调控并重的办法。这就是说，存款准备金率可以有所提高，但不要一刀切：

东部假如提高 1 个百分点，中部根据情况，或者不动，或者只提到 0.5 个百分点；西部根据情况，或者不动，或者只提高 0.2 个百分点。利率调整也应该这样：按行业而采取不同的对策，产能过剩的行业采取一种政策，产能不足行业采取另一种政策。只有结构性调控和总量调控结合，才是有效的办法。

关于通货膨胀问题，应该有一个清醒的认识。在西方经济学中，通常把 3% 通胀率作为警戒线，也就是说，到了 3%，国家就应该采取紧缩政策。这不适合中国的情况。西方经济学家为什么提出 3% 的警戒线呢？因为西方发达国家的增长率只有 3%。而中国不同，中国的增长率一般在 9% ~10%。就今年来说，尽管下半年势头比上半年下了一点，但据国家统计局预测，今年增长率至少是 9%。就讲 8% 的增长率吧，4% 的通胀率是经济可以承受的。只要居民的收入随 GDP 增长而上升，只要居民收入增长率高于通货膨胀率，那就行了。

二、就业问题

就业问题是当前中国最急需解决的问题。2008 年 11 月我在西欧讲学时，国际金融风暴已经冲击西欧，冲击中国，当时中国 GDP 增长率降至 6% ~7% 之间。西欧经济学家问我，你们中国为什么增长非要到 9% 以上，就业问题才会得到缓解，现在降到 6%，你们全国上下就一片惊慌，企业倒闭啦，工人下岗啦，农民回乡啦，这些问题都出来了，我们不能理解。在我们看来，6% 的增长率多好啊，我们想都想不到。在我们西欧，能够有 2% 到 3% 的增长率，我们的失业就不会出现大问题。我回答说：国情不一样，在西欧工业化已经二三百年，二三百年内农村剩余劳动力都释放完了，西欧现在的农业人口、农村人口只占人口总数百分之几，而且农民都有自己的家庭农场，有住宅，城乡生活条件一样，社会保障普及，所以西欧现在的农民不会进城打工。进城去打工是他们的曾祖辈、爷爷辈的事。中国和西欧不一样，中国城镇化率太低。根据国家统计局的资料，1949 年刚解放时，中国的城镇化率刚刚 20%，当时 80% 的人口是农村人口。建国 60 年，2009 年公布的资料，城镇化率提高到 46%。有人怀疑，46% 是不准的，不少住在城里的人还是农村户口，不过是住的时间长一点。就按 46% 算，经过 60 年，才提高 26 个百分点，所以农村人口要进城。80 年代出来的农民工，与现在所谓新生代农民工是不一样的。80 年代的农民工，根在农村、心在农村，出来就是因为城市收入高，赚点钱回家盖房子、讨老婆、生儿育女，他的根在农村。今天的新生代农民工就不一样了。他们外出打工，不仅仅是为了提高收入，进城的主要目的是想取得与市民一样的待遇。新生代农民工在城里做工多年，孩子上不了幼儿园，上不了小学，妻子进城后，却享受不了和城市居民一样的待遇。所以他们进城不仅是为了收入问题，而且也为了争取改善自己的社会待遇，要取得和城市居民一样的待遇。这种情况，西欧是没有的。所以中国的就业压力一直存在。我们必须保持高的增长率。我们不是不知道高增长率会带来问题，如环境压力增大，资源消耗过快，但必须如此。国外经济停滞的标志，是增长率到了 1% 以下，为什么增长率 1% 是一条警戒线呢？因为人口增长率大约是 1%。而中国根据 2008 年第四季度的经验，增长率 6% 就为停滞，马上就会感到工人下岗、农民工返乡等压力。所以一定要牢记，发展是硬道理，发展尽管不是唯一的，但却是重要的。根据这一点，中国经济运行有一个特点，就是中国经济“怕冷不怕热”：增长得高一点，热一点没有太大关系。恶性通货膨胀是要防止的，稍热一点并不怕。但经济一冷，什么问题都会出来，这是多年的经验。

三、中国经济问题主要是结构问题

看 GDP，固然要看总量，但也要看 GDP 的结构，即要看 GDP 是由哪些产品构成的，看各个产业在 GDP 中的比重，看生产的技术水平如何。今年，即使我们的 GDP 总量超过日本，但 GDP 结构上仍有差距，因为日本生产的许多是高新技术产品，我们的高新技术产品所占比重很小，中国仍然是发展中国家。

就山西而言，固然需要重视 GDP 总量的增长，但更要注意 GDP 结构的变化。如果山西 GDP 的结构主要是靠煤及煤化工产业链的延伸，依靠煤化工业生产出附加值高的产品，并且通过煤的综合利用，制造出新的产品，而且能用煤炭挖掘和加工制造的机械制造业代表山西的经济实力，那么山西 GDP 的结构就优化了。这就是说，GDP 结构对山西更为重要。

四、为什么中国经济刹车容易启动难

中国经济就好比一辆汽车，刹车容易启动难。这主要因为：中国经济刹车的主动权在政府，经济启动的主动权则在民间。由于刹车的主动权在政府，所以政府实行宏观紧缩是有办法的，财政闸门和货币闸门一关，车就刹住了。可是经济的启动权在民间，如果民间对投资前景不明朗，没把握，可能就会处于观望状态。假定消费者对经济前景没信心，甚至还存在后顾之忧，他们是不敢消费的。举个例子，亲戚下岗了，左右邻居下岗了，夫妻回来一定商量，我们的工厂还不知道能维持多久，“可买可不买”的东西就不买了。这告诉我们，人气是重要的。经济能否启动的关键是看有没有人气。人气旺，“可买

可不买的”，买；看准，就投资。

五、计划经济的影响要继续清除

其一，“等、靠、要”的思想，依赖政府的思想，是计划经济的产物。在计划经济下，任何地方要发展，必须依赖政府，必须向政府要指标，要配额，要各种东西。这种思想，一般说，在市场经济已经发达的城市中比较少，如在太原就比较少，可是在晋西北，这种思想还是存在的。一定要告诉大家，市场经济下发展经济，政府主要起规划、指导、服务的作用，经济发展要靠地方自己，要靠全体干部和人民共同努力，这样才能改变现实。

其二，封闭型的思想要进一步清除。计划经济是封闭型体制，不仅全国是封闭型体制，而且每个地区也是小的封闭型体制。在这种封闭型体制下，人们实际上没有作为，都等着瞧。所以，一个重要的问题是要有开放的思想，要设法把资源转化为资本。对山西来说，眼睛不要完全看着省内，要向东看、向西看。向东看，出海口在东面，与世界联系；向西看，第二条大陆桥要经过这里；向西南看，同样也有出海口。所以说，要打破封闭思想。开放最大的好处是促进本地资源转化为资本，把外地人才、资本引到山西来。

其三，所谓“投资挤了消费”，仍是计划经济的现象。计划经济下着重的是配额问题，比如说，水泥怎么用？投资用水泥多了，消费用水泥就少了。煤也是一样，生产用煤多了，生活用煤少了。这种情况下才出现“投资挤消费”。在市场经济条件下，要根据市场需求来决定供给。市场需求决定着生产，消费与投资有相互依存关系。不仅重在开采，重在加工，而且重在制造，重在服务。

其四，出口转内销，也是计划经济现象。在老百姓印象中，出口转内销的产品一定是好产品：规格不一样，质量高一些。这在其他国家是没有的。西方国家的工厂所生产的是一个标准，出口内销都一样，只不过运输成本、营销成本和利率有所差别。

其五，关于重复建设。重复建设在市场经济教科书里是没有的。在市场经济条件下，甲企业生产小汽车，为什么不让乙企业生产？如果乙企业生产的小汽车省油，跑得快，经得起撞，对环境污染小，干嘛不让它生产？谁强谁弱，靠市场竞争来定，好的把差的竞争垮，这是市场规律。不能认为这是“重复建设”。不能动不动就用重复建设来限制项目立项，这种审批制度不是市场经济的内在要求。我们说，除非极其尖端、极其重要的归国家审批，一般的就应该由市场来决定。

其六，关于农民企业家。农民企业家这个称号，全世界没听说过。企业家就是企业家，加个“农民”干嘛？这反映了身份歧视问题，因为你的身份是“农民”。既然有“农民企业家”，城市里的企业家就是“市民企业家”了。实际上，企业家重要的是素质，不是出身、户口。只要符合企业家条件，你就是企业家。企业家有三个条件，这是教科书里讲的，第一个条件是有眼光，善于发现别人发现不了的赚钱机会。第二个条件是有胆量，敢于冒风险。那种怕冒风险、守成求稳的心理实际上是计划经济下长期形成的，议而不决，不敢拍板，不是企业家。第三个条件是有组织能力，即重新组合生产要素的能力。对中国的企业家，我曾加上第四个条件，即有社会责任感，因为中国现在的企业家是在中国改革开放以后成长起来的，是得到社会的帮助成长起来的，所以说先富起来的有更多的责任帮助后富的，也就是说，办企业要有社会责任感。而企业家最大的社会责任应该是什么呢？捐钱，做公益事业，这当然也是社会责任。中国企业家最大的社会责任是把民族经济振兴起来，为社会提供更好的产品和更好的服务，这是首要责任。

其七，关于农民工。农民工的概念同样是计划经济的产物。鸦片战争之后，列强在上海、广州、天津、武汉等城市建了中国第一代工厂。第一代工厂建立后，工人从哪里来？上海的工人都是苏南苏北的农民。他们一进厂做工就是上海人了，他们把妻子、孩子接来在上海落户。那时没有听说农民工这个词。农民就是农民，工人就是工人，农民进入上海的工厂做工，已经变成了工人。今天的农民工，就他的身份而言是农民，他的职业是工人，这就是城乡二元体制或者说城乡二元结构的制度化所造成的结果。

其八，关于民营企业。有人说民营企业是“体制外企业”。这种看法是错误的，是受计划经济的影响。这些人认为，只有国有企业、国家控股企业才是体制内企业。要知道，既然我们正在从计划经济转轨到市场经济体制，那么所谓“体制外企业”，是指未经登记的那些地下企业（其实它们不是企业，只不过是非法的生产经营场所)。还有少数尚未改制的国有企业，它是游离于市场经济以外的企业，它们急需在体制上实行改革。民营企业，只要在工商部门登记，就是中国企业、民族企业。中国的民族企业既包括国有企业，也包括民营企业。到国外去经营，它们都是中国的企业。

其九，“民营企业要合法经营”。这个提法是不妥的，为什么不妥呢？因为正确的提法应该是“民营企业不违法经营”。当你说自己是“合法”经营的时候，要自己举证，“我是民营企业，我合法经营，我符合某某法第几条……”举不胜举，会造成发展中的许多障碍；说民营企业不违法经营，要由对方来举证。对方说“你违法经营了，违犯了某某法第几条……”你可以辩护。这样，民营企业可以放手发展。

下篇：关于山西发展战略的思考

一、资源转化为资本

山西有很多优势，但从经济学角度看，主要是潜在优势，资源转化为资本就是把潜在的优势转化为现实的优势。凭什么能转化呢？是依靠未来的收益，使资源转化资本的。举例来说，修高速公路没有钱，怎么办呢？以未来若干年的收费权作为未来的收益，来吸引投资。南方有的城市想建设国际性旅游城市，旧城改造需要好几百亿元，没有钱，怎么办呢？把旧城拆掉后，规划中，把新城所有街道两边住房的最下一层，作为商店公开招标，很快吸引来很多钱。这就是资源转化为资本。更常见的资源转化资本是资产重组。资产重组是通过吸纳外地资本，无论是国有的，还是民营的，要让他们知道资产重组后的资产收益多少，这样他们就去投资。总之，在资源转化为资本的过程中，最关键的是要达到双赢：肥水要流入外人田。那种肥水不流外人田的思想是小业主思想，而不是现代经营管理的思想。肥水流入外人田，人家看有利可图，才来投资，才来参与资产重组，并在这个基础上建立新的企业。

在资源转化为资本的过程中，要把握一个思想，就是要有利于产业链的延伸，有利于加工附加值的增加，有利于技术水平的提高。上述三个“有利于”非常重要。假定产业链不能延伸，假定就是以简单的开采为主，假定技术水平跟过去一样，这就是不成功的转化。刚才已经讲到企业家，现在换一个角度讲，企业家就是善于把资源转化为资本的组织者。资源转化，对于山西来说，今后无论是新型工业化还是农业现代化、市域城镇化、城乡生态化，都有重要作用。

现在解释一个经济学概念。这在国外经济学中很流行，叫做“资源诅咒”。“资源诅咒”是什么意思？就是指，有一些国家，包括发达国家，它的资源很丰富，结果资源开发带来的不是福而是祸，诸如环境污染、生态恶化、资源枯竭，所以说叫“资源诅咒”。这个问题不在资源本身，主要是长期规划没有做好，甚至无规划可言。山西人，首先，眼光要放长一些，放远一些，不仅要考虑好“十二五”，还要考虑到“十三五”、“十四五”，这样的话，资源利用工作就可以做得更好；第二，一定要有一批人才。建设山西，应该把人力资源结构的调整放在重要位置上。没有人才不行，比如说现代科技人才、经营管理人才、金融人才。假定说金融人才不足，同样很难实现资源转化为资本。

什么叫做新经济？简要地解释，新经济等于技术创新加资本市场。只有技术创新，而不去利用资本市场，或者不善于利用资本市场，这样还是不能走向新经济。

二、自主创新和产业升级

山西的优势在煤，山西将来发展的潜力和希望也在煤。但是重点是在可持续发展，今天必须考虑到今后若干年的事。山西优势是煤，煤要保证山西可持续发展，煤要延长产业链，要增加加工值，所以一定要重视循环经济。循环经济是可持续发展的非常重要的方面。

什么是循环经济？简单地说，循环经济包含四个内容。第一，充分利用资源。比如说，使用一次性筷子就不是充分利用资源；一个金属矿场可能蕴藏着好几种矿，不能只开采其中一种矿，而把其他矿抛弃了。第二，生产和使用过程中，尽量减少废水、废气、废渣的排放，减少污染。第三，在排放的废水、废气、废渣中，要尽量回收其中有用的物质。第四，实在无法利用的，要作无害化处理。

技术领先是关键。在山西，无论是多元产业的建立，还是旧产业的改造和新产业的发展，技术领先是最重要的标志。技术领先了，才能实现跨越发展。对山西来说，煤延长产业链，煤的挖掘和加工要有自己的优势，煤炭行业的机器设备制造更要有优势。

要大力发展民营经济。山西是一个有潜力的地方，民营企业家既看重这块宝地，也看重另外一点，即这里能不能落实鼓励民营经济发展的政策。假如落实不了民营经济政策，即使有再大的发展潜力，民营企业也不愿意来投资。

一定要重视品牌，品牌是开拓市场最重要的手段。市场越来越重视品牌，这与20年前是不一样的。那么，品牌怎么维持呢？品牌是靠不断的技术创新来维持的。

根据外地的经验，要自主创新、要产业升级。应当说，让工厂进园区是捷径。工厂进园区有什么好处？主要有四个好处：一是便于政府提供服务；二是基础设施好；三是便于信息的交流，便于企业之间相互学习；四是便于环境的监测和治理。既然我们要建设一个清洁的山西、健康的山西，所以一定要让工厂进园区。

对山西来说，还要大力发展物流业。现代物流业有六个组成部分：一是物品配送；二是连锁经营；三是产前产后服务；四是产品初步加工，有些加工可以在物流过程中解决；五是仓储运输；六是电子商务。

需要指出的是，自主创新不仅是技术密集型企业和资金密集型企业的事，劳动密集型企业同样可以自主创新。劳动密集型企业的自主创新包括：一是产品设计创新；二是原材料选择与节约，也就是原材料利用的创新；三是营销方式的创新；四是管理制度的创新；五是环保方面的创新。这五个方面都是大有可为的。我们要把创新看成是所有企业的事，大中小企业都包括在内。

三、扩大内需

扩大内需的方式很多，有些是很重要的，比如提高最低工资标准。又如，要建立劳动收入随着经济增长按比例增长的机制。更重要的是提高农民收入。根据我带领全国政协经济委员会调研组到各地的调查，提高农民收入有各种办法，如提高农产品收购价格，但除非连续多年提高，否则效果不显著，而且农民也担心，粮食收购价格提高了，生产资料价格是不是能稳住？此外，农业直补，推进农业产业化，与农产品加工企业建立关系，对农民增收都有好处。当前提高农民收入最有效的方式，我认为是给农民的住房发产权证。

我先推荐一篇文章给大家看。2010 年 6 月 5 日上海《文汇报》第一版登了上海市嘉定区的经验，嘉定区把农村宅基地上的农民房子拆掉了，只占用其中一部分宅基地建起了楼房，省下一大部分宅基地，然后复垦为耕地，把用地指标腾出来，在耕地面积不减少的情况下，把适宜于发展工业的地从耕地中置换出来，改为城市建设用地。农民搬进新房后，每户农民分配到三套住房：110 平方米一套、80 平方米一套、60 平方米一套。三套住房中，自家住两套，老人与年轻人各一套，至少有一套可以出租，三年后可自由买卖。这样，农民的经济状况就变了，农民的需求扩大了，因为他至少有一套房子可以出租，他有了财产性收入，而且缓解了城市居民租房的问题。党的十七大报告中说，要让农民有财产性收入，这就落实了。

在扩大内需中，应该看到，城镇化是中国最大的潜在市场，对山西来说，也是最大的潜在市场。中国城镇化率2009年是46%，现在全国是平均每年提高一个百分点，那就是说到10年后，我们的城镇化率将达到56%；20年后，将达到66%；30年后，将达到76%，占人口的3/4以上。平均每年要有1000多万人进城，其中有劳动力、有小孩、有老人，城市要盖多少住房，要办多少学校、多少医院，要拓宽多少马路，水、电、暖、气要供应，环保、环卫设施要配套等等，全世界找不到这么大的潜在市场。城镇化进程可以维持中国至少30年保持比较高的增长率。

只有扩大内需以后，中国的经济才能转入良性循环。为什么？靠投资带动为主，不能保证中国经济转入良性循环。因为从经济学的观点来看，投资需求是中间需求，只有以居民消费为主的带动，或者消费加投资共同为主的带动，才能使中国经济进入良性循环的阶段。到那时候，我们也不需要9%以上的高增长率，因为就业问题将逐步缓解。但中国仍会保持比较高的增长率。很多同志说6%～7%，6%～7%也是全世界少有的。

让农民带资进城，这是下一步要做的工作。向农民发房产证以后，农民的经济就活了。19世纪中期法国进入工业化的时候，农民大量进城，但社会没有乱，秩序正常，什么原因呢？法国1789年大革命后，把逃亡地主、贵族的土地没收了，分配给那些佃户，他们成了自耕农了。拿破仑登位以后，用法律把土地私有权加以巩固。后来，波旁王朝复辟了，它不敢改变已经巩固了的土地私有权，所以法国的小农经济就形成了。法国工业化初期建立不动产银行，接受农民土地、房屋的抵押，抵押跟质押是不一样的。当铺是质押，东西得留下。抵押是只要你拿来土地证、房产证，土地照种，房子照住，到期你不还，才通过法院处理。农民通过抵押，就可以带资进城，可以在城里买房子、租房子、开小店。所以说，如果中国能解决农民的房产证问题，农民进城就不是空手进城，而是既带手又带资进城，这是可以做到的。拉丁美洲国家，做不到这一点，因为拉丁美洲国家是大种植园制，在种植园里干活的是雇农，所以他们进城没有什么可抵押，城市中的贫民窟就形成了。

山西城镇化速度要加快，服务业也要大发展。中国的服务业为什么发展缓慢？服务业不是靠政府号召发展起来的，服务业的发展主要靠市场需求和政府帮助。国外的营业税率是低的，我们营业税率高，所以人们不愿意投资服务业。

四、培育新型的企业家

发展山西经济还缺什么？还缺新型企业家。新型企业家必须站得高，看得远。山西有企业家吗？过去就有。但我这里说的是新型企业家。

讲一个故事。有一个人到宠物市场去买鹦鹉，他看到一只鹦鹉，主人说值两千块钱，之所以这么贵，是因为这只鹦鹉会两门外语，它会用英语和日语说“早安、您好、再见、谢谢”；他问到另外一只鹦鹉，主人说值四千块钱，之所以这么贵，是因为这只鹦鹉会四门外语；他问到第三只鹦鹉，主人说值十万块钱。难道这只鹦鹉会一百门外语？主人说它什么外语都不会，之所以这么贵，是因为那两只鹦鹉管它叫老板，它是

"企业家"。企业家不一定非得懂外语，能懂更好，不懂他可以请翻译，请助理。企业家一定要站得高看得远，人固然要用显微镜看东西，但作为企业家，更需要用望远镜看，要坐在飞机上往下看，山川的起伏、大河的流向，看得清清楚楚。山西需要更多这样的企业家。

一定要懂得，经营和管理是两个不同的概念。什么叫管理？管理就是在资本存量既定的条件下提高效率，也就是提高盈利率。对经营而言，资本存量是可变的，它的目标在不断增加资本存量。要善于融资，善于开拓市场。国有企业这么多年培养了好多企业家，他们的优点在管理，但经营能力比较差。新型民营企业家，他可能会经营，他晓得怎么融资，但是他们可能不知道怎么样精心管理，所以这里要有针对性地加强训练。无论国企，还是民企，企业家既要懂管理，又要懂经营。

一个企业家必须把自己的基本管理工作做好，这是基本功。再讲一个故事。动物园有块空地，用铁丝网圈起来了，关了一群袋鼠。第二天，管理员一数，跑了一只袋鼠。管理员把铁丝网加高一倍。可第三天，又跑了一只袋鼠。哎呀，袋鼠能跳那么高，不可思议，看来还得要加高。没有铁丝网了，下午派人去买，明天再装吧。晚上，袋鼠在里面笑："他不把门插好，光加高铁丝网有什么用!"这就是基本管理没有做好。

一个企业家，还要有开拓市场的能力，要懂得如何创造市场。要总结晋商的经验，他们除了讲信用外，还善于开拓市场。内蒙外蒙市场是晋商开拓的，今天西欧很多市场是温州人开拓的。市场可以创造，市场容量是可变的，而不是固定的。再讲个故事。有个工厂生产木头梳子，找四个推销员，让他们到庙里推销梳子去。他们带着木头梳子，带了样品，带了订单，跑到和尚庙里去了。第一个推销员，一把没销掉。怎么没销掉？和尚说，我光头，梳子没有用。第二个推销员卖了十来把，效果不错，是因为他对和尚们说，梳子的功能不仅是梳头，经常梳头还可以明目、清脑、活血、养颜。第三个推销员卖了几百把，他说：我到庙里仔细观察后，看到香火挺旺，香客磕头后头发乱了，香灰掉到头发上，头发脏了，就去对方丈说，你看，庙里香客多虔诚啊，庙里应该关心他们，每个佛殿门口放几把梳子，他们头发乱了，就梳一下，香灰掉在头发上就抹一下，这样，香客觉得庙里关心他们，他们来的不就更勤快了吗？方丈觉得有道理，就订了几百把。第四个推销员卖了几千把，他是直接找了方丈，说：有人向庙里捐钱，有人向庙里送东西，庙里办事需要打通关系，庙里要有礼品回赠给对方，木头梳子是最好的礼品，又便宜又好。方丈听后，笑了，说谁要你一把木头梳子？推销员说，木头梳子两边可以刻字，把庙里最好的对联及你方丈的题字刻上，比如日行一善，行善为本，佛在心中，等等。一刻上，人家就会当做纪念品留下了，庙里外出办事不就更方便了？方丈听后觉得有道理，就订了几千把。这个故事告诉我们，市场是可以创造的，靠什么创造？靠产品功能的多样性来创造。第一个推销员一把没销掉，因为他只介绍了梳子的固定功能：梳头。第二个推销员把梳子的功能扩大了，不仅能梳头，还可以明目、清脑、活血、养颜。第三个推销员把梳子功能改变了，把梳子当作庙里关心香客的工具。第四个推销员把梳子变成了纪念品。功能是可以不断变化的，市场也就相应扩大了。今天大家都用手机。十来年前的手机只有通话功能。现在你看，手机不断促销，功能不断拓展，可以录音、录像、放音乐、听广播、上网等，各种功能齐备，所以说市场随着产品功能的拓展而不断变化。一个企业家，一定要有创造市场的能力。

最后一个故事，有一个民营企业家，勤勤恳恳，每天上班以后就在厂里巡逻，查谁迟到了、谁上班不好好干了。有一天，他发现有四个工人坐在大仓库前面打扑克。他很生气，走过去问这四个工人，你们一个月拿多少钱？工人说，我们一个月拿 1500 块钱。这个老板打手机把财务叫来，让他给这四个工人每个人发 1500 块钱，叫他们明天不要来了。回到办公室，他气还没有消，把人事部经理叫来，让他查查这四个人是谁介绍来的，是谁参加面试把他们录取的。一会儿，人事部经理回来了，说他查过了：那四个人不是厂里的，是早上送货的。这岂不是白白送给人 6000 元！这就是说，要重视调查研究，光勤勤恳恳不行，还要实地调研，这样企业才能办得更好。

（2010 年 8 月 25 日在山西省委、省政府的报告，根据录音整理，已经本人审阅）

20 年回忆：股市已经成为中国市场经济体制的基石

现代市场经济的资源配置必须以股市作为主渠道与主机制，必须把直接融资作为经济发展的主要推动力量。20 年来，中国股市已经有了长足的发展和显著的进步，股市已经成为经济体制改革不可逆转的重要屏障，并且日益成为资源配置和优化的主要场所。

20 年来中国股市的发展，主要取得了五个方面的明显进展：

一是建立了以《公司法》、《证券法》为基础的法律架构，依法治市的法律环境已具雏形。

二是建立了两个证券交易所并且形成了日益完善的市场体系，股指期货的推出使得市场的结构与功能进一步完善，股市的国际化与市场化进程也正在逐步推进。

三是让两千多家公司在股票市场上市，既从股市得到了直接融资又接受了市场的洗礼，培育了市场意识与金融意识。现在中国最好的企业大都已经成为上市公司，这对推动整个中国经济的快速发展功不可没。

四是形成了机构投资者与个人投资者共生共存的投资者队伍，1.2 亿多城市人口成为了市场的投资者，这对中国经济与社会的发展都具有深刻与长远的影响。

五是进行了以股权分置改革为主要标志的重大制度创新，基本解决了长期困扰中国股市的一些重大和关键性难题，并且为股市的未来发展开辟了更加广阔的道路和空间。

20 年的股市发展给中国和中国经济都带来了比较明显的变化，股市的地位日益加强，股市的作用日益明显，股市的机制日益完善。可以毫不夸张地说，中国股市已经成为市场经济大厦建设的一个重要和不可动摇的基石，它既在经济体制的转型中逐步得到发展和完善，同时也在促进着整个经济体制向现代市场经济方向发生质变。这是一个双向的互促互动过程，中国的市场经济体制就将在这样的双向互动中得以形成和逐步完善。

我们说中国股市在发展中取得了巨大成就，并不是说它本身没有缺点和缺陷。相反，由于中国股市诞生和发展的特殊背景，特别是双重经济体制的掣肘和制衡，使得股市在运行与发展中也出现了一些矛盾和问题，有些甚至还比较严重。主要是：

1. 股市的行政化色彩过于浓烈，“政策市”的问题一直也没有得到有力和有效的解决。

2. 股市的投入产出效率还不够高，上市公司的基础地位还不稳固，公司对投资者的回报水平还比较低。

3. 股市的透明度还比较低，信息披露的监督机制和完善机制还很不健全，内幕交易问题也日益严重，股市的长期投资理念还没有形成。

4. 市场的监管体系还很不健全，市场的监管角色还存在着错位，调整监管机构的层次分工与功能定位还任重道远。

5. 投资者的权益保护机制还很不健全。这个问题应该作为股市创新的重中之重，因为投资者是市场资金的提供者，是市场交易的参与者，是市场风险的承担者，不能有效地保护投资者的合法权益，不能让市场具有明显的财富效应，股市的长远发展就会受到阻碍，股市的根基就会很不牢固。

6. 股市在调控产业结构和经济转型中的功能与作用还非常薄弱。

中国股市存在的这些问题都是发展中的问题，必须也只能通过发展的办法来加以解决。虽然在产业结构的调整与整体经济的转型中股市也要承受必要的阵痛，但随着转型的推进和上市公司盈利能力的提高，股市终究还会重新步入上升通道，并且会让更多的投资者分享中国改革与发展的整体成果。

（原载 2010 年 10 月 18 日新浪网财经频道）

《中国经济改革发展之路》（英文版）前言

收集在《中国经济发展之路》这本论文选中的文章，是我在 1980 年到 1998 年之间发表的论文中的一部分。它们反映了我在这段时间内所思考的有关中国经济发展的问题。

例如，《教育在经济增长中的作用》一文，发表于 1980 年。这时正值中国实行改革开放不久，拨乱反正，百废待兴。我感到 20 世纪 60 年代后期起，长达 10 年“文化大革命”期间中国的教育事业不但没有任何发展，反而遭到十分严重的破坏，教育出现了大倒退，其原因之一在于从领导人到一般群众都轻视教育，轻视人才的培养。因此，必须把发展教育和重视人才视为当时最重要的工作。这篇文章就是在这样的背景下写成的。我指出，不重视教育，中国不仅会失去现在，更会失去未来。

《经济改革的基本思路》一文发表于 1986 年。中国的经济改革从 1979 年算起，至此已经进行了大约 7 年多。农村的家庭承包制已在全国范围内推广，农产品供给大量增加，人民生活已初步改善。这时面临的主要问题是如何在城市经济中推进改革。在这篇文章中，我提出了必须把国有企业改革放在首要地位，即必须把政企不分、产权不清晰的国有企业通过股份制而改造为自负盈亏和自主经营的多元投资主体的企业。我认为这是中国经济改革取得成功的保证，也是今后中国经济顺利发展的制度前提。

接着，在 1987 年我发表了《社会主义所有制体系的探索》一文。这是一篇讨论今后长时期内中国经济发展的多元所有制格局的文章。在这篇文章中，我提出，中国今后的所有制体系将是一种二元经济体系：一方面是少数大型的企业集团，它们是多个投资主体投资形成的，另一方面是大量中小企业、个体工商户的承包制农户，它们中以个人投资或合作社投资为主。这种二元经济体系对中国经济发展中的经济增长、技术进步、缓解就业压力和提高居民收入等问题都会起到良好的作用。

《贫困地区经济与环境的协调发展》一文发表于 1991 年。这时，我兼任了国务院环境保护委员会的顾问，从事环境经济方面的研究。在调查中，我越来越感觉到发展贫困地区经济和保护环境、治理环境之间有非常密切的关系；如果单纯扶贫而不致力于贫困地区经济和环境协调发展，将事倍功半，不能使那里的人民真正脱贫致富。一年之后，中国政府成立了中国环境发展国际合作委员会，我被聘为中方委员兼环境经济专家工作组组长，继续这一领域内的研究和政策咨询工作。

1993 年，中国出现了投资过热现象，从而引发了严重的通货膨胀，怎样应对这一问题，成为中国经济学界当时普遍关注的问题。我发表了《非均衡条件下经济增长与波动的若干理论问题》一文，阐述了我对政府调控政策的观点。在这篇论文中，我提出了非均衡条件两条警戒线的分析思路。由于中国经济是非均衡的，因此无论是失业率还是通货膨胀率都大于零应该被认为是必然的，不可能把警戒线定在零失业率或零通货膨胀率的水平上。究竟多高的失业率或多高的通货膨胀率可以作为警戒线，可以根据具体情况再定。而且，应当设立两条警戒线，我把它们分称做第一警戒线和第二警戒线。这样，根据零失业率线或零通货膨胀率线、第一警戒线和第二警戒线，整个经济运行空间被划分为四块：

1. 经济运行于零失业率线或零通货膨胀率线以下，是不正常的，这时或者形成劳动力不足，或者形成通货紧缩，这些都需要政府采取相应的宏观调控措施。

2. 零失业率线或零通货膨胀率线以上而没有突破第一警戒线的经济运行，是正常的。这时不需要进行政府的宏观调控。

3. 第一警戒线以上而没有突破第二警戒线的经济运行，属于轻度的非正常经济运行。这时需要采取适度的宏观调控措施。

4. 经济运行于第二警戒线以上，这属于严重的非正常经济运行，不仅需要政府加强宏观经济调控，甚至在必要时可以采取非常规的调节手段。

1997 年，东南亚金融危机已经开始，中国经济也受到一定影响。在这一背景下，我发表了《论财政政策与货币政策的配合使用》一文。这篇论文的基本论点是：无论是应对当时发生的东南亚金融危机，还是作为中国国内的经济政策，都应当学会如何配合使用财政政策与货币政策。“双紧”（指紧的财政政策和紧的货币政策），和“双松”（指松的财政政策和松的货币政策）都只是特殊情况下才能使用的宏观调控。一般情况下，财政政策和货币政策需要“松紧搭配”，即货币政策抽紧时，财政政策不妨宽松些，而财政政策抽紧时，货币政策不妨宽松些，这样才能获得较好的成效。

《论效率的双重基础》一文发表于 1998 年。写作这篇文章的背景是：随着市场化的进展，中国国内普遍对效率有了足够的重视，然而对于效率的基础却认识得不够清楚。本文指出，效率有两个基础，一是效率的物质技术基础，另一是效率的道德基础。设备、厂房、原材料、职工的技术水平，都包括在效率的物质技术基础内。人们的信念、信心、文化和道德水平，则包括在效率的道德基础内。历史表明，仅仅有效率的物质技术基础，只能产生常规效率。那么，超常规的效率来自何处？来自道德基础。由此可以看出人们的信念、信心、文化和道德水平的重要性。针对中国的经济发展而言，当前的一项迫切任务是充实效率的道德基础。让人们的信念、信心、文化和道德水平在经济发展中发挥更大的作用。

以上所提到的，只是这本论文集中所收集的一部分文章的内容摘要。我相信读者在读完这本《中国经济发展之路》后，将会了解我在 20 世纪 80 年代至 90 年代内有关中国经济发展的基本观点。

本书英文版的出版，得到郝平教授、蔡洪滨教授、周黎安教授的大力帮助。没有他们的帮助，本书不可能这么快就同读者见面。外研社社长于春迟、外研社总编辑蔡剑峰以及外研社人文社科分社吴浩、彭琳、任小玫、仲志兰等同志的认真负责精神，令我十分感动。在此，我一并向他们致以衷心的感谢。

（载厉以宁：《中国经济改革发展之路》英文版，外语教学与研究出版社，2010 年 11 月版）

城镇化和公共建设资金的筹集

一、城镇化和扩大内需

城镇化率是衡量一个国家现代化程度的标志之一。迄今为止，中国的城镇化率太低了。据统计，1949 年中国的城镇化率大约是 20%，到 2009 年，建国 60 年了，城镇化率大约是 46%。60 年间，城镇化率才提高 26 个百分点。何况，其中还包括了农民身份的、进城打工的人。

城镇化率偏低不利于内需的扩大。一方面，农民收入低，另一方面，农民的需求受到限制。因此，加速城镇化，既可以提高农民收入，又可以增加农民的需要，内需扩大将是必然的结果。

从增加农民收入的角度看，主要由于农民进城后有了工作或者自行创业，收入将高于务农所得。此外，由于一部分农民进入城市，农村的规模经营将发展起来，农业劳动生产率提高，这也会提高农民收入。

从增加农民需求的角度看，农民和家属进城后，生活方式会改变，需求总量和需求结构都会发生变化，这样，内需也就相应扩大了。

中国居民购买力将在城镇化过程中逐步提高。内需的扩大、市场的扩大和对生产企业的刺激是相互促进的。结果，城镇居民对各种消费品的需求不仅总量在增长，而且结构也在变化。为了供应更多的消费品，企业生产会相应发展。这样，对进口消费品的需求也就扩大了。其中，既包括直接供应居民的进口消费品，也包括供应生产资料的各种生产资料。

更为重要的是：在城镇化过程中，由于内需的扩大，中国的经济发展方式也会摆脱过去长时期内所形成的出口依赖型经济模式或投资依赖型经济模式，而转变为良性循环的内需为主的经济模式。

摆脱出口依赖型经济模式，并不意味着进出口会减少，而是自主性增加了。这将是一种可持续的经济发展模式，即主要靠内需拉动的良性循环模式。

二、提高城镇居民生活质量是吸引农民进城的关键

在农民收入远低于城市居民收入的情况下，农民进城所关注的主要是收入水平的提高。但在农民收入不断上升以及城乡居民收入差距缩小以后，农民为什么仍然愿意进城呢？这就不是被较高的收入所吸引，而是被城镇生活质量所吸引，因此，提高城镇居民生活质量是吸引农民进城的关键。

第一，必须着重解决进城农民的安居乐业问题。安居，是指城镇要提供进城农民及其家属的住房问题，包括有足够的可租、可买的住所，不能让他们没有住所。乐业，既指他们有工作可做，还指他们有发挥自己所长的机会，包括愿意开业经营的可以开业。

第二，必须满足进城农民及其家属有足够的的公共设施，例如幼儿园、小学、中学、医院、公共交通设施、文化设施、公用服务设施等，否则谈不上生活质量的提高。此外，社会保

障体系要覆盖城乡，即城乡社会保障要做到一元化。

第三，水、电、气、暖、环境保护等措施要适应城镇居民人数不断增长后的需求。否则，这将使城镇居民生活质量下降。

三、城镇化过程中公共建设资金的筹集

城镇化过程中需要庞大的公共建设资金，投入是要持续多年的。这样巨额的资金如何筹集？其中有些资金主要依靠政府的财政支出，例如义务教育设施、某些医疗卫生设施、治安和消防设施、环境治理设施、行政管理设施的建设等等；还有，居民住宅中的廉租房和经济适用房的建设等。其中，也有一些资金主要依靠市场，例如商业性的设施建设、高档住宅建设、某些文化娱乐设施建设、民办高等学校、职业技术学校等教育设施的建设以及民办医院建设等。但公用事业建设的资金来自何处？这是一个比较复杂的问题。比如说，城市供水、供气、供热、供电、公共交通、城市绿化、环境卫生设施，以及各种公共服务事业资金的筹集，既不能完全靠财政，也不能完全靠市场。这些公用事业建设之所以不能完全靠财政，是因为财政支出毕竟是有限的，以往曾经采取的“土地财政”的做法似乎已走到了尽头。地方财政债务化也不可行。地方欠债太多谁来偿还？地方不受约束又怎么办？人民城市人民建，怎么理解？怎么实行？怎么具体化？义务劳动，是可以的，但这毕竟是有限的。资金问题仍未解决。

公用事业建设之所以不能完全靠市场，是因为公用事业一般投资周期长，回收期长，以盈利为目标的企业不愿投入大量资金到公用事业部门。在这种情况下，可以考虑采取如下的办法，即组建中国公用事业投资基金来解决公用事业的资金筹集

和运用问题。

中国公用事业投资基金是把中央政府、地方政府、金融机构三方的力量组合起来，动员广大民间资金，把这些资金用于城镇化过程中的公用事业建设。

这一投资基金由财政部和国家发改委作为发起人，适当投入财政资金，引导和掌握基金投资方向，投资人包括金融机构、社保基金以及其他机构投资者。它可以发行“中国公用事业发展债券”，吸纳民间资金。

在国际上，这方面已有成功的经验。因此，建立中国公用事业投资基金是可行的。这样，中国城镇化的步伐就可以大大加快。

（2010 年 11 月 20 日在中国经济理论创新奖第三届颁奖大会上的讲话）

论城乡一体化

一、为什么农民没有财产性收入

在农村调查时，几乎所有的农民都提出为什么不发房产证的问题。有的农民说：城里实行的是土地国有制，在那里，无论是祖传的房屋还是新购的商品房，都有房产证；而农村实行的是土地集体所有制，祖传的房屋也好，农民在自家宅基地上建的住宅也好，为什么不发房产证呢？农民们想不通。看来这个问题是带有普遍性的。

农民还反映，由于自家的房屋没有房产证，既不能抵押，又不能转让，要进城经商、开店或打工，如果把家属也带到城里去住，只好门上一把锁，让老鼠在房屋里做窝。那么，为什么不出租呢？有熟人愿意租房，当然是件好事，但正因为出租者没有房产证，只能廉价租给熟人，等于请人代为照看住宅，而不敢租给陌生人。怕自己没有房产证，人家拒不支付租金怎么办？或赖着不走又怎么办？村干部说，还有更糟的呢。比如，农民一家人都进城了，门上锁了，有的却被撬开，在空房子里堆炸药，于是变成了地下爆竹作坊，有的变成炼地沟油的黑店，还有的成了聚赌嫖娼的窝点，给村里带来不少麻烦。

至于那些为住房上锁而进城务工的农民，则是两手空空，什么资本也没有，因为房屋不能抵押，不能转让，不能合法租出，还有什么资本可以带走？即使进了城，没有房子可住，只得搭个窝棚聊以栖身、安置家属，或者租间地下室住，又潜入地下，过着极其简陋的生活。这就是所谓“两只老鼠”的故事（农村里的自家房屋成了老鼠窝，进城后又过着同老鼠一样的地下室生活）。

这里不妨以19世纪中期以后法国工业化过程中农民进城的情况为例。1789年法国大革命爆发，不少贵族地主逃亡国外，法国革命派把他们的土地没收之后分配给无地的农民。拿破仑当权后，用法律确认了新的土地关系。波旁王朝复辟后，不敢把农民分得的土地重新归还贵族和地主，因为担心社会动荡。这样，法国的小农土地所有制巩固了下来。19世纪中期以后法国的工业化和城市化加快进行，农民纷纷进城。法国成立了不动产抵押银行，容许农民用自己的田产房产作为抵押，带资进城。于是，准备进城的农民不是空手进城，而是带资进城，或开店，或做工，且有房子可住，并且隔一段时间之后把家属也带到城里，工业化和城市化都在有序进行。农民的田产房产虽被抵押，但等到进城的农民收入增加了，借银行的钱还清了，田产房产依然是农民的。如果农民感到在城里有更大的发展前景，这时还可把田产房产卖掉。

然而，在我国农村所看到的却是另一种情形：农民没有房产证，他们想开店创业，或在农村扩大经营规模，但靠什么作为抵押品取得贷款呢？农民的房屋不能抵押，这意味着房屋在农民手中并未被确定为个人财产。不仅农民的房屋未被确定为个人财产，连宅基地、承包土地也都如此。农民没有财产权，怎么可能有财产性收入呢？农民没有财产权，想转让自己的承包土地、宅基地和房屋也就不可能如愿。

假定农村的土地集体所有制不变，那么在当前条件下，能不能把承包土地和宅基地的土地所有权与使用权分开处理？即房屋可以转让，承包土地的使用权和宅基地的使用权也可以转让。这是一种变通的做法，而这种变通是必要的。既然承包土地的使用权和宅基地的使用权可以转让，那么它们用于抵押，也就无可争议了。这是一项重大的制度创新，实行这一制度创新刻不容缓。实践将会证明，它对中国长期的经济和社会发展有极为重要的意义。

二、农民有了财产权以后中国农村会发生怎样的变化

让我们仍从农民的住房开始分析。

怎样提高农民收入，扩大内需？给农民各种补贴，提高农产品收购价格，通过农业产业化来增加农产品加工值……等等，这些都是有效的措施。但最重要的是让农民拥有财产权。首先是给农民发房产证，容许农民用房产证作为抵押，取得贷款；出租房屋，取得房租；转让房屋，把实物资产转化为货币资产，再转化为资本。具体的做法可以先从农民迁入新农村的住宅开始，因为散居的农民和他们的房屋由于宅基地面积大小不一，农民之间矛盾很多，一时不易处理。加之，发房产证从农民迁入新农村的住宅开始，还可以鼓励散居的农民向新农村迁移。

据 2010 年 6 月 5 日上海《文汇报》第一版所载，上海市嘉定区在农民迁居之后，每户农民可以分到三套住房，面积分别是 $60m^2$、$80m^2$ 和 $110m^2$，每户任选两套自住，余下的一套供出租之用。三年之后，房屋可以自由买卖。全国政协经济委员会调研组 2010 年 7 月初在山东省威海市调查时，在其近郊的“小城故事”社区看到了类似的情况。这个社区是由几个

行政村合并而成的。在那里，每户分得两套住房，都是 $90m^2$ 左右的，一套自住，一套出租。如果农民认为自己住一套就够了，也可用另一套换得几十万元现金。

这样，农民有了可供出租的房屋，或者像威海市“小城故事”社区那样，把可出租的那一套房屋变成现金，农民的收入立马就上升了，日常生活没有问题，而且还有创业的资本金，开店、做生意、外出务工都行。我们在威海市看到，只要农民有房屋可以出租、抵押或转让，他们的经济便活起来了，他们的内需就扩大了，他们的创业活动也就开展起来了。

到目前为止，由于在现有法律、法规和规章制度限制的条件下，即使地方政府想给农民住房发放房产证，也难以真正落实。据全国政协经济委员会调研组的调查，在山东省大体上有三种发放房产证的方式：

一是把土地收归国有后，由房地产主管机构发放正式的房产证。威海市“小城故事”社区就是如此。合并为“小城故事”社区之前，这里原来是几个行政村，属于“城中村”改造的范围，所以行政村一合并，社区一建立，土地变成了国有土地，农民也就相应地成为市民，发房产证成为顺理成章的事情。在其他省市，凡属于“城中村”改造的地带，也都可采取相应的做法。

二是在保留农村土地集体所有制的条件下建成新农村，在农民搬进新居后（如莱阳市的一些农村），由城乡建设部门发给房产证。有了这种房产权证，农民不仅可以出租自己的房屋，而且还可以用于农村信用社的抵押贷款。对农民来说，因为农村信用社离自己家很近，贷款是很方便的。

三是行政村同龙头企业融为一体。在龙口市南山集团公司所建的新农村，农民将土地使用权入股，公司经营园艺、果树、酿酒、旅游、养殖、其他工业品制造等，农民成为公司职工，公司兴办各种福利事业，并建设新农村住房。农民作为股东每年有红利可得，作为职工每月有工资可领，同时享受各种福利待遇，还分到新农村中的住房，并由集团公司发给房产证（在集团公司内部是承认的）。

农民有了房产证以后，不仅如前所述有了创业的资本（抵押、转让），有了经常性的财产收入（出租房屋的租金收入），而且在一定程度上缓解了城市住房紧张的压力。城市房价高，一般城市居民不一定能买得起商品房，而城市可供出租的房屋通常供不应求，因此农民有多余的房屋可供租赁，对市民是有好处的。离市中心较近的“城中村”改造后，新建的农民住宅中有不少已经租给城市居民，他们上班近，附近又有学校、医院或卫生站，生活很方便。即使离市中心较远的农村，只要公共交通通畅，或者租房子的人家有私人小汽车，也可租赁农民的住房。从这个意义上来说，当离城市并不太远的农民家庭都有空余房屋出租时，对城市居民方便，对作为房东的农民也有利，因为他们会增加收入。

给农民发房产证的好处已如上述。那么，宅基地与承包土地使用权的抵押和转让，又会给中国经济和社会发展带来什么样的变化呢？以下让我们接着分析。

三、双向的城乡一体化

发达的市场经济国家的城乡一体化都是双向的。而迄今为止，我国正在推进的城乡一体化则是单向的。双向的城乡一体化是指农民可以迁往城市居住，可以在城市工作或经营企业，而城市居民也可以迁往农村居住，可以在农村工作或经营企业。中国目前的城乡一体化之所以是单向的（即只有农民由农村向城市的迁移，而不存在城市居民向农村的迁移)，关键不仅在于城乡居民的户籍是分列的，而且更重要的在于土地制度是二元结构的，即城市实行的是土地国有制，农村实行的则是土地集体所有制。农村的土地集体所有制是双向城乡一体化的体制障碍。

能否绕过这个制度障碍，把土地所有权同土地使用权分别对待？根据龙口市南山集团公司和当地一些行政村融合为一体的经验，是可以走出一条新路的。这就是农民可以把承包土地的使用权入股于南山集团公司，把宅基地的使用权交给南山集团公司，换取新农村的住房并取得房产证。当然，龙口市的经验只是改革过程中涌现出来的若干经验中的一种，但这已经可以说明，如果用邓小平同志提出的“三个有利于”标准来衡量，承包土地使用权和宅基地使用权的入股、置换、抵押或转让，符合这一标准的城乡一体化改革的基本思路。

于是，双向的城乡一体化就具有试行并逐步推广的制度条件。双向城乡一体化的推进，一方面可使农民“带资进城”，加快了城镇化建设；另一方面，城里愿意迁到农村的个人和企业也可以如愿以偿，“带资带技术下乡”，在乡下生活、工作、投资。城乡分割的户籍制度将随之取消，代之以全国统一的身份证制度。随着双向城乡一体化的推进，不仅传统的服务业会进一步发展，而且现代服务业也会迅速发展，第三产业在国民生产总值（Gross National Product，GNP）中的比重也将不断上升，三次产业在国民生产总值的比重将趋于合理，新的岗位将在第三产业的发展中涌现出来。到了那个时候，城乡社会保障也将一体化。城乡居民的后顾之忧将逐渐淡化，追求生活质量成为全社会绝大多数人的共同愿望。内需将会有大的突破，中国经济也会转入以居民消费拉动为主的良性发展。

双向城乡一体化之后，中国农业将会有大的发展。限制农业发展的因素主要有四个：体制、资本、技术和物流。其中，体制因素最为重要。

第一，体制。关于体制因素，前面已经提到。农业规模效益之所以难以有较大幅度的提高，农业产业化之所以难以有更大的突破，充裕的民间资本之所以不愿投向农业和农村，以及农业现代化之所以进展得相对迟缓，全都同承包土地的集体所有制有关。而农村缺少青壮年劳动力和专业人才，同样归因于城乡二元体制的存在。因此，如果在承包土地使用权和宅基地使用权方面寻找突破口，绕开现存的体制障碍，中国农业发展的前景是充满希望的。

第二，资本。一旦体制障碍减弱了、消失了，农村不愁没有资本可用，农民也不愁没有融资渠道。特别是在双向城乡一体化的条件下，资本下乡、技术下乡、人才下乡总会相伴而行。其中，资本下乡最为关键，而且资本下乡是先行的。过去被认为没有投资价值的重大项目，如低产田的改造、沙漠化和石漠化的治理、农村公用事业的建设和发展等，都会因承包土地使用权的流转而成为新的投资热点。

第三，技术。技术下乡要同资本下乡结合在一起，都应当给投资人带来收益，否则就是技术下了乡，也不会持久，更不能使技术的采用范围大面积地推广。这个问题也只有在双向的城乡一体化过程中解决。要知道，在单向的城乡一体化过程中，农村的青壮年和专业人才都进城了，谁还会专心致志地使新技术在农村开花结果呢？

第四，物流。农业能否丰产，是一个“资本+技术”的问题，农产品生产者能否从投资中得到丰厚的回报，则是一个“资本+技术+物流”的问题。货畅其流，才能地尽其利。流通渠道不畅，有货找不到市场，或找到市场而卖不出好价钱，只会挫伤农业投资人和生产者的积极性。这同样是双向城乡一体化过程中可以解决的问题。

可以设想，在双向城乡一体化推进到一定程度之后，除了仍有一部分农业中的散户而外，大体上有三类农业生产者：一是种植大户、养殖大户。他们是种植能手、养殖能手，通过转包、租赁、转让等方式，集中了土地，实现了规模经营，使农业劳动生产率和土地利用率大大提高。二是种植业、养殖业的农民专业合作社。这些专业合作社的骨干，一定是懂得经营、善于管理，并且在农业方面懂行的人才。他们同样从事规模经营，会使农业进一步发展。三是“龙头企业 + 农户”。这里所说的农户，可能是承包土地入股之后仍然留在龙头企业工作的人，也可能是承包土地入股后进城另谋出路的人。这一类农业生产者的最大优点是可以使农产品产业链有较大的延伸，并且在营销方面取得较好的成绩。

四、让社会主义新农村成为名副其实的新农村

到了工业化后期，尤其是进入后工业化时期以来，为什么西欧一些发达的市场经济国家的农民不再涌入城市去寻求工作？对这个问题需要从工业化的历史进行分析。

西欧一些国家的工业化，从 18 世纪 70 年代算起，至今已有 200 多年的历史。在工业化初期和中期，大量农民涌入城市，补充了各行各业的工人队伍。到现在，农村的多余劳动力已经释放完毕。现在西欧一些发达的市场经济国家，从事农业劳动的人数只占全国劳动力人数的百分之几，居住在农村的人口也只占全国人口的百分之几。在这些国家，农民拥有自己的家庭农场，拥有自己的住宅，城乡的生活条件一样，甚至农村

空气更清新，比城市更能吸引人居住。同时，社会保障体系覆盖全社会，城乡没有差别，现在的农民为什么还要舍弃自己的家庭农场和住宅，跑到城里去打工呢？进城打工，那是他们祖父一代甚至曾祖父一代的事情，他们根本不考虑这个问题。这种情况与广大发展中国家的情况是完全不一样的。

从西欧发达市场经济国家农村和农民的现状，我们可以得到以下四点启示：

第一，西欧发达市场经济国家的城乡一体化是在工业化后期实现的。而在这之前，即在工业化中期，城乡一体化的体制障碍已经消失或基本消失，这就有利于双向城乡一体化的推进。目前中国正处于工业化中期，由于体制上的某些障碍仍然存在，所以有一个先实现单向的城乡一体化，再实现双向的城乡一体化的过程。消除城乡一体化的体制障碍应当成为改革的重点之一。

第二，城乡生活条件一样，这也是西欧发达的市场经济国家在工业化后期实现的。对中国来说，这是一项相当艰巨的任务，因为基础设施较差，公用事业的发展程度较低。但仅仅依靠国家财政和地方财政的力量是不够的。必须鼓励民间资本进入这些领域，以加快缩小城乡生活条件之间的差距。

第三，社会保障体系覆盖全国并使城乡没有差别，是一个渐进的也是一个较长的过程。根据中国的国情，有必要有序地逐步推进。但最终必须闯过这一关。归根到底，这是国家和地方是否有足够财力的问题。因此，经济发展不可停滞，财政收入应当与经济同步增长，甚至需要略快增长。

第四，也许最为困难的问题是居民观念的更新。这里所说的居民观念更新主要是指：无论住在城市还是住在农村，居民都应当有公民意识，有权利和义务的意识，有社会责任感。社会保障体系的建设，不是什么人的恩赐，也不允许任何人对它进行破坏，有了这种观念更新，社会保障体系才能长久存在。

这样，我们对于全国许多地方正在建设的社会主义新农村就会有新的认识、新的要求和新的期待了。

社会主义新农村，岂止是一排排新盖的住宅楼。应当进一步询问的是：搬进来居住的住户们是不是领到了房产证？住户们有没有权利出租、抵押、转让？也就是说，有没有产权？此外，社会保障制度是否落实到人？

新农村是一个社区。这里的公共设施如何？孩子们要进幼儿园、小学，有没有这样的设施？病人要住医院，附近有没有？平时有没有卫生站可以看病？有没有救护车可以运送急症或重病患者？有没有敬老院之类的设施？水、电、气、暖的供应状况如何？方便不方便？这些都是建设中应当关注的问题。

新农村可能位于远郊，甚至位于距市中心很远的地带。在这种情况下，必须考虑交通和居民生活设施建设。既然要逐步缩小城乡在生活条件方面的差距，那就不能仅仅以让农民搬进新房居住为满足。

新农村作为一个社区，住户的业主权益应当受到尊重，受到保护。社区应设置公共活动的场馆和聚会的会所，使业主有条件行使自己的权利。民主和自治作为社区管理的原则，要始终坚持不懈。

最后，无论城市还是农村的居民，都应当有迁移的权利，也就是选择居住地点的权利。根据中国的实际情况，大城市的规模应有较严格的控制，县城和镇应该是放开的，容许居民迁入迁出。愿意住在城市还是愿意住在农村，居民可以自行选择和调整。如果有条件的，也可以两边都有家。这样城乡的差距在居民的观念和心理上自然而然就缩小了。

总之，建设新农村的住房并让农民搬进去住，这只不过是建设社会主义新农村的第一步。要让社会主义新农村成为名副其实的新农村，还有大量工作要做，而且决不是短时间内就能完成的。在2008年改革开放30周年之际我曾指出，改革开放开始后的前30年，我们着重于国有企业体制的改革，这一改革在30年内取得了显著的成就。尽管国企体制改革中还有一些遗留问题需要继续解决，但大势已定，改革已不可逆转。从2009年算起，改革开放后的后30年，即到2039年为止，改革的重点将是城乡二元体制，以及通过城乡二元体制改革而实现城乡一体化。由于前面所说的城乡一体化任务艰巨，所以用30年的时间能否实现城乡一体化，还要看我们的努力程度。

计划经济体制有两大支柱：政企不分和产权不清晰的国有企业体制，以及城乡生产要素分割和农民没有明确产权的城乡二元体系。改革开放后的前30年，改革重点是国有企业体制改革；改革开放后的后30年，改革重点是城乡二元体制；那么，在改革开放60年左右，社会主义计划经济作为一种体制将最终退出历史舞台。

（原载《中国流通经济》2010年第11期）

论中国经济发展的动力

一、改革开放30年的经验

从1979年以来，30年的时间内中国的面貌发生了巨大变化，中国建设的成就引起了全世界的关注。中国经济发展的动力在哪里？正在于民间蕴藏的极大积极性发挥出来了。可以举五个例子：

第一个例子：农业承包制。

农业承包制，当初称“大包干”，也就是指“包产到户”、“包田到户”。1979年，在一些地方的农村中是农民们自发试行的，成果异常显著，于是各地农民群起仿效，一下子就在全国铺开。几年之后，农贸市场上什么农产品都有了。又过了几年，粮票、油票终于取消了。

第二个例子：乡镇企业。

农业承包制实行后，效率增长，农村有了一批多余劳动力，乡镇企业到处建立，不需要政府投资，农民自己为产品寻找销路。80年代中期，国内火车上、长途客车上处处可见到一群提着大包小包，装着样品的乡镇企业的推销员。就这样，计划体制外的乡镇企业商品市场形成了。大一统的计划经济的生产和销售格局终于被打破了。

第三个例子：经济特区的建立。

在农业承包制的推广和乡镇企业兴起的同时，1980 年建立了深圳经济特区。在这里，按市场经济规律运行，高楼一栋一栋拔地而起，深圳建设速度之快，给人们一个启示，只要实行市场经济，中国完全可以赶超西方发达国家。人才、资金纷纷流进了深圳，内地按计划组织生产，深圳更多地依靠市场调节；内地只存在个体工商户，深圳可以有最早的私营企业。这也表明了民间积极性发挥所带来的奇迹。

以上三个例子说明：

在改革开放初期，农业承包制、乡镇企业和经济特区的建立，是丢在平静的中国经济水面上的三块石头，它们激起了层层波浪，从此中国经济再也不可能平静下来了。民间积极性一旦被调动起来，中国经济发展就有了源源不断的动力。

第四个例子：股份制。

从 80 年代到 90 年代初，各地相继出现了一些股份制企业。它们最早也是群众自己集资组成的，或原有企业向民间筹集资金后扩建而成的。尽管当时还只是一些中小企业，但仍然是民间蕴藏的积极性的发挥。到处在谈股票、谈上市，经济发展靠人气的积聚，人气代表着民间积极性的高涨。人气要靠引导、培育、爱护，而不能靠打压。人气是难能可贵的。在邓小平同志南巡讲话以后，群众的这种热情有增无减。股份制的作用终于被公众认可。

第五个例子：集体林权制度改革。

集体林权制度是迟到的改革。1979 年农业承包制推出之时，有的地方也把集体山林一起分了。但当时改革开放刚起步，群众对党的政策不信任，害怕政策多变，所以一旦分了山林，就拼命砍树，如果不砍，万一政策变了，山林收回了，岂不是吃亏了。这样，砍树成风，中央不得不禁止集体林权承包。一拖就是20多年。但民间要求承包集体山林的积极性是抑制不住的。进入新世纪初，江西、福建等省开始了集体林权改革的试点。群众称之为“包山到户”。2008年6月8日，中共中央国务院做出了全国范围内实行集体林权改革的决定，承包期定为70年，林地和林木可以抵押，这样一来，25亿亩集体山林一下子就活了。林区农民的积极性被调动起来，林区热火朝天，绿化荒山，“爷爷种树，留给孙子来砍”。林下养鸡，林间种蘑菇，种中药材，这就是创业。从此，中国的林业发展进入了新阶段。

为什么民间积极性的发挥会促进中国经济的迅速发展？这是因为人民有改善生活的基本需求，他们总希望自己下一代能够在比自己这一代较好的环境中生活和工作，他们还希望有机会施展自己的才能，实现自己的目标，以自己的成就表明自己的价值。民间的积极性就是由此而涌现的。

然而，民间积极性的发展需要有合适的制度条件。没有合适的制度条件，就不会有机会的公平，也就不会有民间积极性的迸发。充分的社会流动，包括水平流动和垂直流动，只能产生于合适的制度条件下。这就是民间积极性得以发挥的最重要前提。

1978年12月中共中央召开的十一届三中全会的伟大意义，就在于把中国引上了改革开放之路，从此民间积极性有发挥的可能性。

以农业承包制为例。1959～1961年的三年困难时期，一些省市并不是没有出现过“包产到户”的做法。但当时是遭到批判、打击的。倡导“包产到户”的基层干部受到了处分，试行“包产到户”的农民同样陷入了困境。民间积极性刚刚露头，就被扼杀了。十一届三中全会以后，情况才发生实质上的变化，民间积极性在农业承包制方面的发挥才有了制度条件。

股份制的推广不也如此吗？没有邓小平的南巡讲话，没有中共十四大、十五大的召开，股份制能迅速推广吗？民间的积极性能这样迅速地迸发出来吗？

无论农业承包制的推行还是股份制改革的进展，都使蕴藏于民间的极大积极性发挥出来，并成为推动中国经济发展的动力，使民间积极性转化为亿万群众的自觉行动，改革开放30年的历史证实了这一点。

不可忽略的是：政府在这方面的作用是重要的。政府的作用大体上可以归纳为以下五点：

（一）发现

发现是指发现民间有积极性，关键在于体制条件是否具备。只要具备了体制条件，民间的积极性就会被调动并发挥出来。

（二）引导

由于蕴藏于民间的积极性具有自发性，所以需要引导。政府引导民间积极性，实际上是对民间积极性的一种爱护，不要让它受到误导而遭到损失。

（三）扶植

对于因民间积极性迸发而出现的一些新生事物，例如为适应林权制度而产生的林业专业合作社，政府应当加以扶植，包括在融资方面给予支持。

（四）推广

在试点成功的基础上，及时总结经验，予以推广，这是政府应尽的责任。

（五）规范化

不规范化，就不可能使民间积极性所取得的成果进一步成长，这方面最明显的例证就是股份制的推行促成了《公司法》、《证券法》的通过。

二、下一步经济发展中需要解决的若干重大课题

下一步经济发展中，包括“十二五规划”，甚至包括“十二五”以后的连续几个五年规划，都有若干重要课题需要研究，需要解决。下面分别予以说明。

（一）自主创新和产业升级

要实现经济转型和提高经济增长质量，以及为了增加中国产品的国际竞争力，我们应当加大自主创新和产业升级的力度。问题是：在西方发达国家，自主创新和产业升级都是在长期工业化的过程中逐渐实现的。我们能不能在较短的时间内实现自主创新和产业升级的目标呢？

为了加速自主创新和产业升级，有必要通过扶植优秀企业和完善资本市场。优秀企业，包括国有企业、混合所有制企业和民营企业，所有这些企业，都是中国的企业，都是民族企业，要一视同仁，调动它们创新的积极性。凡是在自主创新和产业升级方面作出成绩并且有巨大市场潜力的，都应得到支持。同时，资本市场要继续完善，形成完整的资本市场体系，使优秀企业在创新过程中更好地运用资本市场。

（二）就业问题

在西欧国家，一般只要年经济增长率达到3%，就业就不会发生大的问题，而中国2008年第四季度的资料表明，如果年经济增长率降到6%左右，失业问题就严重了，农民工就回乡了。为什么？关键在于中国农村劳动力不停地向城市流动，

而西欧这种情况在很多年前就结束了。西欧工业化已二三百年，农村多余劳动力已释放完了。今天西欧国家农业人口只占全国人口百分之几，他们有自己的家庭农场，有住宅，城乡生活条件一样，社会保障覆盖全社会。那里的农民是不会进城打工的。中国则不同。农民为了增加收入，为了取得和城市居民一样的社会待遇。他们一有机会，就想进城找工作。今天出来的农民工，被称为新生代农民工，他们同上世纪 80 年代出来打工的农民工不一样了，他们认为自己根不在农村，心也不在农村。就业压力始终存在，那么，当前解决中国就业问题的撬杆究竟在哪里？

为了缓解就业问题，有必要促进民营经济发展和支持微型企业。民营企业是吸收新增就业的主要场所。认真落实“非公经济新 36 条”，实现公平竞争，放宽市场准入。全国 1000 万家中小企业、3000 万家个体工商户，只要生意好做了，每家中小企业多雇几个人，每家个体工商户多增加一、二个帮手，全国一下子可以增加几千万人的就业岗位，可以大大缓解就业压力。对于雇工人数少、资本少的微型企业，要大力扶植。微型企业是指雇工十几个人以下，创业时的资本金 10 万元以下的很小很小的企业。要采取特殊的优惠政策，如减免税费、解决融资问题等，将增加大学毕业生、农民工、退伍军人、下岗职工、库区移民、残疾人的创业和就业。

（三）环境保护和生态建设

根据西方发达国家的历史经验，“先发展，后治理”模式或“边发展，边治理”模式，都是有害的，而且也是不经济的。中国必须走出一条把环境保护和生态建设放在首位的可持续发展道路。但经费来自何处？怎样才能使可持续发展成为可行之路？

为了加强环境保护和生态建设，有必要一方面鼓励民间资本介入，另一方面形成公众参与和监督的机制。环境保护和生态建设需要大量投入，仅靠政府投入是不够的，要鼓励民营企业进入这一领域。此外，要调动公众的积极性，形成公众参与和监督机制，形成社会一致的环保行动（如资源回收、文明消费、节水节能、保护野生动物、环境绿化等）。

（四）城镇化过程中公用事业建设的资金筹集

城镇化过程中，农民会持续不断地进城。如果今后每年提高城镇化率1个百分点，那么30年后，即到2039年，中国城镇化率可以从2009年的46%上升到76%。要知道，每年提高城镇化率1个百分点，意味着每年有1000多万人进城，其中包括青壮年、老人、少年、儿童。要盖多少房子，办多少学校、医院、文化设施，还有水、电、气、暖供应……“土地财政”走到了尽头，“地方债务”也难以承受，公用事业建设如何筹集资金呢?

为了筹集城镇化过程中公用事业的建设资金，有必要建立公用事业投资基金，大力吸引民间资本进入这一领域。城镇化过程中，建立公用事业发展投资基金是国际上通行的做法。在中国，可以由财政部、国家发改委作为牵头发起人，适当投入财政资金，基金投资人包括金融机构、社保基金和其他机构投资者，然后发行金融债券，即“中国公用事业发展债券”，吸引民间资本。一旦民间资本纷纷进入城镇化过程中的公共建设领域，参与公用事业的建设，城镇化就可以顺序推进了。

（五）人才建设

人力资本存量不包括在GDP指标内，但却是比GDP总量更能说明问题的指标。中国人力资本存量是不如西方发达国家的，因为人力资本存量是人口数量与人均技术水平的乘积。要做到人力强国，必须大力培养各级人才。为此，我们应当从何着手呢？

为了培育更多的人才和吸纳国外留学的人才，有必要及早形成教师和研究人员积极性得以充分发挥的机制。关键在于要尊重教师和研究人员的创新精神和辛勤劳动，充分调动他们的积极性，高等学校和研究机构要减少行政干预。要有适当的激励机制，要发挥协作的潜力。

（六）通过民间消费的增长，走向经济的良性循环

以投资为主，可以拉动经济增长，但这只表示中间需求的扩大。靠出口拉动经济固然是最终需求，但过分依赖出口，却会使我们受制于人。促使经济走向良性循环，必须先做到投资和消费并重，然后主要靠民间消费的增长拉动经济。如何做到这一点，关键何在？撬杆何在？

为了扩大民间消费，有必要增加廉租房、平租房、平价房的供给，同时让农民得到房产证。政府承担廉租房供给任务，政府支持平租房、平价房的建设，这样就能减少中低收入阶层的住房不足。同时，让农民得到房产证，可以抵押、转让、出租。农民有多余住房可以出租，这既可使农民有经常性的财产性收入，扩大消费能力，又有助于缓解城镇居民住房需求压力，还可以让农民“带资进城”，自行创业。上海市嘉定区和山东威海市的农村住房制度改革的经验值得总结、推广。

（七）使有限的耕地产生更大的效率

中国耕地有限，而有些耕地由于各种原因，亩产量低下。加之，农民工外出，或有些迁居城内开店开作坊了，种田人手不足。这问题如何解决？要改良耕地，使单位面积产量提高又需要大量投资，钱从哪里来？这些都要从长计议。

为了使耕地产生更大的效率，有必要逐步推进双向城乡一

体化。西方发达国家的城乡一体化都是双向的，中国现在只在浙江义乌市有试点，迟早也应由单向城乡一体化转向双向城乡一体化。这可以鼓励城市中企业和投资者“带资下乡”，经营现代农业，发展物流产业。这样，农业经营的效率会上升，有限的耕地可以提供更高的产量。

总之，民间蕴藏的极大积极性正是中国经济迅速发展的动力。可以深信，只要采取有利于调动民间积极性的措施，让民间积极性发挥出来，无疑将会形成新的创新高潮和创业高潮，中国经济必将以新的面貌展现在世人面前。

（2010年11月27日在北京大学“经济学理论和中国道路”研讨会上的发言）

转变经济发展方式的几个问题

一、调结构

转变经济发展方式的重点是调结构。

应当树立这样一个观点：GDP 总量固然重要，但 GDP 结构更重要。GDP 结构的合理意味着经济发展质量的提高，也表明技术前进的方向。能真正代表一国的国力的，不仅是 GDP 总量，而更重要的，是 GDP 的结构。

我们不妨以鸦片战争时期为例。鸦片战争时期，中国和英国相比，中国的 GDP 总量比英国大很多，但 GDP 结构却没有英国合理。中国庞大的 GDP 总量主要是由什么组成的呢？是粮食、茶叶、棉花等农产品，还有手工制造的各种棉布及其他产品，包括丝绸、瓷器等。而进行工业化革命已经半个多世纪的英国，它的 GDP 包括了钢铁、蒸汽机、火车、轮船和各种机器设备；以棉纺织品来说，英国是机器生产的，英国工艺品的质量是世界先进的。这样一比，不难发现英国的 GDP 总量虽然不大，但结构是合理的，符合当时技术前进的方向，这决定了英国的国力走在世界前列。

人力资源也有结构性的问题。同样以鸦片战争期间为例。那时，中国的人力资源丰富，因为人口总量大，但结构不行。

为什么？因为绝大多数农民和妇女都是文盲，而知识分子中，大多数人以读四书五经为主，一心想考科举，他们不懂经济管理，对科学技术也是门外汉。而英国当时的情况是：工业化革命之后的几十年来，初等教育普及了，中学教育质量提高了，大学教育进一步发展，技术教育也推广了。这样，英国每年培养出不少科学家、工程师和懂得经济管理的专业人才，而且熟练技工不断增多。中英两国人力资源结构的差距不言而喻。

可见，我们要转变经济发展方式，就必须调整结构，包括经济结构、产业结构、产品结构以及人力资源结构。我们不仅要成为世界制造中心，而且要力争成为世界创造中心。这些都同自主创新、产业升级有关。我们要成为人才强国，首先是人力资源的结构要合理。两天前，我到楚雄考察时发现，楚雄正在集中力量大办职业技术教育，想把楚雄打造成为职业技术人才和熟练技工的输出基地。我觉得这是具有战略眼光的，也符合当前的产业调整方向。

二、扩内需

要保证经济可持续发展，一定要扩大内需。这是因为，我们过去的经济增长主要靠投资，靠出口。民间消费应该是带动经济发展的最重要方面，但这只是在最近几年才开始有所重视。当前我们必须扩大内需。

首先，要不断提高劳动收入在国民收入分配中的比例，包括提高工资水平，提高农民收入。为了增加农民收入，要继续提高国家对农产品的收购价格和对农民的各种补助标准。

但真正实现努力扩大内需，增加农民收入的关键在哪里？关键是要找着帮助农民增收的撬杆。撬杆又在哪里？在于给农民发产权证。这是扩大内需的好办法。发给农民的产权证主要有三项：1. 农民承包土地的使用权证；2. 宅基地的使用权证；3. 房产证。就拿房产证来说吧。今年我带了全国政协经济委的调研组到一些省市调研。在农村和农民座谈时，农民反映道：城镇土地是国有的，城镇居民祖传的房子有房产证，新购的商品房也有房产证；农村土地是集体所有，但农民祖传的房子没有房产证，新盖的房子也没有房产证。所以农民意见很大：为什么国有土地上的住房有产权证，而集体土地上的住房却没有产权证！

农民的住房没有产权证，会产生什么问题？农民说：想抵押，房子不能抵押；想转让，没法转让；想出租，出租也难，因为没有房产证，租金不高，而且还有风险。什么风险呢？租出去的房子，如果租房者不付租金，或以后一直住下去，因为没有房产证，打官司也纠缠不清。面对这样的窘境，农民只能用一把锁将房门锁上，带上家属外出打工。于是，就出现了“两个老鼠的故事”。什么叫“两个老鼠”呢？上锁后，房子变成老鼠窝了，这是“第一个老鼠”。进城后的农民，两手空空，因为家里的房子不能抵押贷款，于是就只能租人家的地下室住，这就变成了“第二个老鼠”。还有更糟糕的，上锁后的农民住房，被人家私自撬开后，变成了堆放炸药的场所、地下鞭炮加工厂，有的住房还被用来炼地沟油、聚众赌博，甚至从事卖淫嫖娼活动。

我们在山东省威海市考察时发现，离市中心不远的几个行政村合并变成一个社区，这个社区的名字还挺好听的，叫“小城故事”社区。“小城故事”社区是新盖的农民新村，每家有两套房子，自己住一套，还有一套房子出租。我们到那里时，真是热闹啊，农民们有的正在装修，有的正在搬家，买家俱，买家用电器，买地毯和窗帘，因为他们有财产性收入了，每月可以收取房租了。今年 6 月 5 日，上海《文汇报》报道了上海市嘉定区的情况，嘉定区给每户农民发三套房，一套 60 平方米，一套 80 平方米，还有一套是 110 平方米。自住两套，出租一套，家庭人口少的可以出租 110 平方米，家庭人口多的至少也可以出租 60 平方米，这让农民的收入真正有了保障，农民的购买力立刻增加了。

给农民发房产证，不一定统一由房产局发，也可以由住房和城乡建设规划局发。我在山东烟台调研时发现，农民的房产证有的是房产局发的，有的是由住房和城乡建设规划局发的，虽然发放渠道不一样，但我觉得同样是非常可行的。在烟台的莱阳市农村，住房和城乡建设规划局发的房产证虽然在四大银行不能抵押贷款，但在农村信用社是可以抵押贷款的，这也符合农民的借贷需求。还有，在烟台的龙口市，龙头企业和行政村融合发展，农民用土地入股，企业给农民分配不同的工作：农民有的种葡萄，有的种蔬菜，有的进工厂，有的做建筑工，有的从事物流。农民的住房有公司发给的房产证，他们房产证在公司内部可使用。农民的收入包括：1. 土地入股有股息、红利；2. 在工厂或农场林场工作有工资；3. 农民空闲的房子可以出租。这样，农民收入提高了，内需也就扩大了。

三、促进就业

促进就业最好的办法，就是要大力发展民营经济、大力扶持微型企业。现在全国每年新增的就业岗位有 75% 在民营经济中。但民营经济仍面临融资难、领域准入难、税费负担较重等困难。现在全国有 3000 万个体工商户，有 1000 万家中小企业、民营企业，只要政策放宽一点，税费减免一点，融资上帮助解决一点，个体工商户的生意就好做了。这样，发展壮大后的每家个体工商户只要从邻居家里、亲戚家里招一两个帮手，全国一下子就可以解决几千万人就业。全国1000万家中小企业和民营企业，只要每个企业增加三五个人，又可以解决好几千万人的就业。所以，促进就业的关键在政策。

同时，还要大力扶持微型企业。在国外企业中，不但有大中小型企业，还有微型企业。什么叫微型企业？以最近重庆市有关大力扶持微型企业的规定来看，微型企业必须具备两个条件：一是包括业主和雇工在内的工作人员在20人以下；二是创业资本金在10万元以下。重庆扶持微型企业的主要做法是：对微型企业减免税，政府为企业提供银行贷款担保，出钱为企业进行职工培训和相关技术培训，并简化企业登记、注册及银行开户等手续。这样的举措，使重庆出现了蓬蓬勃勃的全民创业热，大学毕业生、农民工、退伍军人、下岗工人、残疾人、库区移民等纷纷成了跃跃欲试的创业者。昭通离重庆比较近，可以到重庆看一看、学一学。

四、稳定物价

最近几个月物价猛涨，稳定物价已经成了转变经济发展方式、促进经济可持续发展的当务之急。稳定物价采取什么措施呢？一项重要的措施就是把适度宽松的货币政策改为稳健的货币政策，使货币流通量回归到正常的水平。为什么不改成从紧的货币政策呢？这是因为，一旦改成从紧的货币政策，可能重蹈90年代中期的覆辙，因为突然从适度宽松货币政策改为从紧货币政策后，会出现烂尾楼、三角债、银行不良资产增加，甚至通货紧缩等现象。所以现在需要实行稳健的货币政策，把货币流通回归到正常水平。同时，积极的财政政策不变，这样经济可以稳定增长。

现在，导致物价上涨的主要因素是农产品价格上涨，而农产品价格上涨是有其特殊原因的，比如说，城市没有菜地了，谁种菜？现在北京的蔬菜要从山东、海南调运，流通成本高了，菜价当然就贵了。还有，西方发达国家有两种商品储备，一是国家储备，二是商业储备。而我们国家只有一种储备，也就是国家储备，但国家储备的东西毕竟是有限的。西方发达国家的大型超市，必须要有明确的商业储备。这样，短期内出现商品短缺问题不会引起惊慌。当前物价上涨的另一个因素，就是炒作，炒绿豆、炒大蒜、炒苹果。这是市场管理上的问题，必须打击囤积居奇的做法。可以相信，通过这些工作，物价可以逐渐被稳住。

五、城镇化过程中公共建设资金的筹集

公共建设资金的筹集，是在城镇化发展过程中一定会遇到的问题。“土地财政”的路已走到尽头，还有多少土地可以卖？地方“债务财政”实际上是把还债的期限向后推，这届政府推给下一届政府、再下一届政府。这样不能解决问题。在这个方面应该学习国外的做法。国外城镇化过程中是这样融资公共建设资金的：在建设过程中，政府当然要对廉租房、社会保障性的住房，以及对义务教育、环保设施承担责任，政府应投入。但城镇人口增加后的供水、供电、供热、供气等公用事业要花费很多钱，资金怎么筹集？可以成立城镇公用事业建设投资基金。政府拿出一定的资金作为种子基金，银行等金融机构可以投入一部分资金，基金成立和启动后，可以发行债券，向民间大量筹资，这样就能解决问题了。

六、制度性贫困问题的解决

制度性贫困，或者叫体制性贫困，是经济学中的一个专门名词，主要是指由体制所造成的贫困。体制性贫困主要表现在四个方面：第一，由于体制的束缚，人民群众没有脱贫致富的积极性。如果想自己去寻找致富之路，可能受到打击。这样，积极性就被压抑下去了。第二，缺乏社会流动的渠道。这种社会流动的渠道在社会学上分为垂直性流动和水平性流动。正由于缺乏垂直性流动渠道和水平性流动渠道，人们无法改变现状。常言道，树挪死，人挪活，说的就是这个道理。第三，市场的限制。比如说，资本短缺、人才外流，贫困地区没有发展的空间。发展要资本，没有资本；发展要人才，人才都走了。我前几年到西北去，西北的人在讲，哎呀，现在不但“孔雀”东南飞，连“麻雀”都东南飞了！什么是“麻雀”？就是指熟练工人、班组长，他们也往东南飞了。市场是讲选择的。市场经济中，如果国家不实行向贫困地区倾斜的政策，贫困地区的发展是困难的。第四，就是仅仅靠资源，吃老本，吃资源，吃光为止。资源枯竭以后怎么办？没有考虑。所以，当前我们研究贫困问题一定要研究体制性的贫困，并提出解决方案。

我相信，以上这几个问题，可以帮助我们既了解当前的形势，也能够使大家对下一步的扶贫工作怎么做引起一定的思考和讨论。

（2010 年 12 月 15 日在云南省昭通市“第三届中国贫困地区可持续发展战略”论坛上的发言）

后　记

2008 年是改革开放 30 周年，2009 年是中华人民共和国成立 60 周年，2010 是“十一五”规划顺利完成的一年。这三年内我撰写了一些评论当前经济形势和存在问题的文章，也对宏观经济政策进行了分析。这本论文选就是最近三年研究成果的汇集。

感谢我的同事和学生吴玉芹、张文彬的帮助，使本书得以编辑成册，交给出版社。感谢中国大百科全书出版社郭银星等同志的努力，使本书得以迅速同读者见面。

经济学的验证总是滞后的，本书收集的各篇文章所陈述的看法和提出的政策建议是否符合中国实际，衷心希望读者批评指正。

厉以宁

2010 年 12 月 28 日